조선과
만나는 법

조선과 만나는 법
역사와 이야기가 만나 펼치는 조선 시대 45장면

초판 1쇄 발행   2014년 10월 20일

지은이   신병주
펴낸이   조미현

편집주간   김수한
책임편집   윤현아
교정교열   최미연
디자인   오혜진·양보은

펴낸곳   (주)현암사
등록   1951년 12월 24일·제10-126호
주소   121-839 서울시 마포구 동교로12안길 35
전화   365-5051
팩스   313-2729
전자우편   editor@hyeonamsa.com
홈페이지   www.hyeonamsa.com

ISBN 978-89-323-1712-0 03900

이 도서의 국립중앙도서관 출판시도서목록(CIP)은
서지정보유통지원시스템 홈페이지(http://seoji.nl.go.kr)와
국가자료공동목록시스템(http://www.nl.go.kr/kolisnet)에서
이용하실 수 있습니다.(CIP제어번호 CIP2014028957)

조선과
만나는 법

신병주 지음

현암사

일러두기

1. 이 책은 한국고전번역원의 홈페이지 '고전의 향기'(현재 '고전산책') 코너에 2010년 2월 16일 부터 2012년 12월 31일까지 연재됐던 글을 바탕으로 재구성한 것이다.

2. 본문에 사용한 기호의 쓰임새는 다음과 같다.
   〈 〉: 영화 제목
   「 」: 단편, 중편
   『 』: 단행본, 장편, 작품집

3. 맞춤법과 띄어쓰기는 '한글 맞춤법'을 따랐다.

4. 이 책의 각주는 모두 지은이가 넣은 것이다.

'조선'이라는 타임캡슐로 들어가기

최근 한국사에 대한 중요성이 강조되고, 역사 인물을 소재로 한 사극이나 영화가 흥행에 성공하면서 갈수록 역사에 대한 관심이 높아지고 있다. 특히 많은 사람들에게 인기를 얻고 있는 시기가 조선이다. 조선왕조가 500년 이상 장수하면서 많은 문화유산들을 남겨놓은 데다, 『조선왕조실록』이나 『승정원일기』 등과 같은 기록들을 통해 조선의 여러 모습을 쉽게 만날 수 있으며, 세종, 영조, 정조와 같은 조선의 왕들이 지녔던 소통과 포용의 리더십에서 배울 수 있는 부분이 많다고 여기는 점 등이 조선의 인기 비결이 아닐까 생각한다.

이 책은 조선의 이러한 면면들과 좀 더 깊게 대화를 하며 만날 수 있도록 도와주고 싶다는 취지 아래 쓰였다. 우리와 가장 가까운 역사인 조선을 이해하기 위해서는 먼저 조선의 작은 역사들에 귀 기울여보면 좋겠다는 바람도 있었다. 필자는 2010년부터 2012년까지 한국고전번역원의 '고전의 향기'라는 코너에 조선의 모습이 잘 드러난 옛글들을 소개하고 이를 원문과 함께 실으며 간단한 해설을 덧붙인 글을 연재했었다. 연재 당시 명문의 정리에 그치지 않고 그 문장에 드러난 역사의 이면들을 소개해나가는 데 중점을 뒀다. 이 책은 그때 썼던 글들을 수정, 보완해서 재구성한 것이다. 조선사를 이끈 사람들의 행적을 비롯해 그들이 남긴 저술과 조선의 공간들을 두루 살폈고, 이것들이 지금 우리에게 어떤 메시지를 줄 수 있는지도 짚어보려고 했다.

특히 필자가 이 책에서 좀 더 신경을 썼던 부분은 조선의 명문들을 되도록 많이 실으려고 했다는 점이다. 30년 정도 조선에 대해 공부하고 가르치면서 일반인들에게 조선의 역사를 전하는 일에 참여하다보니 역사에 대한 관심이 어떤 방향으로 흘러가는지 가늠하는 데 익숙해졌다. 최근에는 거의 전문가라고 불러도 좋을 만큼의 소양을 지닌 독자들이 점점 늘어나고 있고, 조선을 보는 시각도 다양해졌다. 그렇지만 여전히 많은 사람들은 누군가의 해설을 들으며 역사를 접하는 방식에 익숙해져 있다고 생각한다. 이것은 역사를 쉽게 만날 수 있게 하지만 온전히 자신의 것으로 만들어주지는 못한다. 독자들이 이 책에 실린 조선의 기록들을 직접 읽고 만나며 자신만의 그림을 그려나갈 수 있다면 좋겠다. 또한 책에서 소개한 성종 대 사가독서의 현장, 이항복의 별장 백사실, 조선의 최고 교육 기관이었던 성균관 등에는 직접 찾아가 조선의 장면들을 떠올려봐도 좋을 것이다.

'고전의 향기'에 처음 연재되었던 다양한 원고들은 편집자의 꼼꼼한 교정과 깔끔한 정리를 통해 보다 산뜻하고 체계적인 모습으로 바뀌었다. 어려운 교정과 정리 작업을 맡아주신 윤현아님께 감사드린다. '고전의 향기' 연재 당시 필자의 글을 충실하게 정리해준 한국고전번역원의 노선영, 조경구, 안광호, 윤미숙 선생님께도 감사의 말씀을 전하고 싶다.

그리고 역사를 전공하고 소개하는 일을 하는 아들을 언제나 좋아해주시는 어머님과 사위를 자랑스러워하며 큰 힘을 주시는 장인 장모님, 남편을 늘 후원해주는 아내 김윤진, 어느덧 대학 입시를 준비하게 된 딸 해원이와 출간의 기쁨을 함께 나누고 싶다.

아무쪼록 이 책이 조선에 대한 관심을 넓히고, 역사 이해의 수준을 높이는 데 일정한 도움이 되었으면 한다.

2014년 10월

일감호가 보이는 건국대학교 연구실에서

신병주

4부 조선의 왕으로 살아간다는 것

5부 백성들의 괴로움이 내 아픔이고

1부

사람 사는 곳에서는
늘 사건이
끊이질 않으니

명량 바다에서 이순신의 진짜 모습은?

○

2014년 영화 〈명량〉이 1,700만 명 이상의 관객을 모으고 흥행에 성공하면서 이순신李舜臣 장군의 리더십이 다시 조명을 받고 있다. 임진왜란이라는 역사상 최대의 국난 시기에 이순신 장군은 조국을 위해 모든 것을 바쳤다. 특히 한 번도 패하지 않은 그의 불패 신화는 세계사적으로도 그 유례를 찾기 힘들다. 장군의 불패 신화는 철저한 전쟁 대비와, 탁월한 지휘 능력, 거북선과 같은 함선 개발이 바탕이 되었기 때문에 가능한 것이었다.

1597년 9월 16일에 벌어진 전투는 이순신 장군이 백의종군白衣從軍 이후에 10배 이상의 전력 우위를 보인 왜선을 격침시킨 극적인 승리였다. 그리고 그 당시의 상황이 『난중일기』에도 기록된 것이 주목된다. 이순신 장군은 치밀할 뿐만 아니라 꼼꼼한 성격의 소유자였다. 이러한 모습은 전쟁의 마지막 순간까지 남긴 장군의 일기인 『난중일기』에 잘 나타나 있다. 또한 『난중일기』는 2013년 세계기록유산으로 지정되어 이제 세계적으로도 그 가치를 인정받는 기록물이 되었다. 1597년 9월 16일 명량대첩을 기록한 『난중일기』 속으로 들어가 보자.

16일 갑진. 맑음. 이른 아침에 망군望軍이 와서 보고하기를, "적선이 수를 알 수 없는데 바로 우리 배 쪽으로 향한다"고 했다. 여러 장수들을 불러 거듭 닻을 올려 바다로 나가도록 했다. 적선 330여 척이 우리의 여러 배를 에워쌌다. 여러 장수들이 스스로 중과부적임을 헤아렸다. 모두 회피할 꾀만 내었고 우수사 김억추가 탄 배는 벌써 아득한 곳에 나가 있었다. 나는 노를 바삐 저어 앞으로 돌진하며 지자地字, 현자玄字 등 각종 총통을 마구 쏘니 바람과 우뢰 같았다. 군관들이 배 위에 총총히 들어서 화살을 빗발처럼 쏘니 적의 무리가 대들지 못하고 나왔다 물러갔다 하였다. 그러나 여러 겹으로 둘러싸여 형세가 어찌될지 알 수 없었다. 배 위에 있는 군사들이 서로 돌아보며 얼굴빛이 질려 있었다.

十六日甲辰晴 早朝別望進告 賊船不知其數 直向我船云 卽令諸船擧碇出海 賊船三百三十餘隻 回擁我諸船 諸將自度衆寡不敵 便生回避之計 右水使金億秋退在渺然之地 余促櫓突前 亂放地玄各樣銃筒 發如風雷 軍官等簇立船上 如雨亂射 賊徒不能抵當 乍近乍退 圍之數重 勢將不測 一船之人 相顧失色

왜선이 압도적으로 많은 상황에서 조선 수군들은 겁에 질린 상태였다. 이러한 위기의 순간에 이순신 장군은 직접 병사들을 독려했다.

나는 부드럽게 타이르면서 "적이 비록 천척이라도 감히 우리 배를 대적할 수 없다. 조금도 동요하지 말고 온 힘을 다해 적을 쏘아라" 하였다. 그리고 여러 장수들의 배를 돌아보니 먼 바다로 물러나 있으면서 관망하고 전진하지 않으면서 배를 돌려 바로 정박하려 하였다. 중군 김응함의 배에서 먼저 목을 베어 효시하고자 했으나, 내 배가 머리를 돌린 즉 여러 배들이 차츰 더 멀리 물러나고 적선이 점차 다가와서 사세가 낭패가 될 것이었다. 호각을 불어 중군들에게 중군의 영하기令下旗 와 초요기招搖旗를 세우게 하니 중군장 미조항 첨사 김응함의 배가 점차 내 배로 가까이 오고 거제현령 안위安衛의 배도 먼저 왔다. 내가 뱃전에서 직접 안위를 불러 말하기를, "네가 억지 부리다 군법에 죽고 싶으냐 물러나 도망가면 살 것 같으냐"고 했다. 이에 안위가 황급히 적진에 들어가는 중에 또 김응함을 불러 말하기를, "너는 중군으로서 멀리 피하고 대장을 구원하지 않으니 죄를 어찌 가히 면할 것이냐? 당장 형을 하고자 하나 적의 형세가 급하므로 우선 공을 세우게 한다" 하였다. 두 배 (안위와 김응함의 배)가 적진을 향해 들어가 치열하게 교전을 할 때 적장이 휘하의 배 3척을 지휘하여 일시에 안위의 배에 개미처럼 달라붙어 기어오르려고 힘을 썼다. 안위와 배 위의 병사들은 죽음을 다하여 힘써 싸워 거의 기력이 소진되었다. 나는 배를 돌려 곧장 들어가 빗발처럼 쏘아대니 적선 삼척이 남김이 없이 다 섬멸되었다. 녹도 만호 송여종과 평산포 대장代將 정응두의 배가 계속해서 이르러 힘을 합해 왜적들을 쏘아댔다.

余從容諭之曰 賊數千隻 莫敵我船 切勿動心 盡力射賊 顧見諸將船 則退在遠海 觀望不進 欲回船直泊 中軍金應諴船 先斬梟示 而我船回頭 則恐諸船次次遠退 賊船漸迫 事勢狼狽 令角立中軍旗令下旗 又立招搖旗 則中軍將彌助項僉使 金應諴船漸近我船 臣巨濟縣令安衛船先至 余立于船上 親呼安衛曰 安衛欲死軍法乎 汝欲死軍法乎 逃生何所耶 安衛慌忙突入賊船中 又呼金應諴曰 汝爲中軍 而遠避不救大將罪安可逃 欲爲行刑 則賊勢又急 姑令入功 兩船直入交鋒之際 賊將指揮其麾下船三隻 一時蟻附安衛船 攀緣爭登 安衛及船上之人 殊死亂擊 幾

至力盡 余回船直入 如雨亂射 賊船三隻無遺盡勦 鹿島萬戶宋汝悰 平山浦代將
鄭應斗船 繼至合力射賊.

이순신이 솔선수범하는 자세를 보이고 부하들을 독려하자, 멀리 피하려고 했던 안위와 김응함의 배가 왔고 이 배들이 적진에 들어가 치열하게 격전을 벌이는 장면이 『난중일기』에 생생히 묘사되어 있다. 계속해서 송여종과 정응두의 배가 지원을 해주자 왜선들은 완전히 괴멸되었다.

9월 16일의 일기는 왜적에게 대승을 거둔 이순신 장군이 이를 '천행天幸'이라고 하는 것으로 마무리된다.

우리 배들은 적이 다시 범하지 못할 것임을 알고 일제히 북을 울리고 함성을 지르면서 함께 쫓아 들어가 지자地字, 현자玄字 대표를 쏘니 대포와 활이 빗발치면서 그 소리가 산천을 뒤흔들었다. 적선 30척을 깨뜨리자 적선이 퇴각하여 도주하여 다시는 감히 우리 군사에게 접근하지 않았다. 이번 일은 진실로 천행이었다. 물의 형세가 지극히 험하고 또한 고립되고 위태로워서 진영을 당사도唐笥島로 옮겼다.

이순신(1545~1598)

조선 시대의 장수로 '한산대첩', '명량대첩', '노량대첩'에서 모두 승리를 거두며 왜군을 물리쳤다. 이러한 공로를 인정받아서 그의 이름 앞에는 '성스럽다'는 의미를 지닌 '성웅'이라는 칭호를 붙인다.

諸船一時鼓噪齊進 各放地玄字 射矢如雨聲震河岳 賊船三十隻撞破 賊船退走
更不敢近我師 此實天幸 水勢極險勢 亦孤危 移唐笥島.

한편 『선조실록』(1597년 11월 10일 기사)에는 "삼도수군통제사 이순신의
치계에 의하면 '한산도가 무너진 이후 병선과 병기가 거의 다 유실되었
다. 신이 수군절도사 김억추金億秋 등과 전선 13척, 초탐선哨探船 32척을
수습하여 해남현 해로의 요구要口를 차단하고 있었는데, 적의 전선 130
여 척이 이진포梨津浦 앞바다로 들어오기에 신이 수사水使 김억추, 조방
장助防將 배홍립裵興立, 거제현령 안위 등과 함께 각기 병선을 정돈하여
진도珍島 벽파정碧波亭 앞바다에서 적을 맞아 죽음을 무릅쓰고 힘껏 싸운
바, 대포로 적선 20여 척을 깨뜨리니 사살이 매우 많아 적들이 모두 바닷
속으로 가라앉았으며, 머리를 벤 것도 8급이나 되었다"고 전황을 보고하
고 있다. 실록의 공식 기록에는 전선 13척으로 적선 130여 척을 격파한
것으로 기록되어 있다.

명량대첩은 이순신 장군이 삼도수군통제사에 복귀한 지 첫 번째로 치
른 전투였다. 왜적의 대대적인 2차 침공이 있던 1597년의 정유재란 시
기 이순신은 선조의 공격 명령에 복종하지 않고, 공을 허위로 보고했다
는 등의 이유로 조정에 끌려와 고초를 당하게 된다. 선조의 입에서 "적장
의 목을 가져온다 해도 살려줄 수 없다"는 험한 말이 나올 정도로 이순신
은 위기를 겪지만 겨우 목숨만을 부지하고 백의종군으로 전선에 참여하
게 된다. 1597년의 『난중일기』는 이순신이 감옥에서 풀려난 4월 1일부터
시작된다.

이순신의 라이벌 원균은 이 틈을 타 삼도수군통제사에 임명되었다. 원균이 삼도수군통제사에 임명되면서 두 사람의 관계는 완전히 역전되었지만, 원균은 1597년 7월의 칠천량 해전에 대패를 하고 전사하였다. 『난중일기』에서 이순신은 부하들의 입을 통한 간접화법으로 원균의 마지막 모습을 기록하고 있다. "우후虞侯 이의득이 찾아왔기에 패전한 당시의 정황을 물었다. 모든 사람들이 울면서 말하기를, 대장 원균이 적을 보자 먼저 육지로 달아나고 여러 장수들도 모두 육지로 달아나는 바람에 이 지경에 이르렀다고 하였다. 대장의 잘못을 말하는 건 차마 입으로 옮길 수 없고 다만 살점이라도 뜯어 먹고 싶다고들 하였다."(1597년 7월 21일) 이순신은 부하들이 '무능한 대장의 살점이라도 뜯어 먹고 싶다'고 한 표현을 일기에 그대로 옮겨 놓으면서, 원균에 대해 품었던 강한 분노를 표현하였다.

1597년 칠천량 해전에서의 참패로 조선 수군이 거의 궤멸되어 있었을 때 이순신 장군은 분연히 일어섰다. 당시 그가 "신에게는 아직 열두 척의 배가 남아 있습니다"라고 선조에게 올린 장계는 지금까지도 자주 회자되는 말이다.

임진년으로부터 5~6년에 이르는 동안 적이 감히 충청과 전라 양호에 쳐들어오지 못한 것은 오직 수군 선박으로 적이 쳐들어오는 길을 막아낸 때문입니다. 지금 신에게는 아직 열두 척의 배가 남아 있습니다. 죽을힘을 다하여 싸운다면 오히려 막아낼 수 있습니다. 만일 지금 수군을 모조리 폐하신다면 이는 적이 가장 바라는 바일 것이며, 적은 호남으로

부터 한강까지 바로 진격할 것이며 이는 신이 가장 두려워하는 바입니다. 전투선이 비록 적다고 하나 미천한 소신이 아직 죽지 아니했으니, 적이 감히 우리를 업신여기지 못할 것입니다.

自壬辰至于五六年間 賊不敢直突於兩湖者 以舟師之扼其路也, 今臣戰船尙有十二 出死力拒戰則猶可爲也, 今若全廢舟師 是賊之所以爲幸而由湖右達於漢水 此臣之所恐也, 戰船雖寡 微臣不死則不敢侮我矣.

『난중일기』는 우리 역사상 가장 뛰어났던 장군 이순신이 거의 매일을 기록한 진중일기陣中日記라는 점에서 사료적 가치가 매우 높다. 치열한 격전이 있었던 날도 거르는 법이 없었으며, 1598년 11월 노량해전에서 전사하기 직전까지도 일기를 썼다. 마지막 기록인 11월 17일에는 "왜적의 중간 배 1척이 군량을 가득 싣고 남해에서 바다를 건너는 것을 한산도 앞바다까지 추격하였다. 왜적은 한산도 기슭을 타고 육지로 달아났다"고 하여 최후까지 왜적을 추격했던 장군의 한결같은 모습을 떠올리게 한다. 『난중일기』에는 임진왜란의 경과와 전술, 병사들의 모습 등 전쟁의 정황뿐만 아니라, 가족을 걱정하고 꿈과 점까지 기록했던 장군의 인간적이고 진술한 내용이 기록되어 있다. 『난중일기』는 단순한 전쟁일기가 아니라 장군의 일상과 심리까지도 엿볼 수 있는 저술인 것이다. 최근 『난중일기』를 번역한 번역본도 많이 보급되고 있어서 국보이자 세계기록유산으로 지정된 『난중일기』를 보다 쉽게 접할 수 있다. 『난중일기』를 직접 읽으면서 불패의 신화를 남긴 이순신 장군의 인간적인 모습까지 접해볼 것을 권한다.

어우동은 왜 공공의 적이 됐는가?

○

현대사회에서도 성추문은 민감한 사회적 이슈다. 성추문에 휩쓸리면 국회의원 당선자가 하루아침에 사퇴를 하고, 사회적 지명도가 있는 인사도 평생 쌓아온 명예를 모두 잃게 된다. 조선 시대를 대표하는 성추문은 아이러니하게도 여성에게서 나왔다. 어우동於于同 또는 於乙宇同이 그 주인공이다. 조선왕조의 공식 기록인 『성종실록』에는 어우동 사건의 전말이 자세히 기록되어 있어서, 그가 당시 정국의 뜨거운 감자였음을 알 수 있다.

> 의금부에서 아뢰기를, "방산수方山守 이난李瀾과 수산수守山守 이기李驥[*]가 어을우동이 태강수泰江守의 아내였을 때 간통한 죄는, 율律이 장 100대, 도徒^{**} 3년에 고신告身^{***}을 모조리 추탈하는 데 해당합니다" 하니, 명하여 곤장맞을 것은 속贖 바치게^{****} 하고, 고신을 거두고서 먼 지방에 부처付處^{*****}하게 하였다.
>
> 義禁府啓: "方山守瀾, 守山守驥, 於乙宇同, 爲泰江守妻時通奸罪, 律該杖一百, 徒

---

*　수守는 왕자군(임금의 서자들에게 주던 작위)의 증손들에게 내리던 벼슬로, 방산수는 세종의 서손자, 수산수는 정종의 현손이었다.

**　오형五刑 가운데 하나로 죄인을 중노동에 종사시키던 형벌.

***　조정에서 내리는 벼슬아치의 임명장.

****　죄를 면하기 위해 돈을 바치는 것을 말한다.

*****　벼슬아치에게 어느 곳을 지정해 머물러 있게 하던 형벌.

三年, 告身盡行追奪." 命贖杖, 收告身, 遠方付處.

—『성종실록』, 성종 11년(1480) 7월 9일

사헌부 대사헌 정괄鄭佸 등이 상소하기를, "신 등은 생각건대, 어을우동이 사족士族의 부녀로서 귀천을 분별하지 않고 친소親疏*를 따지지 않고서 음란함을 자행하였으니, 명교名教를 훼손하고 더럽힌 것이 막심합니다. 마땅히 사통한 자를 끝까지 추문하여 엄하게 다스려야 하겠는데, 의금부에서 방산수 이난의 초사招辭**에 의거하여 어유소魚有沼·노공필盧公弼·김세적金世勣·김칭金偁·김휘金暉·정숙지鄭叔墀를 국문하도록 청하였는데, 어유소·노공필·김세적은 완전히 석방하여 신문하지 않으시고, 김칭·김휘·정숙지는 다만 한 차례 형신刑訊***하고 석방하였으니, 김칭 등이 스스로 죄가 중한 것을 아는데, 어찌 한 차례 형신하여 갑자기 그 실정을 말하겠습니까? 신 등이 의심하는 것이 한 가지가 아닙니다. 난瀾이 조정에 가득한 대소 조정에서 벼슬살이를 하는 신하 중에 반드시 이 여섯 사람을 말한 것이 한 가지 의심스럽고, 어유소·김휘 등의 통간한 상황을 매우 분명하게 말하니 두 가지 의심스럽고, 난이 이 두 사람에게 본래 혐의가 없고 또 교분도 없는데 반드시 지적하여 말하니 세 가지 의심스럽고, 김칭·김휘·정숙지 등은 본래 음란하다는 이름이 있다는 것이 네 가지 의심스럽습니다. 지금 만일 그들을 가볍게 용서하면 죄 있는

---

* 친함과 친하지 아니함.

** 죄인이 범죄 사실을 진술함.

*** 죄인의 정강이를 때리며 캐물음.

자를 어떻게 징계하겠습니까? 청컨대 끝까지 추문하여 그 죄를 바르게
하소서" 하였고, 사간원에서 또한 어유소·노공필·김세적의 죄를 청하
였으나, 모두 들어주지 않았다.

司憲府大司憲鄭佸等上箚子曰: 臣等以謂 '於乙宇同, 以士族婦女, 不辨貴賤, 不
計親疏, 恣行淫亂, 毀汚名敎莫甚.' 宜窮推所私者, 而痛治之, 禁府據方山守瀾招
辭, 請鞫魚有沼, 盧公弼, 金世勣, 金俌, 金暉, 鄭叔墀, 而有沼, 公弼, 世勣, 則全釋
不問, 金俌, 金暉, 鄭叔墀等, 則只刑訊一次, 而釋之, 俌等, 自知罪重, 豈一次刑訊,
而遽輸其情乎? 臣等所疑者非一. 瀾於滿朝大小朝官, 必言此六人, 一可疑也; 有
沼, 金暉等通奸之狀, 言之甚明, 二可疑也; 瀾於此二人, 素無嫌隙, 又無交分, 而
必斥言之, 三可疑也; 金俌, 金暉, 鄭叔墀等, 素有淫亂之名, 四可疑也. 今若輕赦
之, 則有罪者何所懲乎? 請窮推, 以正其罪.司諫院亦請魚有沼, 盧公弼, 金世勣罪,
皆不聽.

— 『성종실록』, 성종 11년(1480) 8월 5일

어을우동을 교수형에 처하였다. 어을우동은 승문원지사承文院知事 박윤
창朴允昌의 딸인데, 처음에 태강수 동소에게 시집가서 행실을 자못 삼가
지 못하였다.

絞於乙宇同. 於乙宇同, 乃承文院知事朴允昌之女也, 初嫁泰江守仝, 行頗不謹.

— 『성종실록』, 성종 11년(1480) 10월 18일

실록에 기록되었듯 어우동은 음행이 문제가 되어 결국 교수형으로 생
을 마감했다. 한편 성종 시대에 활약한 성현의 『용재총화慵齋叢話』에도 어

우동 사건의 시말이 자세히 기록되어 있다.

어우동은 지승문知承文 박 선생의 딸이다. 그녀는 집에 돈이 많고 자색이 있었으나, 성품이 방탕하고 바르지 못하여 종실宗室 태강수의 아내가 된 뒤에도 태강수가 막지 못하였다. 어느 날 나이 젊고 훤칠한 장인을 불러 은그릇을 만들었다. 그녀는 이를 기뻐하여 매양 남편이 나가고 나면 계집종의 옷을 입고 장인의 옆에 앉아서 그릇 만드는 정묘한 솜씨를 칭찬하더니, 드디어 내실로 이끌어 들여 날마다 마음대로 음탕한 짓을 하다가, 남편이 돌아오면 몰래 숨기곤 하였다. 그의 남편은 자세한 사정을 알고 마침내 어우동을 내쫓아버렸다. 그 여자는 이로부터 방자한 행동을 거리낌 없이 하였다. 그의 계집종이 역시 예뻐서 매양 저녁이면 옷을 단장하고 거리에 나가서, 예쁜 소년을 이끌어 들여 여주인의 방에 들여주고, 저는 또 다른 소년을 끌어들여 함께 자기를 매일처럼 하였다. 꽃피고 달 밝은 저녁엔 정욕을 참지 못해 둘이서 도성 안을 돌아다니다가 사람에게 끌리게 되면, 제 집에서는 어디 갔는지도 몰랐으며 새벽이 되어야 돌아왔다. 길가에 집을 얻어서 오가는 사람을 점찍었는데, 계집종이 말하기를, "모某는 나이가 젊고 모는 코가 커서 주인께 바칠 만합니다" 하면 그는 또 말하기를, "모는 내가 맡고 모는 네게 주리라" 하며 실없는 말로 희롱하여 지껄이지 않는 날이 없었다. 그는 또 방산수와 더불어 사통하였는데, 방산수는 나이 젊고 호탕하여 시를 지을 줄 알므로, 그녀가 이를 사랑하여 자기 집에 맞아들여 부부처럼 지냈었다. 하루는 방산수가 그녀의 집에 가니 그녀는 마침 봄놀이를 나가고 돌아오지 않았는데, 다만 소매 붉은 적삼만이 벽 위에 걸렸기에, 그는 시를 지어 쓰기를, '물시계는 또옥또옥 야기夜氣가 맑은데 / 흰 구름 높은 달빛이 분명하도다 / 한가로운 방은 조용한데 향기가 남아 있어 / 이런 듯 꿈속의 정을 그리겠구나' 하였다. 그 외에 조정의 관리와 유생으로서 나이 젊고 무뢰한 자를 맞아 음행하지 않음이 없으니, 조정에서 이를 알고 국문하여, 혹은 고문을 받고, 혹은 폄직貶職되고, 먼 곳으로 귀양 간 사람이 수십 명이었고, 죄상이 드러나지 않아서 면한 자들 또한 많았다. 의금부에서 그녀의 죄를 아뢰어 재추宰樞*들에게 명하여 의논하게 하니, 모두 말하기를, "법으로써 죽일 수는 없고 먼 곳으로 귀양 보냄이 합당하다" 하였다. 그러나 임금이 풍속을 바로잡자 하여 형에 처하게 하였는데, 옥에서 나오자 계집종이 수레에 올라와 그녀의 허리를 껴안고 하는 말이, "주인께서는 넋을 잃지 마소서. 이번 일이 없었더라도 어찌 다시 이보다 더 큰일이 일어나지 않으리란 법이 있겠습니까" 하니, 듣는 사람들이 모두 웃었다. 여자가 행실이 더러워 풍속을 더럽혔으나 양가良家의 딸로서 극형을 받게 되니 길에서 눈물을 흘리는 사람도 있었다.

於宇同者知承文朴先生之女也. 其家殷富. 女婉孌有姿色. 然性蕩放不檢. 爲宗室泰江守之妻. 泰江不能制嘗請工造銀器工年少俊丰. 女悅之. 每値夫出. 衣婢服坐工側. 贊美造器之精. 遂得私引入內室. 日縱淫穢. 伺其夫還則潛避. 其夫審知事情遂棄之. 女由是恣行無所忌. 其女僕亦有姿. 每乘昏靚服. 出引美色少年. 納于女主房. 又引他少年與之偕宿. 日以爲常. 或於花朝月夕不勝情欲. 二人遍行都市.

---

*　재상. 임금을 돕고 모든 관원을 지휘하고 감독하는 일을 맡아보던 이품 이상의 벼슬.

故爲人所攎. 其家不知所之. 到曉乃還. 訾借路旁家. 指點往來人. 僕曰某人年少. 某人鼻大. 可供女主. 女亦曰某人吾敢之. 某人可給汝. 如是戲謔無虛日. 女又與宗室方山守私通. 守亦年少豪逸. 解作詩. 女愛之. 邀至其家如夫婦. 一日守到其家. 適女春遊不還. 惟紫袖衫掛屛上. 遂作詩書之曰. 玉漏丁東夜氣淸. 白雲高捲月分明. 間房寂謐餘香在. 可寫如今夢裏情. 其他朝官儒生年少之無賴. 無不邀而淫焉. 朝廷知而鞫之. 或栲或貶. 流遠方者數十人. 其不露而免者亦多. 禁府啓其罪. 命議宰樞. 皆云於法不應死. 合竄遠方. 上欲整風俗. 竟置於刑. 自獄而出. 有女僕登車抱腰曰. 女主勿失魂. 若無此所事. 安知復有大於此事者乎. 聞者笑之. 女雖穢行汚俗. 而以良家女被極刑. 道路有垂泣者.

어우동은 성종 대 스캔들의 중심에 있었다. "조정의 관리와 유생으로서 나이 젊고 무뢰한 자를 맞아 음행하지 않음이 없으니, 조정에서 이를 알고 국문하여, 혹은 고문을 받고, 혹은 폄직되고, 먼 곳으로 귀양간 사람이 수십 명이었고, 죄상이 드러나지 않아서 면한 자들 또한 많았다"라는 기록에서 '성리학의 나라'를 표방한 조선의 체면이 말이 아니었음을 짐작할 수 있다. 그런데 과연 어우동의 음행은 극형에 이를 만한 것이었을까? "여자가 행실이 더러워 풍속을 더럽혔으나 양가의 딸로서 극형을 받게 되니 길에서 눈물을 흘리는 사람도 있었다"라는 기록처럼 당시에도 어우동을 사형시킨 것은 심한 처사라는 인식이 있었다.

결국 어우동을 죽음으로 몬 것은 성종의 의지였다. 본격적으로 성리학의 이념을 전파하려던 시대에 나온 '어우동'이라는 돌출 인물은 성리학의 이념에 정면으로 반대되는 캐릭터였다. 시범적으로라도 어우동을 처형해서 조선의 모든 여성에게 반면교사로 삼게 하자는 뜻이 피력되어 있었던 것이다. 그런데 어우동이 처형된 1480년(성종 11) 10월은 성종의 왕비인 윤씨가 1479년 폐위되었다가 1482년 죄인을 대우하여 임금이 독약을 내려 스스로 죽게 한 시기와도 묘하게 맞물린다.

왕실에서 왕의 권위에 도전했던 폐비 윤씨와 민간에서 남성의 권위에 도전했다가 죽음을 맞이한 어우동의 모습에는 겹치는 부분이 있다. 두 사람을 처형한 인물은 성종이었고, 성종 시대는 성리학의 이념을 국가와 사회 곳곳에 전파하려는 의욕으로 가득 차 있었다. 어우동과 폐비 윤씨는 이러한 시대의 희생양은 아니었을까?

최부는 왜 중국을 6개월이나 표류했을까?

○

최부崔溥의 저술 『표해록漂海錄』을 아는 사람은 많지 않다. 마르코 폴로 Marco Polo의 『동방견문록』이나 헨드릭 하멜Hendrik hamel의 『하멜 표류기』는 한 번쯤 제목을 들어보았고 폴로가 이탈리아 사람, 하멜이 네덜란드 사람이라는 것을 아는 사람도, 최부라는 인물이 어느 시대에 살았는지조차 모르는 경우가 많다. 『표해록』은 성종 대의 학자 최부의 표류기이자 기행문이다. 그는 1488년 1월 제주도 앞바다에서 풍랑을 만나 떠돌다가 중국의 강남 지방에 닿은 후, 베이징까지 갔다가 반년 만에야 조선으로 돌아왔다. 제목의 의미는 '바다를 표류한 기록'이지만 실제로는 표류 이후 중국을 견문한 내용이 주를 이룬다. 특히 당시에는 미지의 땅이었던 중국의 강남 지방을 생생히 기록했다는 점에서 의미 있는 저술이다.

최부는 중국 저장 성 북부 강어귀에 있는 도시 항저우에서 운하를 따라 베이징에 도착한 뒤 황제를 알현했다. 요동반도를 거쳐 압록강을 건너 1488년 6월 14일 한양에 도착했고, 성종의 명에 따라 표류할 때부터 귀국할 때까지 견문한 사실을 써서 바쳤다. 『표해록』은 최부의 문집인 『금남집錦南集』에도 수록되어 있는데, 첫 부분에서는 『표해록』을 올리게 된 과정과 제주도에 경차관으로 파견 나간 상황부터 기록하고 있다.

상주喪主가 된 신臣 최부는 제주에서부터 표류하게 되어 구동甌東에 정박했다가 옛 월나라 땅 남쪽을 지나 연경燕京*의 북쪽을 거쳐 이해 6월 14일에 청파역靑坡驛**에 도착한 후, 삼가 전지傳旨***를 받들어 일행의 나날의 기록을 수집하여 적어 올립니다. 성화 23년 정미년〔1487년 성종 18년〕 9월 17일에 신은 제주 삼읍의 추쇄경차관推刷敬差官****으로서 하직 인사를 올리고 길을 떠났습니다. 전라도에 이르러 관찰사가 사목事目*****에 의거하여 뽑은 광주목의 관리 정보, 화순현의 관리 김중, 승사랑承仕郞****** 이정, 나주에서 수행한 배리陪吏******* 손효자, 청암역의 관리 최거이산, 호노戶奴******** 만산 등 6명 및 사복시의 안기·최근 등을 거느리고 해남현에 도착하여 순풍을 기다렸습니다. 11월 11일 아침, 새로 부임한 제주 목사牧使 허희와 관두량에서 함께 배를 타고 12일 저녁 제주의 조천관에 도착하여 정박하였습니다.

喪人臣崔溥自濟州漂流. 泊甌東. 過越南. 經燕北. 以今六月十四日. 到靑坡驛. 敬奉傳旨. 一行日錄. 撰集以進. 成化二十三年 丁未 秋九月十七日. 臣以濟州三邑推刷敬差官. 陛辭而行. 至全羅道. 率監司依事目所差 光州牧吏程普, 和順縣吏金重及承仕郞李楨, 羅州隨陪吏孫孝子, 靑巖驛吏崔巨伊山, 戶奴萬山等六人 及司

*   베이징의 옛 이름.

**   한양 도성의 숭례문 밖에 있던 주요 교통·통신 기관.

***   승정원의 담당 승지를 통해 전달되는 왕명서王命書.

****   부역이나 병역 기피자, 도망간 노비를 잡아 오는 임무를 띤 관리.

*****   공사公事에 관해 정한 규칙.

******   종팔품 문관의 품계.

******* 고을의 원이나 지체 높은 양반이 출입할 때 모시고 따라다니던 아전이나 종.

******** 별도로 가정을 갖고 밖에서 사는 노비.

僕寺安驥, 崔根等. 歸海南縣候風. 十一月十一日朝. 與濟州新牧使許熙. 同乘舟于館頭梁. 十二日夕. 到泊濟州朝天館.

1487년 11월, 전라도 나주 출신의 선비 최부는 추쇄경차관으로서 제주도에 파견되었다. 김종직金宗直의 문하생이었던 그는 성종의 명에 따른 『동국통감東國通鑑』과 『동국여지승람東國輿地勝覽』 편찬에도 참여한 사림파의 엘리트 관료였다. 제주도에 부임한 이듬해 1월, 최부는 아버지의 부음을 듣고 배를 마련해 일행 42명과 함께 고향인 나주로 향했다. 곧 폭풍이 불 것이라고 만류하는 사람이 많았으나 그는 한시바삐 상주의 예를 행해야 한다며 출항을 강행했다. 그러나 바다에 나갔을 때 큰 풍랑을 만났고, 목숨을 건 13일간의 표류 끝에 일행이 도착한 곳은 목적지 나주가 아닌 낯선 중국 대륙이었다. 최부 일행은 이곳에서 해적단을 만나는 위기를 겪은 후 3일간 더 표류한 끝에 다시 육지에 이르렀다. 기아와 탈진 속에서 옷을 적신 빗물로 겨우 연명하며 사선을 넘나들다가 찾게 된 한 줄기 빛이었다.

표류 중에도 여러 분야에 걸친 최부의 지식은 『표해록』 곳곳에서 엿보인다. 일행 중 한 명이 "우리 모두 짠 바닷물을 마시고 죽는 것보다는 활시위로 스스로 목을 매어 목숨을 끊는 것이 낫다吾與其飲鹹水而死. 莫如自絶. 以弓絃自縊"라고 할 정도의 극한 상황에서도 최부는 해박한 지식으로 일행을 안심시켜나갔다.

너희는 키를 잡아 배를 바로 해야 하며 방향을 잘 알아야 한다. 내가 일찍이 지도를 보니 우리나라 흑산도에서 동북쪽으로 향하면 충청도와 황해도의 경계며, 정북쪽은 평안도와 요동 등지에 이른다. 서북쪽은 옛날 「우공禹貢」*의 청주青州와 연주兗州의 경계며 정서쪽은 서주徐州와 양주楊州의 지역이다. 송나라 때 고려와 교통할 때 명주明州 바다를 건넜으니 명주는 대강大江** 이남의 땅이고, 그 서남쪽은 옛 민閩 지역으로 지금의 복건로福建路며, 서남쪽을 향하여 조금 남쪽으로 가다가 서쪽으로 가면 섬라暹羅***, 점성占城****, 만랄가滿剌加***** 등에 이른다.

汝等執舵正船. 向方不可不知. 我嘗閱地圖. 自我國黑山島. 向東北行. 卽我忠淸, 黃海道界也. 正北卽平安, 遼東等處也. 西北卽古禹貢青州, 兗州之境也. 正西卽徐州, 楊州之域. 宋時交通高麗. 自明州浮海. 明州卽大江以南之地也. 西南卽古閩地. 今之福建路也. 向西南稍南而西. 卽暹羅, 占城, 滿剌加等國也.

위의 기록은 최부가 평소 조선을 둘러싼 주변의 지리적 정세에 밝았음을 보여준다. 드디어 육지에 표착한 일행은 최부에게 상복을 벗을 것을 권유했지만 최부는 '예를 버릴 수 없다'며 완강하게 버텼다. 일행 중 광주목의 정보가 "잠시 권도權道******를 택하여 살길을 취하신 후에 예로서 상

---

*   유교 경전 『서경書經』의 한 편으로, 중국 구주九州의 지리와 산물에 대해 기술한 고대 지리서.
**   양쯔 강.
***   타이의 전 이름인 '시암Siam'의 음역어.
**** 베트남 중심부.
***** 말라카.
****** 목적 달성을 위해 그때그때의 형편에 따라 임기응변으로 일을 처리하는 방도.

을 치르시더라도 의義를 해치는 것이 아닙니다"라고 했지만 최부는 거절했다. 융통성이라고는 없는 고집 센 선비 같지만 자신이 배운 학문과 이념을 실천하는 것을 목숨보다 중히 여긴 시절이라는 점을 고려하면 이해가 가는 부분이다.

최부 일행이 죽을 고비를 수차례 넘기고 최종적으로 뭍에 오른 강남의 저장 성 태주부台州府는 처음 표류를 당한 추자도 앞바다에서 수천 킬로미터나 떨어진 곳이었다. 처음에 중국 관리들은 최부 일행을 왜인으로 오해했다. 2월 4일 소흥부紹興府에 도착하자 중국 관리는 "처음에 그대들을 왜선倭船으로 간주해 위협하고 겁탈하여 사로잡아 죽이려 했다. 그대가 만약 조선인이라면 그대 나라의 역대 연혁과 도읍, 산천, 인물, 풍속, 제사 의식, 상제喪制*, 호구戶口**, 병제兵制***, 전부田賦****와 의관衣冠 제도를 자세히 써 오라. 그것을 여러 기관에서 대질하여 시비를 따질 것이다初以汝類爲倭船劫掠. 將加捕戮. 汝若是朝鮮人. 汝國歷代沿革都邑山川人物俗尙祀典喪制戶口兵制田賦冠裳之制. 仔細寫來. 質之諸史. 以考是非"라 했고, 이에 최부는 정확하게 우리나라의 역사와 지리, 인물에 대해 설명했다.

신이 말하기를, "연혁과 도읍은 단군에서 시작하는데 요임금의 시대와 같다. 국호는 조선이며 도읍은 평양으로, 대대로 천여 년 동안 누렸

* 상중에 지켜야 할 예절에 관한 제도.
** 호적상 집과 사람의 수효.
*** 군軍에 관한 모든 제도.
**** 중국에서 토지에 부과하던 조세.

다. 주나라 무왕이 기자箕子를 조선에 봉한 뒤 평양에 도읍을 정하고 팔조八條로써 백성을 가르쳤다. 지금 나라 사람들이 예의로써 풍속을 이룬 것은 이에서 비롯된 것이다. 그 후 연나라 사람 위만衞滿이 망명하여 조선에 들어와 기자의 후예인 기준箕準을 축출하니 기준이 마한으로 달아나 도읍을 삼았다. 그 사이에 혹은 구한九韓이 되었고 혹은 이부二府가 되었고 혹은 사군四郡이 되었고 혹은 삼한三韓이 되었는데, 연대가 오래되고 멀어 다 서술할 수가 없다. (…) 산천은 장백산이 동북에 있는데 일명 백두산이다. 횡으로 천여 리 뻗쳐 있고 높이는 200여 리다. 그 산정에는 못이 있는데 둘레가 80여 리다. 동쪽으로 흘러 두만강이 되고, 남쪽으로 흘러 압록강이 된다. 동북쪽으로 흘러 속평강速平江이 되고 서북쪽으로 흘러 송화강松花江이 되는데, 송화강의 하류는 혼동강混同江이다. (…) 인물은 신라의 김유신金庾信 · 김양金陽 · 최치원崔致遠 · 설총薛聰, 백제의 계백階伯, 고구려의 을지문덕乙支文德, 고려의 최충崔沖 · 강감찬姜邯贊 · 조충趙沖 · 김취려金就礪 · 우탁禹倬 · 정몽주鄭夢周가 있으며, 우리 조선의 인물은 가히 다 열거할 수가 없다. 세속에서는 예의를 숭상하고, 오륜을 밝히며 유교의 도를 존중한다. 매년 봄과 가을에 양로연養老宴, 향사례鄕射禮, 향음주례鄕飮酒禮를 행하며, 제사 의식은 사직과 종묘, 석전釋奠*과 여러 산천에 지내는 것이 있다. 형벌 제도는 『대명률大明律』**을 따르고 상제는 『주자가례朱子家禮』를 따른다. 의관은 중국의 제도를

---

* 문묘에서 공자를 비롯한 유교의 성현들에게 지내는 제사.

** 중국 명나라의 형법전.

최부의 『표해록』

1487년 11월, 제주도로 파견됐던 최부는 이듬해 1월 아버지의 부음을 듣자
배를 타고 자신의 고향인 나주로 향한다. 그러나 출항 후 큰 폭풍을 만나
13일간의 표류 끝에 중국 땅에 도착한다. 처음에는 왜인으로 오해를 받지만
조선에 대한 해박한 지식 덕분에 오해를 풀고 중국 황제를 만나러 가게 된다.
최후는 황제를 만나러 가는 여정을 기록하면서 중국의 주요 지역을 묘사했고,
그것을 모아 정리한 책이 『표해록』이다.
이 책은 그가 5개월만에 고국 땅을 밟고 8일 만에 완성한 것으로,
최부의 놀라운 기억력과 예리한 관찰력으로 서술된 중국의 모습을 볼 수 있다.

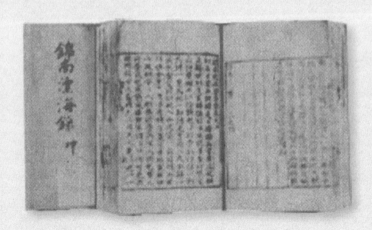

준수하고, 호구와 병제, 전부는 내가 유신儒臣이어서 그 상세함을 알지 못한다" 하였습니다.

臣曰. 沿革都邑. 則初檀君. 與唐堯竝立. 國號朝鮮. 都平壤. 歷世千有餘年. 周武王封箕子于朝鮮. 都平壤. 以八條教民. 今國人以禮義成俗始此. 厥後燕人衛滿. 亡命入朝鮮. 逐箕子之後箕準. 準奔馬韓以都焉. 其間或爲九韓. 或爲二府. 或爲四郡. 或爲三韓. 年代久遠. 不能盡述. (…) 山川則長白山在東北. 一名白頭山. 橫亘千餘里. 高二百餘里. 其巔有潭. 周八十餘里. 東流爲豆滿江. 南流爲鴨綠江. 東北流爲速平江. 西北流爲松花江. 松花下流. 卽混同江也. (…) 人物則新羅金庾信, 金陽, 崔致遠, 薛聰. 百濟階伯. 高句麗乙支文德. 高麗崔沖, 姜邯贊, 趙沖, 金就礪, 禹倬, 鄭夢周. 我朝鮮不可歷數. 俗尙則尙禮義. 明五倫. 重儒術. 每春秋. 行養老宴, 鄕射禮, 鄕飮酒禮. 祀典則社稷宗廟釋奠諸山川. 刑制從大明律. 喪制從朱子家禮. 冠裳遵華制. 戶口兵制田賦. 我以儒臣. 未知其詳.

위의 기록에서 보듯 최부는 우리나라의 역사와 지리, 인물에 대해 해박했고, 그 덕분에 그들 일행이 왜인이라는 오해를 쉽게 풀 수 있었다. 이 기록에서는 또한 조선 전기 지식인들의 역사 인식과 당시 어떤 인물을 선호했는지를 엿볼 수 있다.

최부는 황제를 만나기 위해 베이징으로 가는 여정을 기록하면서 중국의 주요 지역을 묘사했다. 2월 6일 항저우에 도착해서는 육화탑六和塔에 대해 "전당강錢塘江에 이르러 배를 타고 강기슭을 따라 지나면서 서쪽을 바라보니, 육화탑이 강가를 굽어보고 있었다"라고 하여 500여 년 전에도 첸탄 강가에 우뚝 솟아 있었던 육화탑을 묘사했다. '물의 도시'로 각광받는 쑤저우[蘇州]에 대해서는 "소주의 강 양쪽에는 상점이 맞대어 있고 선박이 운집해 있어 참으로 동방 제일의 도시라 할 수 있었다. 또한 부상대고富商大賈*들이 모두 모여 있는 지방으로 옛적부터 천하에서 가장 아름다운 곳이라 하였다"라면서 쑤저우의 번성을 기록했다. 중국의 옛 사적들을 두루 돌아보며 각 지역의 특징들과 역사적 일화들을 생각하며 발걸음을 재촉하던 최부는 베이징에 이르는 동안 수백 군데의 역참을 지났는데, 『표해록』에는 이 지명들이 빠짐없이 기록되어 있다. 놀라운 기억력과 예리한 관찰력이 돋보이는 부분이다.

베이징에 도착한 최부는 황제를 알현할 기회를 맞았다. 이곳에서도 그는 상중이기 때문에 비록 황제 앞이라 해도 화려한 옷을 입을 수 없다고 버텼다. 신하 된 도리로 당연히 예복을 입어야 한다는 중국 관리의 논리에 대해서는 군신의 예 이전에 부자간의 의리가 있다고 주장했다. 그러나 결국은 중국 관리들의 강권으로 예복을 갈아입고 입궐한 뒤 황제를 알현했다.

이틀 뒤, 최부는 병중이었으나 수레에 몸을 싣고 길을 떠났다. 이제 조선으로 돌아가는 길만이 그를 기다리고 있었다. 4월 24일 베이징을 떠나 산하이관[山海關]과 요동을 지나 압록강에 도착한 날짜가 6월 4일, 죽을 고비를 수차례 넘기고 만 5개월 만에 밟아보는 고국 땅이었다. 최부는 요동 지역을 지나면서 이 지역이 고구려의 옛 도읍이었으나 고구려가 당에게 멸망한 후 발해가 들어섰다가 다시 요遼, 금金에 넘어간 사실을 떠올

* 많은 밑천을 가지고 대규모로 장사를 하는 상인.

리며 안타까워했다. 최부 일행은 6월 14일 마침내 한양의 청파역에 도착했다. 그리고 그곳에서, 표류하고 중국을 견문한 시말을 적은 기록을 바치라는 성종의 명을 받았다. 중국에서 돌아온 지 8일 만인 6월 22일, 한국판 『동방견문록』이라 할 수 있는 5만 자 분량의 『표해록』은 이렇게 완성되었다.

2012년에 나온 서인범 교수의 『명대의 운하길을 걷다』(한길사, 2012)는 최부가 걸은 여정을 그대로 답사한 기록을 담고 있다. 이 책을 참고삼아 최부의 길을 따라 중국 여행을 하는 것도 좋을 듯하다.

홍순언은 어떻게 외교의 달인이 됐을까?

○

홍순언洪純彦은 조선 중기에 활약한 역관이다. 역관은 조선 시대 외국어 통역을 전담한 관리를 말하는데, 요즈음의 외교관이나 통역사의 역할을 했다. 조선 시대에는 외국어 전문 교육기관인 사역원司譯院을 두고 4대 외국어인 중국어, 몽골어, 만주어, 일본어를 가르치면서 집중적으로 역관을 양성했다. 사역원의 연혁과 주요 역관의 행적을 기록한 책도 있다. 조선 숙종 때 사역원 역관인 김지남金指南과 그의 아들 김경문金慶門이 중심이 되어 편찬한 『통문관지通文館志』는 사역원의 연혁과 국가의 행정 조직 및 권한을 정하는 법규인 관제官制, 고사故事, 사대교린事大交鄰에 관한 외교 자료를 정리한 책이다. 제목이 '통문관지'인 이유는 사역원이 고려 시대에는 통문관으로 불렸기 때문이다. 『통문관지』의 「인물」이라는 항목에는 최세진崔世珍, 홍순언, 김근행金謹行 등 역대의 주요 역관들에 대한 서술이 나오는데, 다음은 홍순언의 행적을 옮겨 온 것이다.

홍순언은 젊어서 불우했으나 의기가 있었다. 일찍이 연경에 가다가 통주通州에 이르러 밤에 청루靑樓에서 노닐다가 자색이 매우 뛰어난 한 여자를 보고 마음에 즐거워하였다. 주인 할미에게 부탁하여 접대하게 하였는데, 그가 소복을 입은 것을 보고 물으니 말하기를, "제 부모는 본디 절강浙江 사람으로서 명나라 연경에서 벼슬 살다가 불행히 돌림병에 걸려 동시에 모두 돌아가셨는데, 관이 객관에 있습니다. 저 혼자서 고향으로 모셔가 장사 지내고자 하나 장사 지낼 밑천이 없으므로 마지못하여 스스로 몸을 팝니다" 하였다. 말을 마치자 목메어 울며 눈물을 흘리므로, 공이 듣고 불쌍히 여겨 장례비를 물으니 300금이 필요하다 하기에 곧 전대를 털어서 주고 끝내 가까이하지는 않았다. 여자가 성명을 물었으나 끝내 말하지 않았는데, 여자가 말하기를 "대인께서 말씀하지 않으려 하시면 저도 감히 주시는 것을 받을 수 없습니다" 하였다. 이에 성만 말하고 나오니, 동행한 사람들이 모두 그의 우활함을 비웃었다.

洪純彦 小落拓有義氣 嘗赴燕 到通州 夜遊靑樓 見一女子極有殊色 意悅之 托主媼要歡 見其衣素 問之則曰 妾父母本浙江人 仕宦京師 不幸遭癘疾 一時俱沒 旅櫬在館 獨妾一身 返葬無資 不得已自鬻 言畢哽咽泣下 公聞之 憫然 問其葬費 可用三百金 卽傾橐與之 終不近焉 女請姓名 終不言 女曰 大人不肯言 妾亦不敢受賜 乃言姓而出 同行莫不嗤其迂.

　　홍순언에 관한 기록의 첫대목은 홍순언이 중국 통주通州에서 자색이 뛰어난 여자가 부모의 장례를 지내지 못하는 딱한 사정을 알고 선뜻 거금을 내어 도와주면서 여자와 인연을 맺은 상황을 기록하고 있다. 그런데 이 여자는 뒤에 명나라에서 요직을 지낸 석성石星의 계실(두번째 부인)이 되었다.

　　여자는 뒤에 예부시랑禮部侍郎 석성의 계실繼室이 되었는데, 시랑은 이일을 들어서 알고는 그의 의리를 높이 여겨 우리나라의 사신을 볼 때마다 반드시 홍 통관이 왔는지 물었다. 이때 우리나라에서는 종계변무宗系辨誣 때문에 전후 10여 차례 사신을 보냈으나 모두 허락받지 못하고 있었다. 만력 갑신년(1584년)에 공이 변무사辨誣使 지천芝川 황정욱黃廷彧을 따라 북경에 이르러 조양문朝陽門 밖을 바라보니, 화려한 장막이 구름에 닿을 듯한데, 한 기병이 쏜살같이 달려와서 홍 판사判事를 찾으며 말하기를, "예부시랑 석성이 공이 오셨다는 말을 듣고 부인과 함께 마중하러 나왔습니다" 하였다. 이윽고 계집종 10여 명이 떼를 지어 부인을 옹위하고 장막 안에서 나오는 모습을 보고 공이 놀라 피하려 하니 시랑이 말하기를, "군君은 통주에서 은혜를 베푼 일을 기억하시오? 내가 부인의 말을 들으니 군은 참으로 천하의 의로운 선비인데, 이제야 다행히 서로 만나니 내 마음이 크게 위안됩니다" 하였다. 부인이 보고는 곧 꿇어앉아 절하므로 공이 부복하여 굳이 사양하니 시랑이 말하기를, "이는 은혜에 보답하여 군에게 절하는 것이니, 받지 않을 수 없습니다" 하였다. 부인이 말하기를, "군의 높은 은혜를 입어 부모의 장례를 지낼 수 있었으므로 감회가 마음에 맺혔으니, 어느 날엔들 잊었겠습니까?" 하고는 곧 크게 잔치를 벌여 부인이 잔을 잡고 올렸다.

女後爲禮部侍郞石星之繼室 侍郞聞知此事 而高其義 每見東使 必問洪通官來否 時本國以宗系辨誣 前後十餘使 皆未得請 萬曆甲申 公遂辨誣使黃芝川廷彧 到北京 望見朝陽門外 錦幕連雲 有一騎疾馳來 問洪判事言 禮部石侍郞 聞公來 與夫人迎候 俄見女奴十餘簇擁夫人 自帳中出 公驚愕欲退避 侍郞曰 君記通州施恩事乎 我聞夫人言君誠天下之義士 今幸相見 大慰我心 夫人見卽跪拜 公俯伏固辭 侍郞曰 此報恩拜 君不可不受 夫人曰 蒙君高義 得葬父母 感結中心 何日忘

也 乃大張宴 夫人執盃以進.

당시 조선에서는 태조 이성계의 선계先系를 바로잡는 종계변무가 외교의 최대 이슈였고, 이를 해결하기 위해 여러 차례에 걸쳐 사신과 역관을 파견했으나 뚜렷한 결실을 얻지 못했다. 이런 상황에서 홍순언은 중국 사신으로 갔고, 부인의 요청으로 홍순언을 찾고자 했던 석성과의 극적인 만남이 이루어졌다.

시랑侍郎이 동방의 사신이 이번에 온 것은 무슨 일 때문인지를 물으므로 공이 사실대로 대답하니, 시랑이 말하기를 "군은 염려하지 마시오" 하였다. 회동관會同館에 머무른 지 한 달여 만에 사신의 일로서 과연 청함을 허락받았다. 특명으로 새로 고친 『대명회전大明會典』에 기록된 것을 보여주기까지 하였으니, 이는 석 공公이 실로 그렇게 하도록 만든 것이다. 돌아올 때가 되자 그 집으로 초대하여 매우 후하게 예를 갖추어 대접하였다. 부인이 나전함[鈿函] 열 개에 각각 오색 비단 열 필을 담아 주며 말하기를, "이것은 제가 손수 짜면서 공이 오시기를 기다렸으므로 공께 바치고자 합니다" 하였으나, 공이 사양하고 받지 않았다. 압록강 가에 돌아와보니 짐꾼인 대강군擡杠軍들이 따라와서 그 비단을 두고 갔는데, 비단 끝에는 모두 '보은報恩' 두 글자가 수놓여 있었다. 집에 돌아갔을 때 비단을 사려는 자들이 앞을 다투어 이르렀는데, 사람들이 그가 살던 동洞을 '보은단동報恩段洞'이라 불렀다 한다.

侍郎問 東使差來 爲何事 公以實對 侍郎曰 君毋慮 留會同館月餘 使事果得准 特

命錄示新改會典 石公實爲之地也 及還 邀之其家 禮待甚厚 夫人以鈿函十 各盛

五色錦段十四曰 此是妾手織以待公 至願以此獻公 公辭不受 還到鴨綠江邊 見

攪杠軍隨 至置其段去 錦端悉刺報恩二字 旣歸買段者爭赴 人稱所居洞 爲報恩

段洞云.

　결국 석성의 도움으로 홍순언은 종계변무의 임무를 완성할 수 있었고, 석성의 부인은 홍순언에게 은혜를 갚는다는 의미에서 비단을 짜서 보냈다. 그리고 여기서 '보은단동'이라는 말이 나왔다. 보은단동은 현재의 중구 남대문로 1가와 을지로 1가에 걸쳐 있던 마을로서 을지로입구 지하철역 앞에는 '보은단동'이라는 표지석이 있다. 한데 석성과 홍순언의 인연은 여기서 그치지 않고 임진왜란 때 원병을 파병하는 일로도 이어졌다.

　임진년에 왜노들이 국내로 침입하자 임금이 서쪽으로 피하고 중국에 구원을 청하였다. 그때 중국 조정의 의논이, 어떤 이는 압록강을 굳게 지키면서 형세가 변해가는 것을 보자 청하였고, 어떤 이는 이적夷狄이 서로 치는 것을 우리가 반드시 구원할 것까지 없다고 말하기도 하였다. 석공이 그때 병부상서兵部尙書로서 구원할 것을 혼자 힘써 말하고 또 먼저 군기軍器와 화약을 줄 것을 청하였으니, 우리 동방이 나라를 회복하여 어육魚肉*을 면할 수 있었던 것은 다 석공의 힘이다. 홍순언은 광국공신光國功臣에 책훈되고 당릉군唐陵君에 봉해졌으며, 손자 홍효손洪孝孫은

*　짓밟고 으깨어 아주 결딴낸 상태를 비유적으로 이르는 말.

숙천* 부사가 되었다.

壬辰倭奴內犯 車駕西巡 請援天朝 時朝議或請見守鴨江以觀其變 或云以夷狄相

攻 中國不必救 石公時爲兵部尙書 獨力言救之 且請先賜軍器火藥 吾東得復爲

國 而免其魚者 皆石公力也 公策光國勳封唐陵軍 其孫孝孫爲肅川府使.

석성은 임진왜란 당시 국방부 장관에 해당하는 병부상서의 자리에 있었고, 홍순언과의 인연을 생각해서인지 명나라 원병을 파병하는 일에도 가장 적극적인 자세를 보였다. 홍순언은 외교적인 공을 인정받아 광국공신에 책훈되고 당릉군唐陵君에 봉해졌다. 글의 마지막 대목은 홍순언이 적절히 맺은 인연으로써 외교적 성과를 거두었지만, 광해군 때부터 중국 사신에게 뇌물을 쓰는 풍조가 생기면서 외교적 폐단이 시작되었음을 기록하고 있다.

『국당배어菊堂俳語』에 이르기를, "당릉군이 남의 급한 일을 도운 의리는 가상히 여길 만하거니와, 부인으로서 그 은혜를 잊지 않고 반드시 갚은 것이 이러하니 더욱이 가상히 여길 만하다. 이에 앞서 변무사가 여러 번 가서도 청한 것을 허락받지 못하였으므로 조정의 의논은 재화財貨가 아니면 이루기 어렵다고 여겼다. 이에 공이 말하기를, '이 일은 오직 지극한 정성이 하늘에 닿아야 할 것이거늘 뇌물을 써서 무엇하겠는가? 또 외국의 사세는 중국과 같지 않은데, 만일 이 길을 한 번 열게 되면 그 폐단

*   평안남도 평원 지역의 옛 지명.

은 반드시 나라가 피폐하기에 이를 것이다' 하였다. 광해군 때 이르러 비로소 뇌물을 쓰기 시작하여 마침내 바로잡기 어려운 폐단이 되니, 하담荷潭 김시양金時讓이 '선견이 있는 군자다'라고 말하였다" 하였다.

菊堂俳語曰 唐陵急人之義可嘉 而夫人之不忘其恩 而必報之者 如此 尤可尙已 先是 辨誣使累往不准請 朝議以爲非貨難成 公曰 此事唯可以至誠格天 何用賂 爲 此外國事勢 與中國不同 若開此路 其弊必至於國斃 至光海時 始開賂門 綜成 難救之弊 荷潭金公時讓 以爲有先見君子云.

위에서 보듯 『통문관지』에는 홍순언이 중국 여인과 맺은 인연이 당시 최고의 외교 현안인 종계변무를 성공시키고, 임진왜란 때 명나라 참전을 이끌어내는 데 큰 힘이 되었음을 기술하고 있다. 물론 여인과의 인연도 일부 작용했겠지만 그보다는 홍순언이라는 역관의 뛰어난 역량이 명나라와의 외교 협상을 성공으로 이끈 것으로 여겨진다. 홍순언에 관한 일화는 이익의 『성호 사설』, 『열하일기』, 조선 후기 한문본 야담 소설집인 『청구야담靑邱野談』, 조선 후기 유 재건劉在建이 지은 인물 행적기인 『이향견

홍순언(1530~1598)

조선 중기에 외국어 통역을 담당했던 홍순언. 그가 살았던 당시 조선은 외교가 큰 이유 였고 여러 사신과 역관을 파견했으나 뚜 렷한 결실을 얻지 못했는데, 중국 사신 으로 갔던 홍순언은 크게 활약을 했다.

문록里鄕見聞錄』 등 조선 후기의 주요 기록에도 널리 소개되고 있다. 각각의 기록은 내용상에 조금은 차이가 있지만 홍순언과 중국 여인, 석성 사이의 인연이 외교적으로 큰 성공을 거두었다는 부분은 공통된다.

　조선 시대 역관은 추천에 의해 심사를 받고 적격자로 판정받으면 사역원에 들어가 본격적인 외국어 학습을 했다. 그러나 사역원에 들어갔다고 해서 바로 역관이 되는 것은 아니었고, 엄격한 수련 과정이 기다리고 있었다. 사역원에서는 기숙사 생활을 하면서 온종일 공부를 하고 매월 2일과 26일에는 시험을 쳤다. 3개월에 한 번씩은 지금의 중간고사나 기말고사에 해당하는 원시院試를 쳤다. 수련 과정을 거친 후에는 잡과雜科를 치렀다. 문과처럼 3년마다 열리는 잡과에서 역관은 역과에 응시했고, 역과의 초시와 복시에 모두 통과해야 역관이 될 수 있었다. 역관이 조선 시대 일선 외교에서 역량을 발휘할 수 있었던 데는 이처럼 탄탄한 교육과정과 시험 제도가 바탕이 되었다. 국가에서 주도적으로 외국어 학습을 실시하고 우수한 역관을 배출하는 시스템을 확보하고 있었기에 홍순언과 같은 스타 역관이 나올 수 있었던 것이다.

조식은 왜 자꾸 지리산에 올랐을까?

○

2012년 5월 25일 지리산 둘레길 전체 구간이 개통되었다. 2008년 4월 시범 구간으로 첫 선을 보인 지 4년 만에 완전히 개통된 지리산 둘레길은 경상남도, 전라북도, 전라남도의 3개 도와 남원시, 함양군, 산청군, 하동군, 구례군 등 5개 시와 군에 걸쳐 있으며 길이는 총 274킬로미터다. 둘레길이 아니더라도 지리산은 예부터 삼신산三神山의 하나로 불려왔고 우리나라 최초의 국립공원으로 지정되는 등 한국인들의 마음속에 깊이 자리 잡고 있는 명산 중 하나이다.

남명南冥 조식曺植은 지리산과 관련이 깊은 대표적인 학자다. 평생 열 번 이상 지리산을 다녀왔고, 말년에는 지리산 천왕봉이 바라보이는 산천재山天齋에 거처를 잡았다. 그의 묘소 또한 지리산 자락에 조성되어 있다. 지리산을 사랑한 학자 조식은 1558년(명종13) 여름 제자들과 함께 지리산 유람에 나섰다. 그리고 이때의 기행을 「유두류록遊頭流錄」이라는 기행문으로 남겼다. 조식의 문집 『남명집南冥集』에 실린 이 글을 통해 450여 년 전 조식 일행이 걸은 지리산 유람 코스와 조식의 생각들을 따라가보기로 하자.

가정 무오년 첫 여름에 진주 목사 김홍金泓 홍지泓之, 수재秀才 이공량李公亮 인숙寅叔, 고령 현감 이희안李希顔 우옹愚翁, 청주 목사 이정李楨 강이剛而 및 나는 함께 두류산頭流山을 유람하였다. 산속에서는 나이를 귀하게 여기고 관작을 숭상하지 않으므로 술잔을 돌리거나 자리를 정할 때도 나이로써 하였다. 혹 어떤 때는 그렇게 하지 않았다. 10일 우옹이 초계草溪에서 내가 있는 뇌룡사雷龍舍로 와서 함께 묵었다. 11일 내가 있는 계부당鷄伏堂에서 식사를 하고 여정에 올랐는데, 아우 조환曺桓이 따라왔다. 원우석元右釋은 일찍이 중이 되었다가 환속하였는데 지혜롭고 깨달음이 있으며 노래를 잘했기 때문에 불러서 함께 길을 떠났다.

嘉靖戊午孟夏. 金晉州泓泓之, 李秀才公亮寅叔, 李高靈希顔愚翁, 李淸州楨剛而 泊余 同遊頭流山. 山中貴齒而不尙爵. 擧酌序坐以齒. 或時不然. 初十日. 愚翁自 草溪來我雷龍舍. 同宿. 十一日. 飯我鷄伏堂. 登道. 舍弟桓隨之. 元生右釋曾爲釋 化俗. 爲其慧悟而善謳. 召與之行.

기행문의 첫 부분은 지리산 유람을 함께한 사람들의 명단을 나열하는 것으로 시작한다. 이공량은 조식의 자형姊兄이었고, 이희안과 이정은 조식의 문인이었다. 뇌룡사와 계부당은 합천에 있는 강학처로 조식이 48세부터 61세까지 거처하면서 제자들을 키운 곳이었다. 중으로 있다가 환속한 원우석이 깨달음이 있고 노래를 잘 부른다는 이유로 동행한 것도 주목된다. 이후의 여정은 진주를 거쳐 사천에서 배를 타고 섬진강을 거슬러 올라가 쌍계로 들어가는 것이었다.

저녁 무렵 진주에서 묵었다. 일찍이 홍지와 약속하여, 사천에서 배를 타고 섬진강을 거슬러 올라, 쌍계로 들어가기로 계획을 세웠다. 말고개〔馬

峴]에서 뜻하지 않게 종사관 이준민李俊民을 만났다. 이준민은 호남 땅에서 부친을 뵈러 오는 참이었는데, 그의 부친은 바로 인숙이다. 또한 들으니 홍지는 벼슬이 갈렸다고 한다. 이윽고 인숙의 집에 투숙하였는데, 인숙은 나의 자형이다. 12일 큰비가 내렸다. 홍지가 편지를 보내어 머무르게 하고 아울러 음식을 보내왔다. 13일 홍지가 찾아와 소를 잡고 음악을 베풀어주었다. 우옹과 홍지와 준민이 함께 다투듯이 마음껏 술을 마시고 파하였다. 14일 인숙과 더불어 강이의 집에서 묵었다. 강이가 우리를 위해 칼국수, 단술, 생선회, 찹쌀떡, 기름떡 등을 마련하였다.

向夕投晉州. 曾約泓之乘舟泗川. 遡蟾津入雙磎計也. 忽遇李從事俊民於馬峴. 由湖南來覲其親. 其親則寅叔也. 更聞泓之卿差去. 旋投寅叔第. 寅叔則吾姊夫也. 十二日. 大雨. 泓之致書留之. 益以廚傳. 十三日. 泓之來造. 殺牛張樂. 愚翁, 泓之, 俊民. 共爭之劇飮而罷. 十四日. 與寅叔共宿剛而第. 剛而爲具剪刀麪, 醴酪齋, 河魚膾, 白黃團子, 靑丹油糕餠.

위의 기록에서는 조식 일행이 칼국수, 단술, 생선회, 찹쌀떡, 기름떡, 등을 먹었다고 하는 부분이 흥미를 끈다. 일행은 16일 섬진강에 다다랐으며, 악양현嶽陽縣*을 지나 삽암鍤岩이라는 곳에 도착했다. 삽암에서 조식은 고려 시대 무신 최충헌崔忠獻의 집권기에 지리산으로 들어가 절개를 지킨 한유한韓惟漢의 충절을 기렸으며, 도탄陶灘에 도착해서는 선배 사림파 학자 정여창鄭汝昌의 죽음을 안타까워했다.

---

* 757년부터 1702년까지 경상남도 하동군 악양면에 설치된 지방 행정구역.

16일 새벽빛이 조금 밝아질 무렵 섬진에 다다랐다. 잠을 깨었을 때는 벌써 곤양昆陽 땅을 지나버렸다고 한다. 아침 해가 처음 떠오르니 검푸른 물결이 붉게 타는 듯하고 양쪽 언덕 푸른 산에 그림자가 물결 밑에 거꾸로 비치었다. 퉁소와 북으로 다시 음악을 연주하니 노래와 퉁소 소리가 번갈아 일어났다. 멀리 구름 낀 산이 서북쪽 10리 사이에 나타났는데 이것이 두류산의 바깥쪽이다. 서로 가리키며 바라보고 기뻐하여 뛰면서 "방장산方丈山*이 삼한三韓 밖이라 하더니 이미 이곳이 멀지 않은 곳에 있구나"라고 하였다. 눈 깜짝할 사이에 악양현을 지났는데 강가에 삽암이 있다. 이곳은 녹사錄事** 한유한의 옛집이 있던 곳이다. 한유한은 고려 왕조가 장차 어지럽게 될 것을 알고, 처자를 데리고 이곳에 와서 살았다. 징소하여 가난한 백성의 질병 치료를 맡아보던 의료 구제 기관인 대비원大悲院*** 녹사로 삼았으나, 하루저녁에 숨어 달아나 간 곳을 몰랐다 한다. 아! 나라가 망하려고 하는데 어찌 어진 사람을 좋아하는 일이 있을 수 있겠는가? (…) 한낮쯤 되어 배가 도탄에 정박했다. (…) 도탄에서 한 마장쯤 떨어진 곳에 정여창 선생의 옛 거처가 있었다. 선생은 바로 천령天嶺**** 출신의 유학의 선비들이 우러러보는 대학자이다. 학문이 깊고 독실하여 우리 도학道學에 실마리를 이어주신 분이다. 처자를

---

* 중국 전설에 나오는 삼신산三神山 중 하나. 진시황과 한무제가 불로불사약을 구하기 위해 동남동녀 수천 명을 보냈다고 한다. 이 이름을 본떠 우리나라의 금강산을 '봉래산蓬萊山', 지리산을 '방장산', 한라산을 '영주산瀛洲山'이라 이르기도 한다.

** 각급 관아에 속해 기록에 관련된 일을 맡아보던 하급 실무직 벼슬.

*** 가난한 백성의 질병 치료를 맡아보던 의료 구제 기관.

**** 현재의 함양.

이끌고 산으로 들어갔으나 나중에 내한內翰* 안음 현감으로 나아갔다가 교동주喬桐主**에게 죽임을 당했다. 이곳은 삽암과 10리쯤 떨어진 곳이다. 밝은 철학자의 행·불행이 어찌 운명이 아니겠는가?

十六日. 曙色微明. 迫到蟾津. 攪睡間已失昆陽地云. 旭日初昇. 萬頃蒸紅. 兩岸蒼山. 影倒波底. 簫鼓更奏. 歌吹迭作. 遙見雲山揷出西北十里間者. 是頭流外面也. 相與挑觀喜踴曰. 方丈三韓外. 已是無多地矣. 瞥過岳陽縣. 江上有鍤岩者. 乃韓錄事惟漢之舊莊也. 惟漢見麗氏將亂. 携妻子來棲. 徵爲大悲院錄事. 一夕遁去. 不知所之. 噫. 國家將亡. 焉有好賢之事乎. (…) 向午. 泊舟陶灘. (…) 去陶灘一里. 有鄭先生汝昌故居. 先生乃天嶺之儒宗也. 學問淵篤. 吾道有緖. 挈妻子入山. 由內翰出守安陰縣. 爲喬桐主所殺. 此去鍤岩十里地. 明哲之幸不幸. 豈非命耶.

19일 아침 조식 일행은 마침내 청학동으로 들어갈 것을 계획했다. 이 부분에는 호남 지역에서 온 사람들이 합세하는 장면이 보이며, 21일에도 호남에서 온 여러 사람과 함께 날이 저물도록 절의 누각에 앉아서 불어난 시냇물 구경을 했다는 기록이 있다. 지리산이 조선 시대에도 영남 선비와 호남 선비들이 소통한 공간임을 알 수 있는 대목이다.

19일 아침을 재촉하여 먹고 청학동으로 들어가려 하였는데, 인숙과 강이는 모두 병 때문에 그만두었다. 이것으로 보면 진실로 십분 뛰어난

---

*   한림翰林 또는 예문관검열. 예문관에서 사초 꾸미는 일을 맡아보던 벼슬.

**   연산군. 연산군이 1506년 중종반정으로 강화도 교동도에 유배를 갔기 때문에 '교동주'로 표현한다.

조식(1501~1572)
_____

조식은 평생 지리산에 열 번 이상 다녀왔고,
말년에는 지리산 천왕봉이 보이는 산천재에 거처를 잡을 정도로
지리산에 애정을 많이 갖고 있는 학자였다.
그는 지리산을 다니며 부역에 허덕이는 백성들의 힘든 현실을 외면하지 않았고,
자신의 유유자적한 삶을 반성하기도 했다. 조선 시대에 지리산은
영남 선비들과 호남 선비들이 소통하는 공간으로의 역할을 하기도 했다.

절경은 참된 연분이 없으면 신명神明이 받아들이지 않음을 알 수 있다. (…) 호남에서 온 네 사람과 백白 이李 양군이 동행하였다. 북쪽으로 오암牾巖을 올라 나무를 잡고 험한 벼랑 같은 곳에 낸 길을 타면서 나아갔다. 원우석은 허리에 맨 북을 두드리고, 천수千守는 긴 피리를 불고, 두 기생이 이들을 따라가면서 전대前隊를 이루었다. 나머지 여러 사람은 혹은 앞서거니 뒤서거니 하면서 물고기를 꼬챙이에 꿴 것처럼 줄지어 전진하면서 중대中隊를 형성하였다. 강국년姜國年과 요리사와 종들과 음식을 운반하는 사람들 수십 명이 후대後隊를 만들었다. 중 신욱愼旭이 길을 안내하면서 갔다.

十九日. 促食. 將入靑鶴洞. 寅叔. 剛而. 俱以疾退. 固知十分絶境. 非有十分眞訣. 神明不受. (…) 湖南四君. 白李兩生同行. 北上牾巖. 緣木登棧而進. 右釋打腰鼓. 千守吹長笛. 二妓隨焉. 作前隊. 諸君或先或後. 魚貫而進. 作中隊. 姜國年, 膳夫, 僕夫運饋者數十人. 作後隊. 僧愼旭向道而去.

기생들이 앞쪽에 무리를 지어 가고 요리사와 음식을 운반하는 사람들 수십 명이 뒤쪽에 따르는 장관도 눈에 들어온다. 조식은 불일암佛日菴을 청학동으로 보았다. 그리고 향로봉香爐峯, 비로봉毗盧峯, 학연鶴淵 등 청학동을 둘러싼 경치들에 대해서도 붓을 아끼지 않았다.

열 걸음에 한 번 쉬고 열 걸음에 아홉 번 돌아보면서, 비로소 불일암이라는 곳에 도착하였다. 바로 이곳이 세상에서 청학동이라고 이르는 곳이다. 바위로 된 멧부리가 허공에 매달린 듯 내리뻗어서 굽어볼 수가 없었다. 동쪽에 높고 가파르게 서서 서로 떠받치듯 찌르면서 조금도 양보하지 않는 것은 향로봉이고, 서쪽에 푸른 벼랑을 깎아내어 만 길 낭떠러지로 우뚝 솟아 있는 것은 비로봉이다. 청학靑鶴 두세 마리가 그 바위틈에 깃들어 살면서 가끔 날아올라 빙빙 돌다가 하늘을 올라갔다 내려오곤 했다. 그 밑에 학연이 있는데 컴컴하고 어두워서 바닥이 보이지 않았다. 좌우상하에 절벽이 고리처럼 둘러서서 겹겹으로 쌓인 위에 다시 한 층이 더 있고, 문득 도는가 하면 문득 합치기도 하였다.

十步一休. 十步九顧. 始到所謂佛日菴者. 乃是靑鶴洞也. 岩巒若懸空. 而下不可俯視. 東有崒嵂撑突. 略不相讓者曰香爐峯. 西有蒼崖削出. 壁立萬仞者曰毗盧峯. 靑鶴兩三. 棲其岩隙. 有時飛出盤回. 上天而下. 下有鶴淵. 黝暗無底. 左右上下. 絶壁環匝. 層層又層. 倏回倏合.

조식은 지리산 유람 중에도 부역에 허덕이는 백성들의 힘든 현실을 외면하지 않았다. 백성과 군졸이 일정한 거처 없이 계속 떠돌아다니는 현실에서 자신은 한가로이 유람하는 것을 자책하기도 했다.

쌍계사와 신응사 두 절이 모두 두류산 중심에 있어 푸르고 높고 가파른 고개가 하늘을 찌르고 흰 구름이 문을 잠근 듯하여 밥 짓는 연기가 드물게 닿을 것 같은데도 오히려 이곳까지 관가官家의 부역이 폐지되지 않아, 양식을 싸들고 무리를 지어 왕래함이 계속 잇달아서 모두 흩어져 떠나가기에 이르렀다. 절의 중이 고을 목사에게 편지를 써서 조금이라도 완화해주기를 청했다. 그들이 호소할 수 없음을 안타까이 여겨 편지를 써주었다. 산에 사는 중이 이와 같으니 산촌의 무지렁이 백성들은 가히 알 만하다. 행정은 번거롭고 부역은 과중하여 백성과 군졸이 유망하니 아버지와 아들이 서로 보호하지 못한다. 조정에서 바야흐로 이를 크게 염려하는데, 우리 일행이 그들의 등 뒤에 있으면서 여유작작하게 한가로이 노닐고 있으니 이것이 어찌 참다운 즐거움이겠는가?

雙磎, 神凝兩寺, 皆在頭流心腹. 碧嶺揷天. 白雲鎖門. 疑若人煙罕到. 而猶不廢公家之役. 贏糧聚徒. 去來相續. 皆至散去. 寺僧乞簡於州牧. 以舒一分. 等憐其無告. 裁簡與之. 山僧如此. 村氓可知矣. 政煩賦重. 民卒流亡. 父子不相保. 朝家方是軫念. 而吾輩自在背處. 優游暇豫. 豈是眞樂耶.

조식은 '좌퇴계 우남명'이라는 말이 있을 만큼 이황과 함께 16세기를 대표하는 사림파 학자로, 경의敬義*를 사상의 핵심으로 삼으면서 무엇보다 학문의 실천에 주력했다. 특히 지역적 기반이 경상우도**였던 만큼 그의 삶과 사상 형성에 있어 지리산은 절대적인 역할을 했다. 조식 일행이 걸은 지리산 일대를 따라가보면서 16세기 실천적 삶을 살았던 선비의 체취를 찾아보기 바란다.

---

* 옛 성현들이 유교의 사상과 교리를 써놓은 책들인 『시경』, 『예기』, 『춘추』, 『대학』 등에 담긴 뜻을 말한다.
** 조선 시대에 경상도의 행정구역을 동서로 나눴을 때 경상도 서부를 의미한다.

김만덕이 여성 CEO로 성공할 수 있었던 비결은?

○

오늘날의 정계에는 여성들이 대거 참여할 뿐 아니라 중책을 맡는 일도 흔하지만, 조선 시대에는 일반 여성으로서 정계에 이름이 기록되는 경우가 매우 드물었다. 그런데 최고의 국정 기록인 『조선왕조실록』에 당당히 이름을 알린 여성이 있다. 바로 김만덕金萬德이다. 그는 여성이라는 한계에도 불구하고 실록에 이름을 올렸고, 정조가 특별히 궁궐에 초청하고 금강산 유람까지 보내주었다. 또한 정조 대에 정승을 지낸 채제공蔡濟恭은 자신의 문집에서 김만덕의 전기를 기록하기도 했다. 김만덕이 이처럼 각광을 받은 까닭은 무엇일까? 우선 『정조실록』에서 단서를 찾을 수 있다.

제주의 기생 만덕이 재물을 풀어서 굶주리는 백성들의 목숨을 구하였다고 목사가 보고하였다. 상을 주려고 하자, 만덕은 사양하면서 바다를 건너 상경하여 금강산을 유람하기를 원하였다. 허락해주고 나서 큰 도로 좌우에 연하여 있는 곳의 고을들로 하여금 양식을 지급하게 하였다.

濟州妓萬德, 散施貨財, 賑活饑民, 牧使啓聞. 將施賞, 萬德辭, 願涉海上京, 轉見金剛山, 許之, 使沿邑給糧.

— 『정조실록』, 정조 20년(1796) 11월 25일

1795년 제주에 큰 기근이 들어 굶어 죽는 이가 많자 나라에서 구제하

고자 했으나 도저히 감당하지 못했다. 이에 만덕이 자신의 재산으로 육지에서 쌀을 사들여 친족에게 나누어 주고 관가에도 보내 굶주린 백성을 구제하게 했으니, 그의 은덕을 칭송하지 않는 이가 없었다. 제주 목사가 이 일을 적어 임금에게 올렸고, 임금이 기특히 여겨 칭찬하고 만덕의 소원을 들어주게 했다.

조선 시대 한반도 최변방 중의 한 곳인 제주에서, 그것도 기생 출신 여자가 재물을 풀어 백성을 구제했다는 사실 자체도 놀랍고 이 사실을 실록에 기록했다는 점 또한 매우 이례적이다. 여성이 쉽게 능력을 발휘할 수 없었던 조선 후기 사회에서 만덕은 어떻게 큰돈을 벌 수 있었을까?

만덕이 살던 조선 후기 영정조 시대는 변화의 시기였다. 전통적인 산업인 농업 이외에 상업에 대한 인식이 확대되었는데, 상업과 유통 경제의 발달에서 빼놓을 수 없었던 것이 포구 무역과 객주업이었다. 만덕은 제주가 어업과 해상무역의 중심지로 떠오르자 시대의 흐름을 읽고, 관기官妓를 그만둔 뒤 상업 전선에 뛰어들어 건입健入 포구에서 객주를 차리고 장사를 시작했다. 객주는 상인들에게 숙식을 제공하고 상품을 위탁 판매하는 일종의 중개상인이었다. 관기로 있으면서 관리들과 맺은 친분도 중요한 작용을 한 듯하고, 여기에 특유의 장사 수완이 큰 몫을 했다. 제주는 쌀 등의 곡물이 특히 부족한 곳이었다. 만덕은 외부에서 반입되는 쌀이나 제주에서 생산되지 않는 소금의 독점권을 확보해 이를 미역, 전복 등 제주의 해산물과 교환했다. 그러고는 쌀과 소금의 시세 차익을 이용해 계속 부를 축적해나간 끝에 제주 최고의 여성 갑부가 된 것으로 추측된다.

만덕의 선행은 조정까지 알려졌고, 정조는 궁궐에서 만덕을 직접 만났다. 그리고 만덕의 행적은 채제공의 문집인 『번암집樊巖集』 55권에 「만덕전萬德傳」이라는 글로 기록되었다.

만덕은 성이 김씨며, 탐라(제주)의 양인 집안 딸이다. 어려서 어머니를 잃고 귀의할 바가 없었다. 기녀를 의탁하여 살았는데, 점차 성장하자 관부官府에서는 만덕의 이름을 관아에서 기생의 이름을 기록해두던 책에 올렸다. 만덕은 비록 순종적으로 기녀의 역을 행하였지만, 스스로 기녀로 대접하지는 않았다. 나이 스무 살에 그 사정을 관아에 읍소하니, 관에서 불쌍히 여겨 기안에서 제외하고 양민으로 복귀시켰다. 만덕은 비록 집안에 고용된 남자 종과 거주했으나, 탐라의 남자를 남편으로는 맞이하지 않았다. 그 재주는 재산을 늘리는 데 뛰어났다. 때에 따라 물가의 높고 낮음에 능하여, 팔거나 샀다. 수십 년에 이르러 자못 명성을 쌓았다.

萬德者. 姓金. 耽羅良家女也. 幼失母無所歸依. 托妓女爲生. 稍長. 官府籍萬德名妓案. 萬德雖屈首妓於役. 其自待不以妓也. 年二十餘. 以其情泣訴於官. 官矜之除妓案. 復歸之良. 萬德雖家居乎庸奴. 耽羅丈夫不迎夫. 其才長於殖貨. 能時物之貴賤. 以廢以居. 至數十年. 頗以積著名.

정조 19년 을묘[1795년]에 탐라에 큰 흉년이 들어 백성들의 시신이 침상을 이루었다. 왕이 곡식을 배에 싣고 가서 구제하기를 명하였다. 바닷길 800리 바람 편에 오가는 것이 베 짜는 북과 같았으나 오히려 때에 미치지 못하였다. 이에 만덕이 천금을 기꺼이 내놓아 쌀을 사들였다. 육지의 여러 군현의 사공들이 때맞춰 이르자 만덕은 10분의 1을 취하여 친족을 살리고, 나머지는 모두 관가에 수송하였다. 부황 난 자가 듣고 관가 뜰에 모여들기가 구름과 같았다. 관가에서는 완급을 조절하여 차등 있게 나누어 주었다. 남녀는 나와서 만덕의 은혜를 칭송하였다. "우릴 살려준 이는 만덕이로다." 구제가 끝나자, 목사는 그 일을 조정에 아뢰었다. 왕이 그것을 크게 기이하게 여기고 분부하였다. "만덕에게 소원이 있다면 쉽고 어려움을 묻지 말고 특별히 베풀어라." 목사가 만덕을 불러 임금의 분부대로 물었다. "어떤 소원이 있느냐?" 만덕이 대답하기를, "별다른 소원은 없습니다만 원컨대 서울에 한번 가서 왕이 계신 곳을 바라보고, 이내 금강산에 들어가 1만 2,000봉을 구경한다면 죽어도 여한이 없겠습니다. 대개 탐라 여인의 금법에 바다를 건너 육지에 들어가지 못하게 되어 있었으니, 이는 국법이었다. 목사가 그 소원을 왕에게 아뢰었더니, 왕이 명을 내려 그 소원을 좇아 관가에서 역마를 주고, 또 음식을 번갈아 제공케 하였다.

聖上十九年乙卯. 耽羅大饑. 民相枕死. 上命船粟往哺. 鯨海八百里. 風檣來往如梭. 猶有未及時者. 於是萬德捐千金貿米. 陸地諸郡縣棹夫以時至. 萬德取十之一. 以活親族. 其餘盡輸之官. 浮黃者聞之. 集官庭如雲. 官劑其緩急. 分與之有差. 男若女出而頌萬德之恩. 咸以爲活我者萬德. 賑訖牧臣上其事于朝. 上大奇之. 回諭曰. 萬德如有願. 無問難與易. 特施之. 牧臣招萬德以上諭諭之曰. 若有何願. 萬德對曰. 無所願. 願一入京都. 瞻望聖人在處. 仍入金剛山. 觀萬二千峯. 死無恨矣. 盖耽羅女人之禁不得越海而陸. 國法也. 牧臣又以其願上. 上命如其願. 官給舖馬遞供饋.

만덕의 기부 행위에 조정에서도 포상을 논의했지만, 쉽게 관직을 내릴 수도 없는 형편이었다. 만덕은 이런 고민을 깨끗하게 해결해줬다. "별다른 소원은 없습니다만 원컨대 서울에 한번 가서 왕이 계신 곳을 바라보고, 이내 금강산에 들어가 1만 2,000봉을 구경한다면 죽어도 여한이 없겠습니다." 거액의 기부자답지 않은 소박한 소원이었다. 당시 제주도의 여인들은 육지로 나가는 일이 허용되지 않았으므로, 제주 목사는 조정에 민원을 보고했다. 정조는 흔쾌히 만덕의 소원을 받아들이고 적절한 조처를 지시했다. 1796년 만덕이 서울 궁궐에 오자 정조는 효의왕후와 함께 직접 만덕을 격려했다. 그리고 이듬해 봄 만덕은 평생의 소원이던 금강산 유람에 나섰다. 만폭동, 묘길상을 거쳐 삼일포에서 배를 타고 총석정을 둘러보고 돌아온 그는 이제 '장안의 스타'가 되어 있었다. 「만덕전」의 후반부는 만덕의 입경과 금강산 여행, 그리고 채제공과의 이별 이야기로 구성된다.

만덕은 배를 타고 만경창파를 건너서 병진년〔1796년〕 가을 서울에 들어와 정승 채제공을 한두 번 만났다. 채제공은 그 사실을 왕께 아뢰었다. 왕은 선혜청宣惠廳*에 명하여 달마다 식량을 지급하게 하였다. 며칠 후에 명하여 내의원 의녀로 삼아 모든 의녀의 반수班首**로 두었다. 만덕은 전례에 의거하여 대궐로 들어가 여러 궁에 문안을 드리고 각기 의녀로

서 시중을 들었다. 이에 왕이 전교하기를, "네가 일개 여자로서 의로운 기운을 발휘하여 주린 백성 천여 명을 구제했으니, 참으로 기특하다." 상으로 하사한 것이 매우 많았다. 거한 지 반년 만인 정사년(1797년) 3월 금강산에 들어가 만폭동과 중향성의 기이한 경치를 두루 탐방하고, 금부처를 만나면 반드시 절을 하고 공양을 드려 그 정성을 다하였다. 대개 불법이 탐라국에는 들어가지 않은 까닭에 만덕이 이때 나이가 쉰여덟이 었으나 처음으로 절과 부처를 구경하였다. 마침내 안문재를 넘어 유점사를 거쳐 고성으로 내려가, 삼일포에서 배를 타고 통천 총석정에 올라 천하의 기이한 경치를 구경하였다.

萬德一帆雲海萬頃. 以丙辰秋入京師. 一再見蔡相國. 相國以其狀白. 上命宣惠廳月給粮. 居數日. 命爲內醫院醫女. 俾居諸醫女班首. 萬德依例詣內閤門. 問安殿宮. 各以女侍. 傳敎曰. 爾以一女子. 出義氣救饑餓千百名. 奇哉. 賞賜甚厚. 居半載. 用丁巳暮春. 入金剛山. 歷探萬瀑. 衆香奇勝. 遇金佛輒頂禮. 供養盡其誠. 盖佛法不入耽羅國. 萬德時年五十八. 始見有梵宇佛像也. 卒乃踰鴈門嶺. 由楡岾下高城. 泛舟三日浦. 登通川之叢石亭. 以盡天下瑰觀.

김만덕(1739~1812)

『조선왕조실록』에 여성임에도 당당하게 이름을 올렸던 김만덕. 그녀는 기녀였으나 스스로 기녀로 여기지 않았고, 재산을 늘리는 데 뛰어난 자신의 재능을 잘 살렸다. 정조 19년 을묘에 큰 흉년이 들자 실력을 발휘해 천금을 내놓아 쌀을 사들여 많은 백성들을 살려냈고, 이에 대한 보상으로 김만덕은 자신이 살던 제주를 떠나 금강산에 가서 1만 2,000봉을 구경하게 된다. 당시 제주도의 여인들이 육지로 나가는 일이 허용되지 않았던 점을 감안해보면 김만덕의 금강산 여행이 얼마나 큰 보상이었는지 알 수 있다.

이후에 [만덕은] 돌아와 서울로 들어갔다. 며칠을 머문 뒤 장차 고향으로 돌아갈 때, 대궐에 들어가 돌아감을 고했다. 대전과 궁에서 각기 상을 내리는 것이 이전과 같았다. 이때 만덕의 이름이 서울 안에 가득하여 공경대부公卿大夫*와 선비 등이 만덕의 얼굴 보기를 원하지 않음이 없었다. 만덕이 떠남에 임하여 채제공에 감사하며 목멘 소리로 말하였다. "이승에서는 재상의 얼굴을 다시 뵙지 못하겠나이다." 이에 처연히 눈물을 흘렸다. 채제공이 말하기를, "진시황과 한무제는 모두 '해외에 삼신산三神山이 있다'라 하였고, 세상에서 우리나라의 한라산은 곧 영주산瀛洲山이요, 금강산은 곧 봉래산蓬萊山이라 이르는 바다. 너는 탐라에서 자라 한라산에 올라 백록담의 물을 먹고, 이제 또 금강산을 두루 구경했으니 이는 삼신산 중에서 그 둘을 모두 포함하여 유람한 것이 아니겠느냐. 천하의 수많은 사내 중에 이를 능히 한 자는 없다. 지금 이별함에 임하여 도리어 아녀자의 가련한 태도를 짓는 것은 무슨 까닭인고." 이에 이 일을 서술하여 「만덕전」이라 하고, 웃으면서 주었다. 성상 21년 정사년 하지일이요, 번암 채제공의 나이 일흔여덟이었다. 체재공의 서재인 충간의담헌忠肝義膽軒에서 썼다.

然後還入京. 留若干日. 將歸故國. 詣內院告以歸. 殿宮皆賞賜如前當是時. 萬德名滿王城. 公卿大夫士無不願一見萬德面. 萬德臨行. 辭蔡相國哽咽曰. 此生不可復瞻相公顔貌. 仍潸然泣下. 相國曰. 秦皇漢武皆稱海外有三神山. 世言我國之漢

---

* 삼공三公(삼정승)과 구경九卿(삼정승 다음가는 아홉 고관직), 대부大夫(정일품에서 종사품까지의 벼슬 품계에 붙이던 칭호)를 아울러 이르는 말.

挐. 卽所謂瀛洲. 金剛卽所謂蓬萊. 若生長耽羅登漢挐. 白鹿潭水. 今又踏遍金剛.

三神之中. 其二皆爲若所包攬. 天下之億兆男子. 有能是者否. 今臨別. 乃反有兒

女子刺刺態何也. 於是敍其事. 爲萬德傳. 笑而與之. 聖上二十一年丁巳夏至日.

樊巖蔡相國七十八. 書于忠肝義膽軒.

금강산 유람 후 만덕은 벼슬을 내놓고 제주도로 돌아갈 것을 결정했다. 이때 정조의 최고 참모이던 재상 채제공을 다시 만났다. 처음 상경했을 때도 만난 바 있는 채제공은 이별의 자리에서 직접 지은 「만덕전」을 그에게 주었다. 「만덕전」은 채제공의 문집인 『번암집』에 실림으로써 그녀를 영원히 기억하게 했다.

만덕은 제주도에 돌아온 후 15년 만인 1812년 세상을 떠났고, 유언에 따라 무덤은 제주 성안이 한눈에 내려다보이는 '가운이 마루' 길가에 묻혔다고 한다. 영원히 제주의 연인으로 남기를 원한 것이다. 제주도에서는 해마다 만덕상을 수상함으로써 또 다른 만덕을 계속 배출해가고 있다. 제주의 기녀 출신에서 성공한 CEO로 자리 잡은 여인, 나눔의 미덕을 실천한 기부 천사 만덕. 그로 인해 조선 시대 여성사는 더욱 풍부해졌다.

왜 허균은 '천지 사이의 괴물'로 불렸을까?

○

허균許筠은 선조부터 광해군 대에 걸쳐 활약한 정치가이자 학자다. 한국사에는 수많은 인물이 역사의 무대를 장식하며 명멸해갔지만 허균처럼 극적인 삶을 산 인물은 흔하지 않다. 당시 사회에서 허균의 사상은 불온한 것으로 취급되었고, 허균은 사회의 안정을 해치는 위험 인물로 지목되어 1618년 역적 혐의를 받고 결국 형장의 이슬로 사라졌다. 『조선왕조실록』을 비롯한 당대의 자료는 한결같이 허균을 부정적으로 묘사했다. '천지 사이의 괴물'로까지 표현한 기록도 있다.

여러 관하가 합하여 아뢰었다. "허균은 천지 사이의 한 괴물입니다. 경운궁慶運宮*에 격서檄書를 던지는 등 온갖 방법을 동원하여 역모를 꾸민 정상이 이미 민인길閔仁佶의 고발에서 드러났고, 이홍로李弘老와 결탁하여 동궁東宮을 해치려 꾀한 사실이 또 기준격奇俊格의 소에서 나왔습니다. 허균이 진 죄명이야말로 오늘날 신자臣子 된 입장에서 같은 하늘 아래 살 수 없는 것이었는데, 지난 1월에 이품 이상이 정청庭請**한 일과 근일에 금부가 별도로 아뢴 것 역시 실로 이러한 취지에서 나왔습니다. 신

---

* 덕수궁의 이전 이름.
** 세자나 의정議政이 백관을 거느리고 궁정에 이르러 큰일을 보고하고 명령을 기다리던 일.

들은 어찌 이와 같은 죄인의 이름이 있으니 그 몸뚱이를 수레에 매달아 찢어 죽이더라도 시원치 하지 않고, 그 고기를 씹어 먹더라도 분이 풀리지 않을 것입니다."

合司啓曰 許筠, 天地間一怪物也. 投檄慶運, 萬端逆狀 已發於仁佶之告 締結弘老, 謀害東宮, 又出於俊格之疏. 筠之所負罪名, 乃今日臣子所不共戴天者也. 初春二品之庭請, 近日禁府之別啓, 實出於此. 臣焉而有此罪名, 則輒其身猶不快, 食其肉亦不厭.

'천지 사이의 괴물'이라거나, '그 몸뚱이를 수레에 매달아 찢어 죽이더라도 시원치 하지 않고 그 고기를 씹어 먹더라도 분이 풀리지 않을 것입니다.'라는 표현은 허균이 당시에 얼마나 부정적인 인물로 낙인찍혔는가를 여실히 보여주고 있다.

그러나 한편으로 조선 시대에 허균과 같이 개혁 지향적인 인물을 찾기란 쉽지 않다. 허균이 살았던 16세기 말에서 17세기 초에 이르는 시기는 조선 사회가 보수와 개혁의 갈림길에서 고민하던 때였으며, 허균은 이러한 시기에 개혁의 길을 택한 대표적인 인물이었다. 특히 서얼 홍길동을 주인공으로 한 소설 『홍길동전』은 그의 사상을 잘 보여주고 있다. 그런데 허균의 문집에 『홍길동전』이 포함되지 않은 것 등을 이유로, 『홍길동전』의 작자가 허균이라는 것에 대해서 의문을 제기하는 견해도 있다. 그러나 조선 중기 한문학 4대가의 한 사람인 택당 이식李植의 문집인 『택당집澤堂集』의 별집 권15 「산록散錄」에는 허균이 『홍길동전』의 저자임을 분명히 밝히고 있다.

세상에 전해지기를, 『수호전水滸傳』을 지은 사람의 집안이 3대에 걸쳐 농아聾啞가 되어 그 응보應報를 받았는데, 도적들이 바로 그 책을 높이 떠받들었기 때문이라고 한다. 그런데 허균과 박엽朴燁 등은 그 책을 좋아한 나머지 적장賊將[*]의 별명을 각각 차지하고서 그 별명을 부르며 서로 장난을 쳤다고 한다. 허균은 또 『홍길동전』을 지었는데 『수호전』을 모방하여 지었으며, 그의 무리인 서양갑徐羊甲과 심우영沈友英 등이 소설 속의 행동을 직접 그대로 실행하다가 한 마을이 초토화되었고, 허균 자신도 반란을 도모하다가 주살되기까지 하였으니, 이것은 농아보다도 더 심한 응보를 받은 것이라고 하겠다.

世傳作水滸傳人。三代聾啞。受其報應。爲盜賊尊其書也。許筠, 朴燁等。好其書。以其賊將別名。各占爲號以相謔。筠又作洪吉同傳。以擬水滸。其徒徐羊甲, 沈友英等。躬蹈其行。一村齏粉。筠亦叛誅。此甚於聾啞之報也.

『택당집』은 허균 이외에도 16~17세기에 활약한 주요 인물들의 행적이 자세히 기록되어 있어서 인물 평가에 대한 신빙성이 매우 높은 자료다. 따라서 『홍길동전』의 작자가 허균임은 거의 확실하다. 그리고 무엇보다 『홍길동전』에 나타난 적서 차별의 부조리한 사회 현실 고발, 초능력을 지닌 영웅의 출현 등은 허균이 지향한 꿈이 구체화된 것으로 볼 수 있다. 허균은 1569년(선조 2)에 명문 경상도 관찰사 허엽許曄의 3남 2녀 중 막내아들로 외가인 강릉에서 태어났다. 맏형 허성許筬과 둘째 형 허봉許篈

---

[*]   적의 장수를 말한다.

은 부친과 더불어 조정의 명신으로 활약했으며, 성리학과 문장, 외교 활동으로 이름이 높았다. 또한 허균에게는 조선 시대 최고의 여류 시인으로 평가받는 5세 위의 누이 허난설헌許蘭雪軒이 있었다. 명문재사名文才士의 혈통을 이은 허균은 12세에 아버지를 여의고 편모슬하에서 자라나면서 난설헌과 함께 둘째 형의 벗인 이달李達의 문하에서 수학했다. 이달은 최경창崔慶昌, 백광훈白光勳과 함께 조선 중기 삼당시인三唐詩人의 한 사람으로 꼽힐 만큼 시재가 뛰어났지만 서자라는 신분상의 제약 때문에 자신의 높은 뜻을 펼치지 못하고 있었다. 허균이 『홍길동전』에서 주인공을 서자로 한 것은 좁게 보면 스승의 불행을 몸소 체득한 경험에서 나온 것이었으며, 넓게 보면 당시 조선 사회가 안고 있던 사회문제를 과감하게 폭로하기 위한 것으로 볼 수 있다.

허균은 당시의 일반적인 학자들과 달리 성리학뿐 아니라 불교, 도교, 서학(천주교)에 두루 관심이 깊었다. 명나라에 사신으로 갔을 때는 천주교 서적을 구해 오기도 했는데, 당시 명나라에도 갓 천주교가 도입된 시점이었다는 사실을 고려하면 허균이 신학문에 매우 수용적인 자세였음을 알 수 있다. 유교, 불교, 도교의 삼교에 두루 능통하면서 학문과 사상에 대해 개방성을 지닌 학자 허균에게 주자성리학의 울타리 속에 지식인을 가두어놓고 체제에 순응할 것을 요구한 조선 사회는 너무 좁았다.

허균은 「유재론遺才論」이나 「호민론豪民論」과 같은 글을 통해 평소부터 역사 속에서 민중의 힘을 발견했고, 능력 있는 인재의 적극적인 등용을 소신껏 주장했다. 허균의 민중 지향적 사상이 대표적으로 함축된 「호민론」을 보자.

천하에 두려워해야 할 바는 오직 백성뿐이다. 홍수, 화재, 호랑이, 표범보다도 훨씬 백성을 두려워해야 하는데, 윗자리에 있는 사람이 항상 업신여기며 모질게 부려먹음은 도대체 어떤 이유인가? 대저 이루어진 것만을 함께 즐거워하느라, 항상 눈앞의 일들에 얽매이고, 그냥 따라서 법이나 지키면서 윗사람에게 부림을 당하는 사람들이란 항민恒民이다. 항민이란 두렵지 않다. 모질게 빼앗겨서, 살이 벗겨지고 뼈골이 부서지며, 집안의 수입과 땅의 소출을 다 바쳐서, 한없는 요구에 제공하느라 시름하고 탄식하면서 그들의 윗사람을 탓하는 사람들이란 원민怨民이다. 원민도 결코 두렵지 않다. 자취를 푸줏간 속에 숨기고 몰래 딴마음을 품고서, 천지간을 흘겨보다가 혹시 시대적인 변고라도 있다면 자기의 소원을 실현하고 싶어 하는 사람들이란 호민豪民이다.

허균(1569~1618)과 『홍길동전』

허균은 명문사재의 혈통을 이은 집안에서 자랐지만 서자라는 신분상의 제약 때문에 자신의 뜻을 높게 펼치지 못했다. 그의 대표 저서로 꼽히는 『홍길동전』에는 그가 경험한 불행과 더불어 당시 조선 사회의 문제들이 담겨 있기도 하다. 그러나 허균은 자신의 환경에 굴하지 않고 학문에 정진하기도 했다. 학문과 사상에 대해 개방성을 지니며 유교, 불교, 도교에 두루 관심이 많았고, 민중이 지닌 힘이 강함을 꾸준히 주장하기도 했다.

대저 호민이란 몹시 두려워해야 할 사람이다. 호민은 나라의 허술한 틈을 엿보고 일의 형세가 편승할 만한가를 노리다가, 팔을 휘두르며 밭두렁 위에서 한 차례 소리 지르면, 저들 원민이란 자들이 소리만 듣고도 모여들어 모의하지 않고도 함께 외쳐대기 마련이다. 저들 항민이란 자들 역시 살아갈 길을 찾느라 호미, 고무래, 창 자루를 들고 따라와서 무도한 놈들을 쳐 죽이지 않을 수 없는 것이다. 진나라의 멸망은 진승陳勝 오광吳廣 때문이었고, 한나라가 어지러워진 것 역시 황건적黃巾賊이 원인이었다. 당나라가 쇠퇴하자 왕선지王仙芝와 황소黃巢가 틈을 타고 일어섰는데, 마침내 그것 때문에 백성과 나라가 멸망하고야 말았다. 이런 것은 모두 백성을 괴롭혀서 자기 배만 채우던 죄과며, 호민들이 그러한 틈에 편승할 수 있어서였다. 대저 하늘이 임금을 세운 것은 양민養民하기 위함이며, 한 사람이 위에서 방자하게 눈을 부릅뜨고 메워도 차지 않는 구렁 같은 욕심을 채우게 하려던 것이 아니었다. 그러므로 저들 진한 이래의 화란은 당연한 결과이지 불행한 일이 아니었다.

天下之所可畏者. 唯民而已. 民之可畏. 有甚於水火虎豹. 在上者方且狎馴而虐使之. 抑獨何哉. 夫可與樂成而拘於所常見者. 循循然奉法役於上者. 恒民也. 恒民不足畏也. 厲取之而剝膚椎髓. 竭其廬入地出. 以供无窮之求. 愁嘆咄嗟. 咎其上者. 怨民也. 怨民不必畏也. 潛蹤屠販之中. 陰蓄異心. 僻倪天地間. 幸時之有故. 欲售其願者. 豪民也. 夫豪民者. 大可畏也. 豪民. 伺國之釁. 覘事機之可乘. 奮臂一呼於壟畝之上. 則彼怨民者聞聲而集. 不謀而同唱. 彼恒民者. 亦求其所以生. 不得不鋤耰棘矜往從之. 以誅无道也. 秦之亡也. 以勝, 廣. 而漢氏之亂. 亦因黃巾. 唐之衰而王仙芝, 黃巢乘之. 卒以此亡人國而後已. 是皆厲民自養之咎. 而豪民得以乘其隙也. 夫天之立司牧. 爲養民也. 非欲使一人恣睢於上. 以逞溪壑之慾矣.
彼秦漢以下之花宜矣. 非不幸也.

　허균은 "천하에 두려워해야 할 바는 오직 백성뿐"이라고 전제한 후
에 백성을 호민과 원민, 항민으로 나누었다. 여기서 항민은 '무식하고 천
하며 자신의 권리나 이익을 주장할 의식이 없는 백성'을 말하며, 원민은
'정치가에게 피해를 입고 원망만 하지 스스로 행동에 옮기지 못하는 백
성'으로 지금의 개념으로는 나약한 지식인을 뜻한다. 이와 달리 호민은
'자신이 받는 부당한 대우와 사회 모순에 과감하게 대응하는 백성'으로,
시대의 사명을 인식하고 현실에 적극적으로 나서는 인물이다. 호민의 주
도로 원민과 항민이 합세해 무도한 무리들을 물리친다는 것이다.
　이처럼 「호민론」은 '국왕은 백성을 위해서 존재하는 것이지, 백성 위에
군림하지 않는다'는 사실을 무엇보다 강조해 백성의 위대한 힘을 자각시
키는 글이다. 이러한 주장들은 당시 사회에서는 혁명적인 내용을 담은
것이었다. 특히나 소설에서 설정한 주인공 홍길동의 캐릭터는 호민과 많
은 부분이 유사하다. 『홍길동전』의 주인공 홍길동은 가정에서의 신분적
제약과 사회에 등용되지 못하는 사회적 모순에 부딪쳤지만 이를 극복해
나가는 호민의 모습을 보였다. 허균이 살던 당시 조선 사회는 밖으로는
전란으로 상처를 입었고, 안으로는 당쟁이 격화되어가고 있었다. 허균은
「유재론」이나 「호민론」과 같은 글을 통해 신분이나 배경보다는 능력 있
는 인재의 등용을 줄곧 주장해왔다. 그리고 이러한 개혁 의지는 백성들
이 쉽게 접근할 수 있는 소설의 창작으로 나타났다.

역모로 생을 마감했지만 그의 작품 『홍길동전』이 시대를 뛰어넘어 오늘날까지도 깊은 감동을 주는 이유는, 사회의 모순을 극복하려는 지식인의 책무를 허균 자신이 실천했기 때문이 아닐까?

선죽교의 핏자국, 그 진실은 무엇일까?

○

현대의 역사에서도 새로운 정권이 출범하면 가장 먼저 고민하는 사안 중 하나가 반대 정파의 핵심 인물에 대한 처리 문제다. 전통 시대 역시 이러한 고민이 컸다. 정권 창출에 장애가 되었던 인물을 회유하는 일이 성공하지 못할 경우 그를 제거하는 것이 일반적이었다. 고려 최고의 충신이지만 조선 건국에는 눈엣가시였던 정몽주. 이성계 세력은 계속해서 그를 회유했지만 그는 끝내 거부했다. 그리고 그에게 돌아온 것은 태종 이방원李芳遠에 의한 피의 보복이었다.

　대부분의 사람들은 정몽주가 이방원이 휘두른 철퇴에 피를 흘리며 쓰러졌고 그 피가 아직도 선죽교에 그대로 남아 있다는 전설 같은 이야기를 알고 있다. 과연 『조선왕조실록』은 정몽주의 죽음을 그렇게 기록하고 있을까? 『태조실록』 총서에는 정몽주가 죽은 원인이 그가 연명連名으로 글을 올려 조준趙浚 정도전 등의 목 베기를 청했기 때문이라고 기록되어 있다. 정몽주가 선공을 가하자, 이성계의 다섯째 아들인 이방원이 나섰다. 이방원은 정몽주를 제거할 것을 청했으나 이성계가 허락하지 않자 직접 휘하의 군사들을 이끌고 실력 행사에 들어갔다. 실록의 기록을 보자.

　조영규趙英珪·조영무趙英茂·고여高呂·이부李敷 등으로 하여금 도평의

사사都評議使司에 들어가서 정몽주를 치게 하였는데, 변중량卞仲良이 그 계획을 정몽주에게 누설하였다. 정몽주가 이를 알고 태조의 사제私第에 나아와서 병을 위문하였으나, 실상은 변고를 엿보고자 함이었다. 태조는 정몽주를 대접하기를 전과 같이 하였다. 이화李和가 전하*에게 "정몽주를 죽이려면 이때가 그 시기입니다"라고 말하였다. 이미 계획을 정하고 나서 이화가 다시 말하기를, "태조께서 노하시면 두려운 일인데 어찌하겠습니까?"라면서 의논이 결정되지 못하였다. 이방원이 말하기를, "기회는 잃어서는 안 된다. 태조께서 노하시면 내가 마땅히 대의大義로써 아뢰어 위로하여 풀겠다"라 하고는, 이에 노상路上에서 치기를 모의하였다.

使英珪, 趙英茂, 高呂, 李敷等, 入都評議使司, 擊夢周, 卞仲良洩其謀於夢周. 夢周知之, 詣太祖第問疾, 實欲觀變也. 太祖待之如初. 和白我殿下曰: "誅夢周, 此其時矣." 旣定計, 和復曰: "公怒可畏, 奈何?" 議未決. 殿下曰: "機不可失. 公之怒, 吾當陳大義以慰解之." 乃謀擊於路上.

당시 태조는 정몽주 제거에 반대했으나, 이방원은 휘하의 사병들을 동원해 독자적으로 정몽주 제거에 나선 것이다. 이어지는 기록을 보자.

전하는 다시 조영규에게 명하여 정종의 저택으로 가서 칼을 가지고 곧바로 정몽주의 집 동리 입구에 이르러 몽주를 기다리게 하고, 고여·이

---

* 『태조실록』은 태종 대에 편찬되었으므로 당시의 왕인 태종을 전하로 지칭한 것이다.

부 등 두서너 사람이 그 뒤를 따라가게 하였다. 정몽주가 집에 들어왔다
가 머물지 않고 곧 나오니, 전하는 일이 성공되지 못할까 염려되어 친히
가서 지휘하고자 하였다. 문밖에 나오니 휘하 군사가 말에 안장을 얹어
놓고 밖에 있는지라, 드디어 말을 타고 달려 상왕의 저택에 이르러 몽주
가 지나갔는지 여부를 물으니 지나가지 않았다 하므로, 전하가 다시 방
법과 계책을 지시하고 돌아왔다. 이때 전 판개성부사判開城府事 유원柳源
이 죽었는데, 정몽주가 지나면서 그 집에 조문하느라 지체하니, 이 때문
에 영규 등이 무기를 준비하고 기다리게 되었다. 정몽주가 이르매 영규
가 달려가서 쳤으나, 맞지 아니하였다. 몽주가 그를 꾸짖고 말을 채찍질
하여 달아나니, 영규가 쫓아가 말머리를 쳐서 말이 넘어졌다. 몽주가 땅에
떨어졌다가 일어나서 급히 달아나니, 고여 등이 쫓아가서 그를 죽였다.

殿下更命英珪至上王邸取劍, 直抵夢周家洞口以要之, 呂, 敫等數人隨之. 夢周入,
不留卽出.殿下恐事不濟, 欲親往指揮.出門, 有麾下士之馬具鞍在門外, 遂乘之,
馳至上王邸, 問: "夢周過否?" 曰:"未也." 殿下更授方略而還. 時前判開城府事柳
源死, 夢周過弔其家遲留, 故英珪等得備兵器以候之. 夢周至, 英珪馳擊不中, 夢
周叱之, 策馬而走. 英珪追擊馬首, 馬蹶, 夢周墜地, 起而急走, 呂等追殺之.

위의 기록에는 정몽주가 이방원의 부하 조영규 등이 휘두른 철퇴에 맞
아 단번에 쓰러진 것이 아니라, 철퇴를 피해 달아나다가 말에서 떨어진
후 죽은 것으로 되어 있다. '그가 흘린 핏자국이 선죽교에 남아 있었다'
는 전언은 실록 어디에서도 찾을 수 없다.

이처럼 조선의 공식 기록인 『조선왕조실록』에는 정몽주의 죽음이 우리

가 익히 알던 것과는 달리 평범하게 기록되어 있다. 이는 『태조실록』이 태종 때 편찬된 사실과도 관련이 깊을 것으로 추측된다. 정몽주 제거의 핵심 인물이었던 이방원이 현왕現王인 상황에서 기록한 실록인 만큼, 설사 정몽주의 죽음이 극적인 요소를 갖추었다 할지라도 평범하게 서술할 수밖에 없었을 것이기 때문이다.

한편 정몽주 참살의 주역 이방원은 왕이 된 후 정몽주의 충절을 인정하는 아이러니를 보였다. 1401년(태종 1) 태종은 권근權近의 건의를 받아

정몽주(1337~1392)와 선죽교

영의정에 표창의 대상이었던 정몽주. 그는 이방원의 부하 조영규 등이 휘두른 철퇴에 맞아 살해됐다고 알려져 있다. 그러나 조선의 공식 기록서인 『조선왕조실록』에는 철퇴를 피하다가 말에서 떨어졌다고 기록되어 있다. '그가 흘린 핏자국이 선죽교에 남아 있다'는 전언은 어디에서도 찾아볼 수 없는 것이다. 그렇다면 선죽교의 피는 정말 정몽주의 것이었을까?

들여 정몽주를 영의정으로 증직했다. 자신이 정몽주의 참살을 주도했지만 유교 국가 조선에서 정몽주의 충절은 체제 유지에 매우 도움이 되었기 때문이다. 후대에도 정몽주는 표창의 대상이 되었다. 16세기 사림파는 그들의 사상적 연원에 정몽주가 있음을 강조했고, 영조는 정몽주에게 제사를 지낼 때 이름을 부르지 말고 '공公'이라 칭할 것을 명했으며, 1740년 선죽교에서 "도덕과 정충이 만고에 뻗어갈 것이니道德精忠亙萬古 포은 공의 곧은 절개는 태산처럼 높구나泰山高節圃隱公"라는 열네 글자를 써서 유수留守*를 시켜 비석에 새겨 세우게 했다.

그럼 아직도 남아 있다는 선죽교 핏자국의 진실은 무엇일까? 아마도 정몽주가 피살된 직후 선죽교에 붉은 흔적이 있었고, 이를 정몽주의 피라고 인식하는 믿음들이 후대에 퍼져 나가면서 거의 진실로 확정되었다고 보인다. 후대의 시인, 묵객墨客들도 이러한 사실을 당연시했다. 허균의 시문집인 『성소부부고惺所覆瓿藁』의 「포은의 구택舊宅을 지나면서 노래하다」라는 시에서도 선죽교의 피는 당연히 정몽주의 흔적임을 노래하고 있다.

포은이라 정 선생은 고려 말엽 그 시절에 　　圃隱先生在麗末

충절이 늠름하다 어느 뉘 빼앗으리 　　忠節凜然不可奪

어찌 이학만을 전하였을까 보냐 　　豈惟理學傳不傳

공이 조정에 계실 땐 나라도 살았거늘 　　公在巖廊國幾活

---

* 　수도 이외의 요긴한 곳을 맡아 다스리던 정이품의 외관 벼슬.

송악산*의 왕기는 오백 년에 끝이 나고	神嵩王氣五百終
몽금척**은 하룻밤에 수강궁***으로 내려갔네	金尺夜下壽康宮
공께서 은띠 드리우고 태연자약 그 자세로	公也垂紳不動色
호랑이가 깊은 숲에 도사린 듯 앉아 있네	隱若虎豹蹲深叢
선죽교라 다리 위 뿌려진 한 줄기 피	善竹橋頭一腔血
이름은 우뚝 솟아 서산과 나란하니	名與西山並崚嶒
성읍이 남으로 옮겨 조정과 시전은 비었지만	城邑南遷朝市空
옛 사당의 향불은 상기도 끊임없네	遺祠香火猶芬苾
나는 사내 형을 따라 집터를 찾아보니	我從四耐尋宅基
무너진 담장이라 풀 덩굴만 엉키었네	頹垣野蔓生離離

18세기의 학자 김창협金昌協 역시 「선죽교」라는 시에서 이렇게 노래했다.

시냇물은 콸콸콸 물가 풀은 파릇한데	溪水濺濺溪草綠
시냇가 작은 비석 고려 왕조 기록일세	溪邊短碣記麗朝
지금까지 장홍의 피 남아 있는 듯한데	至今疑有萇弘血
만고토록 예양교 그 슬픔과 마찬가지	終古悲同豫讓橋

---

* 경기도 개성시 북쪽에 있는 산. 고려 시대의 궁터인 만월대가 있다.

** 궁중 잔치 때 추던 금척무金尺舞에 쓰이는, 금빛이 나는 자. 조선 태조가 건국하기 전에 꿈에 신선이 나타나 주었다는 자를 상징해 만들었다.

*** 창경궁. 조선 세종 1년(1419)에 태종을 위해 창덕궁 동쪽에 지은 궁전.

춘추시대 주영왕周靈王의 충신 장홍이 모함을 받아 촉蜀으로 쫓겨나자 할복자살을 했는데, 그때 흘린 피가 3년 뒤 푸른 옥으로 변한 상황과 진나라 예양이 조양자趙襄子에게 죽은 왕 지백智伯의 원수를 갚기 위해 비수를 품고 숨어 있다가 조양자에게 발각되어 뜻을 이루지 못하고 죽은 상황을 정몽주와 비교하고 있다. 장홍의 피나 예양교에 남아 있는 피처럼 선죽교의 피도 정몽주의 피라는 사실을 당연시한 것이다. 정몽주의 충절에 대한 우호적인 인식이 민간에서도 지속되었다는 사실은 이중환李重煥이 쓴 『택리지』의 '팔도총론八道總論' 중 경기京畿에 관한 기록에서도 확인된다.

선죽교는 정몽주가 죽임을 당한 곳이다. 공양왕 때 정 공이 재상으로 있으면서 혼자만 태조에게 아부하지 아니하였다. 그리하여 태조 문하의 여러 장수가 조영규를 시켜 다리 위에서 철퇴로 때려 죽였다. 그러자 고려의 왕업王業이 드디어 옮겨지게 되었다. 그 후 현존하는 왕조에서 추증하여 본조의 직함인 의정부 영의정으로서 용인의 무덤 앞에 비석을 세우자, 곧 벼락이 내려 부서져버렸다. 정씨의 자손이 고려의 문하시중 門下侍中이라는 직명으로 고쳐 쓰기를 청하였더니 지금까지 무사하다. 충성스러운 혼과 굳센 넋이 죽은 뒤에도 없어지지 않았음을 볼 수 있으니, 이는 또한 두려워할 일이다.

善竹橋 卽鄭夢周遇害處也 恭讓時 鄭公以相臣 獨不附於太祖 太祖門下諸將士 趙英珪 以鐵堆 殺於橋上 而麗祚遂移矣 後本朝追贈 以本朝職銜議政府領議政 立碑龍仁墓前 卽雷擊碎之 鄭氏子孫 請改書高麗門下侍中職名 而至今無事 可

見忠魂毅魄之死 後不泯也 其亦可畏也.

정몽주에게 조선의 관직을 추증하자 비석이 벼락을 맞고, 고려의 관직을 추증하자 무사했다는 기록이 흥미롭다. 자신의 소신과 원칙을 지켜 정권에 타협하지 않고 죽음의 길을 택한 정몽주는 조선 시대를 거쳐 오늘날에 이르기까지 충절의 대명사로 우리에게 자리하고 있는 인물이다. 2014년 KBS의 대하사극 〈정도전〉에서는 고려말부터 쌓아온 정도전과 정몽주의 우정이 현실 인식의 차이로 깨어지는 과정을 선이 굵게 표현하기도 했다. 일시적인 권력과 부귀영화 대신 정도와 원칙을 택한 정몽주에 대한 기억은 선죽교의 피와 비석으로 구현되어 현재에도 살아나고 있다.

조선 시대의 애서가는 누구였을까?

○

정조 때 규장각 검서관으로 활약한 이덕무李德懋가 1793년 사망하자 30년 지기 박지원은 이덕무의 아들 광규光葵에게서 죽은 사람이 평생 살아온 일을 적은 글인 행장行狀을 지어달라는 부탁을 받고 붓을 들었다. 박지원은 이덕무의 곧고 깨끗한 행실, 분명하고 투철한 지식, 익숙하고 해박한 견문, 온순하고 단아하고 소탈하고 시원스러운 용모와 말씨를 다시 볼 수 없음을 애석해했다.

그리고 박지원은 행장 곳곳에서 이덕무의 책에 대한 애착을 언급했다. "늘 책을 볼 때면 다 읽은 다음에 꼭 베끼곤 했다. 그리고 항상 작은 책을 소매 속에 넣고 다니면서 주막이나 배에서도 보았다. 그래서 집에는 비록 책이 없었지만, 책을 쌓아둔 것과 다름없었다. 평생 읽은 책이 거의 2만 권이 넘었고, 손수 베낀 문자가 또한 수백 권인데 그 글씨가 반듯하고 아무리 바빠도 속자俗字를 쓴 것은 한 글자도 없었다"라고 한 부분은 이덕무와 책의 관계를 잘 보여준다.

이덕무 역시 스스로 간서치看書癡라 자처했다. '책만 보는 바보'로 불리는 것을 즐긴 것이다. 그의 문집 『청장관전서靑莊館全書』 '영처문고嬰處文稿'에 실려 있는 「간서치전看書痴傳」의 기록을 보자.

목멱산木覓山* 아래 어떤 어리석은 사람이 살았는데, 어눌하여 말을 잘하지 못하였으며, 성격이 졸렬하고 게을러 시무時務를 알지 못하고, 바둑이나 장기는 더욱 알지 못하였다. 남들이 욕을 하여도 변명하지 않고, 칭찬을 하여도 자긍自矜하지 않고 오직 책 보는 일로 즐거움을 삼아 추위나 더위나 배고픔을 전연 알지 못하였다. 어렸을 때부터 21세가 되기까지 일찍이 하루도 고서를 손에서 놓은 적이 없었다. 그의 방은 매우 작았다. 그러나 동창·남창·서창이 있어 동쪽, 서쪽으로 해를 따라 밝은 데서 책을 보았다. 보지 못한 책을 보면 문득 기뻐서 웃으니, 집안 사람들은 그의 웃음을 보면 기이한 책을 구했음을 알았다. 자미子美**의 오언율시五言律詩를 더욱 좋아하여 앓는 사람처럼 웅얼거리고 깊이 생각하다가 심오한 뜻을 깨우치면 매우 기뻐서 일어나 왔다갔다 걸어가는데 그 소리가 마치 갈까마귀가 짖는 듯하였다. 혹은 조용히 아무 소리도 없이 눈을 크게 뜨고 멀거니 보기도 하고, 혹은 꿈꾸는 사람처럼 혼자서 중얼거리기도 하니, 사람들이 지목하여 간서치라 하여도 웃으며 받아들였다. 그의 전기를 써주는 사람이 없기에 붓을 들어 그 일을 써서 「간서치전」을 만들고 그의 성명은 기록하지 않는다.

木覓山下. 有痴人. 口訥不善言. 性懶拙. 不識時務. 奕棋尤不知也. 人辱之不辨. 譽之不矜. 惟看書爲樂. 寒暑飢病. 殊不知. 自塗鴉之年. 至二十一歲. 手未嘗一日釋古書. 其室甚小. 然有東牖. 有南牖. 有西牖焉. 隨其日之東西. 受明看書. 見未

---

*   남산의 별칭.
**   두보의 자.

見書. 輒喜而笑. 家人見其笑. 知其得奇書也. 尤喜子美五言律. 沉吟如痛瘂. 得

其深奧. 喜甚. 起而周旋. 其音如鴉叫. 或寂然無響. 瞠然熟視. 或自語如夢寐人.

目之爲看書痴. 亦喜而受之. 無人作其傳. 仍奮筆書其事. 爲看書痴傳. 不記其名

姓焉.

이덕무는 자신에 대한 글을 자주 남겼다. '영처문고' 「자언自言」에서는
이렇게 썼다.

사람이란 변할 수 있을까? 변할 수 있는 것이 있고 변할 수 없는 것도 있

다. 어떤 사람이 어려서부터 장난을 하지 않고 망령되거나 허탄하지 않

으며 성실하고 삼가며 단정하고 정성스러웠는데, 자라서 어떤 사람이

권하여 말하기를 "너는 세속과 화합하지 못하니 세속에서 너를 용납하

지 않을 것이다" 하므로 그도 그렇게 생각하여, 입으로는 저속하고 상스

러운 이야기를 하고 몸으로는 경망하고 실속은 없고 겉만 화려한 일을 행

하였다. 이와 같이 하기를 사흘쯤 하고는 불안한

듯 기쁘지 않아서 말하기를, "내 마음은 변할 수

없다. 사흘 전에는 마음이 든든한 듯하더니 사

흘 후에는 마음이 텅 빈 것 같

다" 하고는 드디어 처음으

이덕무(1741~1793)
_____

'책만 보는 바보'로 알려져 있는 이덕무. 그러나 그는
결코 바보가 아니었다. 평생 곧고 깨끗한 행실로
책만 가까이 하며 살았고, 그의 해박한 지식은
조선 후기 지성사를 풍요롭게 했다.

로 되돌아갔다.

人可變乎. 曰有可變者. 有不可變者. 若有人於此. 自孩提不戱遊. 不妄誕. 誠愼端

慤. 及其壯人勸之曰. 爾不偕俗. 俗將不容爾. 遂然之. 口談鄙俚之言. 身行輕浮之

事. 如是者三日. 蹙然不怡曰. 吾心不可變也. 三日之前. 吾心充然. 三日之後. 吾

心枵然. 遂復其初.

이욕利慾을 말하면 기운이 없어지고, 산림을 말하면 정신이 맑아지며,
문장을 말하면 마음이 즐겁고, 도학道學을 말하면 뜻이 정돈된다. 완산
完山 이자李子*는 옛날 도道에 뜻을 두어 오활하다. 그래서 산림·문장·
도학에 관한 이야기를 좋아하고 나머지는 들으려 하지도 않고, 또 들어
도 마음에 달갑게 여기지 않으니 대개 그 바탕〔質〕을 전일專一하게 하고
자 하는 사람이다. 그렇기 때문에 선귤蟬橘을 취하고, 말하는 것이 고요
하고 담박하다.

談利慾則氣墮. 談山林則神淸. 談文章則心樂. 談道學則志整. 完山李子志古而迂.

喜聞山林文章道學之談. 其餘不欲聞. 聞亦心不服. 蓋欲專其質者也. 以是取蟬橘.

發爲言者靜而淡.

  자신의 호에 관한 기록인 「기호記號」라는 글에서는 자신의 삶을 압축적
으로 소개했다.

*   이덕무 자신을 칭함.

삼호거사三湖居士는 약관弱冠 시절에 호걸스러운 기개가 있었다. 씩씩하고 공경하면 날로 강해지는[莊敬日强] 공부에 뜻이 있어 일찍이 호를 '경재敬齋'라 하였다. 뜻이 있으면 바로 지표指標가 있으니 여기에 이르고자 하여 이에 또 호를 '팔분당八分堂'이라 하였으니, 팔분이란 군실君實*의 9분分**에 가까운 것이다. 빈한하여 집은 한 말斗처럼 작았지만 또한 즐거워하여 이에 매미의 껍질[玄蟬之殼]과 이수의 귤[二叟之橘]에 구부려 있다 하여 또 호를 '선귤헌蟬橘軒'이라 하였으며, 처지에 따라 닦으려 하여 또 호를 '정암亭巖'이라 하였다. 은둔을 편안히 여겨 또 구부러지고 조그마한 석실石室인 '을엄乙广***'이라 하여 은둔하려 하였으며, 마음을 물처럼 잔잔하고 거울처럼 맑게 하고자 다시 호를 '형암炯菴'이라 하였다.

三湖居士. 弱冠豪氣. 有志於莊敬日强. 嘗號敬齋. 有志. 斯有指而欲至焉. 於是. 又號八分堂. 八分. 其庶幾乎君實之九分也. 家貧. 屋如斗小而亦樂焉. 乃弓諸玄蟬之殼. 二叟之橘. 又號蟬橘軒. 欲所遇而修焉. 又號以亭嵓. 燕其遯也. 又號乙广. 而欲遯焉. 其心欲水鏡焉. 故又號炯菴.

대저 일마다 공경하여 닦으면 고인古人에 가까우며, 마음을 물과 같이 맑게 하고 은둔하여 작은 집에 누워 부엌 연기가 쓸쓸하여도 붓을 잡아 문장을 지으면 아침에 피는 꽃과 같이 빛난다. 이 사람은 이것으로도 오히려 편안하지 아니하여 빙긋이 웃으면서 이르기를, "이는 어린아이가

---

*　사마광의 자字.

**　성인을 10분이라고 볼 때 9분이면 대현이라 한다.

***　구부러지고 조그마한 석실石室.

재롱을 좋아하는 것이다. 장차 처녀와 같이 지키려 한다" 하고, 그 원고에 제題하기를 '영처嬰處'라 하였다. 여러 사람과 함께 있을 때면 자기의 훌륭함을 감추고는 어리석고 미련한 듯하였다. 단정한 사람이나 장중한 선비에게도 기뻐하고 장꾼에게도 기뻐하였으니 대개 빈 배를 외로이 띄워 어디를 가나 유유자적하게 노는 것 아님이 없더라. 이에 사람들이 또 호를 '감감자憨憨子'라 부르기도 하고, '범재거사汎齋居士'라 부르기도 하였다. 일찍이 삼호에 거주하였으므로 스스로 '삼호거사'라 하였으니, 이 것이 호의 시초다.

夫敬事而修. 庶幾乎古人. 而淸心如水. 遯臥於矮屋下. 廚烟蕭瑟. 而點筆爲文章. 燁然如朝華. 斯人乎猶不居焉. 哂曰是嬰兒之好弄也. 吾將守之如處子焉. 於是題 其藁曰嬰處. 其與羣居也. 韜眞而晦光. 憨憨如也. 於端人莊士. 歡焉.於市人. 亦歡 焉. 蓋虛舟獨汎. 無而不逍遙遊矣. 於是人又爲之號憨憨子. 亦號汎齋居士. 嘗家 三湖. 自謂三湖居士. 斯號之始.

자신의 분수를 지키면서 책만 본 바보 이덕무. 그러나 이덕무는 결코 바보가 아니었다. 그의 왕성한 독서력과 명물도수名物度數에 두루 능통했 던 해박한 지식은 조선 후기 지성사를 풍요롭게 했다. 그리고 그의 능력 을 알아본 정조에 의해 이덕무는 규장각 검서관으로 활약하면서 정조 시 대 문화 중흥에도 크게 기여했다. 애서가 이덕무에게 자극받은 독자들의 왕성한 독서벽讀書癖을 기대한다.

2부

기록한 것과
기록된 것

『조선왕조실록』은 조선을 어떻게 기록했을까?

○

『조선왕조실록朝鮮王朝實錄』은 1대 태조부터 25대 철종에 이르는 472년 (1392~1863)간의 기록을 편년체編年體*로 서술한 조선왕조의 공식 국가 기록이다. 정족산본鼎足山本 완질 분량의 경우 1,707권 1,187책(약 6,400만 자)에 이르는 방대한 기록으로, 조선의 정치, 외교, 경제, 군사, 법률, 사상, 생활 등 각 방면의 역사적 사실을 망라하며 조선 시대 기록 문화의 진수를 보여준다. 흔히 『조선왕조실록』을 왕의 주변에서 일어난 정치적 사건들 중심의 기록이라고 생각한다. 그렇지만 『조선왕조실록』에는 코끼리, 의녀醫女 장금長今, 광대 공길孔吉 등 당시 생활사의 면모를 볼 수 있는 흥미로운 내용이 다수 기록되어 있다. 그중 몇 가지를 보자.

> 일본 국왕 원의지源義持가 사자使者를 보내어 코끼리를 바쳤으니, 코끼리는 우리나라에 일찍이 없었던 것이다. 명하여 이것을 사복시司僕寺**에서 기르게 하니, 날마다 콩 4, 5두斗씩을 소비하였다.
>
> 日本國王源義持, 遣使獻象. 象, 我國未嘗有也. 命司僕養之, 日費豆四五斗.
>
> ─『태종실록』, 태종 11년(1411) 2월 22일

---

*   역사적 사실을 연대순으로 기록하는 기술 방법.

**   궁중의 가마나 말에 관한 일을 맡아보던 관아.

전 공조전서工曹典書 이우가 죽었다. 처음에 일본 국왕이 사신을 보내어 코끼리를 바치므로 삼군부三軍府에서 기르도록 명했다. 이우가 기이한 짐승이라 하여 가보고, 그 꼴이 추함을 비웃고 침을 뱉었는데, 코끼리가 노하여 밟아 죽였다.

前工曹典書李瑀死. 初, 日本國王遣使獻馴象, 命畜于三軍府.瑀以奇獸往見之, 唒 其形醜而唾之, 象怒, 踏殺之.

—『태종실록』, 태종 12년(1412) 12월 10일

『태종실록』에 따르면 코끼리가 우리나라에 처음 들어온 것은 태종 때였다. 한데 이 코끼리는 하루에 콩 4~5말을 먹는 등 엄청난 곡식을 먹어치워 고민거리가 되더니, 이듬해에는 구경을 나온 관리까지 밟아 죽여 졸지에 큰 죄인이 되었다. 그 후로도 한 번 더 사람이 다치는 일이 벌어지자 병조판서 유정현柳廷顯은 코끼리를 전라도 섬에 둘 것을 제안했다.

"일본에서 바친 코끼리는 이미 위에서 즐겨 보는 물건도 아니요, 나라에 이익도 없습니다. 두 사람을 다치게 했는데, 만약 법으로 말한다면 사람을 죽인 죄는 죽음으로 다스리는 것이 마땅합니다. 또 한 해에 먹이는 꼴은 콩이 수백 석에 이르니, 청컨대 주공周公*이 코뿔소와 코끼리를 몰아낸 사례를 본받아 전라도의 섬에 두게 하소서" 하니 태종이 웃으면서 그대로 따랐다.

* 중국 주나라의 재상을 말한다.

日本國所獻馴象, 既非上之所玩, 亦無益於國, 觸害二人. 若以法論, 則殺人者當殺, 又一年所供芻豆, 幾至數百石. 請倣驅犀象之(象)〔事〕, 置于全羅海島." 上笑而從之.

—『태종실록』, 태종 13년(1413) 11월 5일

한편 2003년과 2004년 시청자를 사로잡고 한류 열풍을 선도한 드라마 〈대장금〉의 주인공 장금도 실록에 등장하는 실존 의녀다. 장금에 관한 기록은 『중종실록』에 여러 차례 등장한다.

대비전의 증세가 나아지자, 국왕이 내의원들에게 차등 있게 상을 주었다. (…) 의녀 신비와 장금에게는 각각 쌀과 콩 각 10석씩을 하사하였다.

大妃殿證候向愈, 上賞藥房有差. (…) 醫女信非, 長今各米太十石.

—『중종실록』, 중종 17년(1522) 9월 5일

전교하기를, "내가 여러 달 병을 앓다가 이제야 거의 회복이 되었다. (…) 의녀 대장금과 계금에게는 각각 쌀과 콩을 합쳐 15석씩, 관목면官木綿*과 품질이 좋은 베를 각기 10필씩 내리고, 탕약 사령 등에게는 각기 차등 있게 상을 내리라" 하였다.

傳曰: "予累月未寧, 今幾差復. (…) 醫女大長今, 戒今各米太幷十五石, 官木緜正布各十匹, 湯藥使令等, 賞賜有差."

—『중종실록』, 중종 28년(1533) 2월 11일

*   각종 세금으로 거두어 들여 관官에서 보유하고 있는 면포.

상에게 병환이 있어 승정원에서 문안을 드렸다. (…) 아침에 의녀 장금이 내전에서 나와 말하기를, "'하기下氣가 비로소 통하여 매우 기분이 좋다' 하셨습니다"라 전하였다.

上不豫. 政院問安, (…) 朝, 醫女長今自內出曰: "下氣始通, 極爲大快." 云.

— 『중종실록』, 중종 39년(1544) 10월 29일

〈대장금〉은 궁중 음식의 조리법과 수라간 궁녀들의 아기자기한 모습으로 시청자들의 큰 관심을 불러일으킨 드라마였다. 그러나 장금에 대한 실록의 기록을 살펴보면 장경왕후의 "해산을 돌본 공이 있다"라거나 왕의 병환에 "오령산五苓散, 밀정蜜釘 등의 약재를 썼다"라는 데서 보이듯 약재에 밝은 전형적인 의녀였다. 드라마에서는 장금을 '궁중 음식의 달인'으로 묘사했지만, 요리사 장금에 대한 기록은 실록에 전혀 없다. 그러나 의녀 장금에 대한 실록의 기록이 드라마 제작의 동기라는 점은 확실하다. 시청자들 역시 장금이 실존 인물이었다는 점에서 훨씬 큰 호기심과 친밀감을 느꼈다. 최근 경복궁 수라간의 복원에 장금이의 열풍도 한몫을 했다.

2005년 천만 관객을 돌파한 영화 〈왕의 남자〉의 주인공 공길 또한 『연산군일기』에 등장하는 실존 배우[優人]다. 실록의 기록을 보자.

전교하기를, "본디 나례儺禮*는 배우의 장난으로 한 가지도 볼만한 것이

---

* 음력 섣달 그믐날에 묵은해의 마귀와 사신을 쫓아내려고 베풀던 의식.

없으며, 또 배우들이 서울에 떼를 지어 모이면 표절하는 도둑이 되니, 앞으로는 나례를 베풀지 말아 옛날 폐단을 고치게 하라" 하였다. 이보다 앞서 광대 공길이 늙은 선비 장난을 하며 아뢰기를, "전하는 요순堯舜* 같은 임금이요, 나는 고요皐陶** 같은 신하입니다. 요순은 어느 때나 있는 것이 아니나 고요는 항상 있습니다" 하고, 또 『논어』를 외워 말하기를, "임금은 임금다워야 하고 신하는 신하다워야 하며, 아비는 아비다워야 하고 아들은 아들다워야 한다. 임금이 임금답지 않고 신하가 신하답지 않으면 아무리 곡식이 있더라도 내가 먹을 수 있으랴" 하니, 왕은 그 말이 불경한 데 가깝다 하여 곤장을 쳐서 먼 곳으로 유배하였다.

傳曰: "若儺禮, 則皆是俳優之戲, 無一事可觀. 且優人群聚京城, 剽竊爲盜, 自今勿設儺禮, 以革舊弊." 先是優人孔吉, 作老儒戲曰: "殿下爲堯, 舜之君, 我爲皐陶之臣. 堯, 舜不常有, 皐陶常得存." 又誦『論語』曰: "君君臣臣父父子子. 君不君臣不臣, 雖有粟, 吾得而食諸?" 王以語涉不敬, 杖流遠方.

— 『연산군일기』, 연산군 11년(1505) 12월 29일

우선 위의 기록에서는 우선 연산군 시대에 광대들이 궁중에 자주 드나들었음을 알 수 있다. 그중 공길은 연산군의 잘못을 비판했다가 유배를 간 용기 있는 배우였다. 〈왕의 남자〉도 이런 실존 인물 공길의 존재 덕분에 관객들에게 한층 사실감 있는 영화로 다가섰다. 드라마 〈대장금〉과 영

---

* 고대 중국의 요임금과 순임금을 아울러 이르는 말. 치세의 모범으로 삼는다.

** 중국 고대의 전설상의 인물로 법을 세우고 형벌을 제정했다고 한다.

화 〈왕의 남자〉의 성공에 실록이라는 전통 문화 콘텐츠의 보고寶庫가 자리를 잡고 있었던 것은 흥미로운 사실이다.

　이 외에 실록에는 왕의 식단을 유추해볼 수 있는 자료도 있다. 영조는 누구보다 채식을 하면서 건강에 신경 쓴 왕이었다.

　　"내가 일생토록 얇은 옷과 거친 음식을 먹기 때문에 어마마마께서는 늘

『조선왕조실록』

조선을 건립한 태조부터 철종까지 470여년의 역사를 편찬한 실록을 총칭하는 말이다. 세계에서 가장 상세하면서도 포괄적인 역사 기록물로 총 2,077책이다. 『조선왕조실록』에는 조선의 정치, 군사, 법률, 경제, 예술, 종교 등의 내용이 폭넓게 담겨 있다.

염려를 하셨고, 영빈暎嬪*도 매양 경계하기를, '스스로 먹는 것이 너무 박하시니 늙으면 반드시 병이 들 것'이라 하였지만, 나는 지금도 병이 없으니 옷과 먹는 것이 후하지 않았던 보람이다. 모든 사람의 근력은 순전히 잘 입고 잘 먹는 데서 소모되는 것이다. 듣자니, 사대부 집에는 담비 가죽 이불과 이름도 모를 반찬이 많다고 한다. 사치가 어찌 이토록 심하게 되었는가?"

"予一生薄衣惡食, 故慈殿每以爲慮, 寧嬪每戒云, '自奉甚薄, 老必生病', 而吾今無病, 衣食不厚之效也. 凡人筋力, 全消於厚衣厚食. 似聞士夫家, 多有貂皮衾不知名之饌. 奢侈何至此之甚耶?"

— 『영조실록』, 영조 26년(1750) 2월 10일

영조는 당시 사치의 문제점을 지적하는 가운데, 자신이 병이 없는 것은 일생 동안 거친 음식을 먹고 얇은 옷을 입으며 생활했기 때문이라 했다. 반면 세종은 평소 기름진 궁중 요리와 육식을 즐긴 것으로 보인다. 성산 부원군 이직李稷 등이 태종의 죽음 뒤 기력이 쇠해진 세종을 염려해 올린 글에서 이를 짐작할 수 있다.

졸곡卒哭** 뒤에도 오히려 소선素膳***을 하시어, 성체聖體가 파리하고 검게 되니 여러 신하가 바라보고 놀랍게 생각하지 않는 사람이 없으며, 또 전

---

* 영조의 계비를 말한다.

** 삼우제를 지낸 뒤에 곡을 끝낸다는 뜻으로 지내는 제사.

*** 고기나 생선이 들어 있지 않은 반찬.

하께서 평일에 육식이 아니면 수라를 들지 못하시는 터인데, 이제 소선을 하신 지도 이미 오래되어 병환이 나실까 염려되나이다.

卒哭之後, 猶御素膳, 聖體瘦黑, 群臣望見, 莫不驚駭. 且殿下平昔非肉未能進膳, 今素膳已久, 恐生疾病.

—『세종실록』, 세종 4년(1422) 9월 21일

위의 기록의 '육식이 아니면 수라를 들지 못한다'는 표현에서 세종이 육식을 무척이나 즐겼음이 암시되어 있다. 또『세종실록』에는 세종의 질환에 관한 기록만 50여 건이 나오는데, 육식을 즐기던 식단이 건강을 위협한 것은 아닐까? 어쨌든 세종은 많은 질병에 시달리면서도 책무를 완수했다고 한다.

지금까지 살펴본 코끼리, 장금, 공길, 왕의 건강 외에도『조선왕조실록』에는 지진, 홍수, 가뭄 등 호기심을 불러일으키는 방대하고 세세한 내용들이 기록되어 있다. 실록이 이처럼 다양한 기록을 담을 수 있었던 것은 사관史官들이 작성한『사기史記』의 초고草稿인 사초史草 외에도 관청의 업무 일지에 해당하는 시정기時政記 자료를 충분히 활용해 폭넓게 당대사의 모습들을 기록했기 때문이다.『조선왕조실록』은 조선의 정치, 경제, 사회, 생활사의 모든 것을 담은 '조선의 타임캡슐'이자 조선 시대로 들어가는 관문이다. 선조들이 남겨준 자랑스러운 기록물『조선왕조실록』의 다양한 내용들을 음미하고, 이를 바탕으로 새것을 창출해가는 일은 이제 우리 몫으로 남겨져 있다.

왜 조선은 자꾸 역사를 남기려고 했을까?

○

조선은 건국 후 왕조 개창의 정당성을 널리 알리고 건국을 합리화하기 위해 역사서 편찬에 착수했다. 태조 대에 정도전鄭道傳이 『고려국사高麗國史』(37권)를 편찬했고 태종 대에 권근이 『동국사략東國史略』(6권 2책)을 편찬한 데 이어, 세종 대에는 본격적으로 전대의 역사인 고려사의 편찬 사업을 국가사업으로 기획했다. 세종의 명을 받은 정인지鄭麟趾, 김종서金宗瑞 등이 시작한 고려사 편찬 사업은 결국 문종 대인 1451년 역사적 인물의 개인 전기를 이어감으로써 한 시대의 역사를 구성하는 기술 방법인 기전체紀傳體 형식의 『고려사高麗史』(139권)가 완성됨으로써 결실을 보았다.

김종서 등은 『고려사』를 만드는 과정에서 편년체로 된 『고려사절요高麗史節要』(35권 35책)를 출간하기도 했는데, 『고려사』가 왕의 역할을 중심에 놓고 고려의 역사를 서술했다면 『고려사절요』는 재상을 비롯한 관료의 비중을 높여 기록한 데서 차이가 있다. 정도전이나 김종서처럼 재상의 권한을 강화하려는 입장을 보인 인물들은 역사서 편찬에서도 그들의 입지를 높이려 했고 또 이들이 태종·세조와 같이 강한 왕권을 추구한 왕들에 의해 제거된 점을 고려한다면, 조선 전기 역사 편찬에서도 왕권과 신권臣權의 갈등이 나타났음을 알 수 있다.

1455년 즉위한 세조는 전제왕권을 강화하고 부국강병을 이루려는 목적으로 단군조선부터 고려 말까지를 담은『동국통감』을 편찬하는 사업에 착수했다. 서거정徐居正, 이극돈李克墩 등이 왕명을 받아 1458년 시작된 이 작업은 성종 대인 1485년에 56권 28책으로 완성되었다.『동국통감』은 편년체로 쓰였으며, 단군조선부터 삼한까지를 외기外紀, 삼국의 건국부터 신라 문무왕 9년(669)까지를 삼국기三國紀, 669년부터 고려 태조 18년(935)까지를 신라기新羅紀, 935년부터 고려 말까지를 고려기高麗紀로 분류해 기록했다.

『동국통감』의 편찬 취지를 밝힌 이극돈의 서문은 중국의 역사서 편찬사를 기술하는 것으로 시작한다.

경서經書에는 도를 기재하고 역사서에는 일을 기록하니, 경서는 공자가 깎아서 정하고 지어서 만들어 이미 만세에 가르침을 드러냈습니다. 역사서는 사마천과 반고班固 이하 작자들이 하나둘이 아니어서, 대대로 각각 책이 있어 넓고 넘치며 어지럽게 기록되었습니다. 학자들이 비록 10년 동안 공력을 다하여도 오히려 두루 읽지 못하는데, 하물며 임금은 날마다 만 가지 일이 있으니 다시 어느 겨를에 두루 볼 수 있겠습니까? 선대의 현인인 사마광司馬光*이 역대의 역사서들을 모으고 두루 여러 책에서 채택하여 그 가운데 요긴한 것을 모아, 위로는 쇠한 주나라에서 시작해 아래로는 오계五季**에 이르기까지 장편을 지어『자치통감資治通鑑』이

라 부르니, 진실로 사가史家의 나침반입니다. 자양紫陽 주부자朱夫子*가 그것을 이용하여 『강목綱目』을 지었는데, 문장이 간략하면서도 기사가 더욱 갖추어져서 경계함이 밝아지고 기미幾微가 드러났으니 『춘추春秋』** 의 근엄한 뜻을 깊이 얻었습니다. 후에 작자가 있었지만 모두 두 사람의 범주 안에서 벗어나지 못했습니다.

經以載道 史以記事 經則孔子 刪定述作 已垂敎於萬世 史則馬班以下 作者非一 代各有書 浩穰難記 學者雖窮十年之力 尙不讀遍 況人主日有萬機 復何暇於周 覽哉 先正司馬公 裒集歷代史 旁採羣書 撮其機要上起衰周 下迄五季 作長編 曰 資治通鑑 誠史家之指南也 紫陽朱夫子 因之作綱目 文約而事愈備 監戒昭而幾 微著深得春秋謹嚴之旨 後有作者 擧不外於二家範圍之中矣.

서문은 우리나라 역사서 편찬사에 대한 기술로 이어진다. 무엇보다 고려 시대까지의 역사가 소략한 데 불만을 제기하고, 조선 시대 들어 본격적으로 역사서 편찬이 이루어진 과정을 기술하고 있다.

우리 동방은 단군에서 기자를 지나 삼한에 이르기까지 고증할 만한 문적이 없었으며, 아래로 삼국에 이르러 겨우 역사책이 있었지만 매우 간략하여 보잘것없었던 데다가 근거가 없고 경전에도 나오지 않는 말들을 더하였습니다. 후에 작자들이 서로 이어서 모으고 지으니 전사全史·

---

*　　송나라 유학자 주희朱熹를 가리킨다. 자양은 호, 주부자는 별칭이다.
**　유학 오경의 하나로, 기원전 5세기 초에 공자가 엮은 역사서를 말한다.

사략史略 · 절요節要[*]가 있게 되었지만, 본사本史의 소략하고 빠진 부분을 또다시 답습하였습니다. 고려가 삼국을 통일하여 33세대를 전하면서 거의 500년을 지났는데, 비록 국사國史가 있었지만 중간에 기재한 것이 너무 번잡하거나 간략하여 자못 사실과 같지 않은 것이 있었고, 또한 빠뜨리고 누락하는 실수를 면치 못하였습니다. 공손히 생각하건대, 태조 강헌대왕은 운運에 응하여 나라를 연 뒤 옛날의 그림 및 책을 거두어들여 왕실 도서관에 간직하게 하였습니다. 정종·태종·세종이 서로 이어서 문치文治가 더욱 높아지자 관官을 설치하고 사국史局을 열어 『고려사』를 편찬하니, 이른바 '전사'와 '절요'란 것이 있어서 사가史家의 제작이 이에 점차 갖추어졌습니다. 세조 혜장대왕은 하늘이 내리신 성학으로 경서와 사기에 마음을 집중하여 일찍이 좌우에 일러 말하기를, "우리 동방에 비록 여러 역사책이 있지만 가히 『자치통감』에 비길 만한 장편은 없다"라 하면서 문사文詞를 담당하는 신하에게 명하여 장차 바로잡으려 했으나 일이 마침내 시행되지 못하였습니다.

吾東方 自檀君歷箕子 以至三韓 載籍無徵 下逮三國 僅有國乘 粗略太甚加以無稽不經之說 後之作者 相繼纂述 有全史焉 有史略焉 有節要焉 然復襲本史之疎漏 高麗氏 統三爲一 傳世三十三歷年幾五百 雖有國史 中間記載繁簡 頗有不同 且未免闕遺之失 恭惟 太祖康獻大王 應運開國 收舊圖籍 以爲秘府之藏 三宗相承文治益隆 設官開局 撰麗史 有所謂全史者 有所謂節要者 史家制作於斯漸備

---

[*] '전사'는 전체를 기술한 역사를, '사략'은 간략하게 기술한 역사를, '절요'는 핵심만 간추린 역사를 말한다.

世祖惠莊大王 聖學天縱 留神經史 嘗謂左右曰吾東方雖有諸史 無長編通鑑可擬
資治 命詞臣 將欲校讐 而事竟未施.

위에서는 세종대에 『고려사』와 『고려사절요』를 편찬한 것과 세조가
『자치통감』에 비견하는 역사서 편찬을 계획했으나, 성공하지 못했음을
언급했다. 태조대부터 시작된 조선 시대 역사서 편찬 사업은 성종 시대
로 이어진다.

우리 주상(성종) 전하께서는 임금의 계통을 이어받고 선왕의 계책을 뒤
따라서 달성군達城君 신 서거정, 행호군行護軍 신 정효항鄭孝恒, 참의 신
손비장孫比長, 행호군 신 이숙감李淑瑊, 전 도사都事 신 김화金澕, 교리校
理 신 이승녕李承寧, 사의司儀 신 표연말表沿沫, 전적典籍 신 최부, 박사博
士 신 유인홍柳仁洪 및 신 이극돈 등에게 『동국통감』을 찬수해 올리라고
명하였습니다. 신 등은 모두 용졸庸拙하여 재주가 삼장三長*에 모자라는
데, 삼가 윤명綸命**을 받들게 되니 떨려서 몸 둘 바를 모르겠습니다. 삼
가 삼국 이하 여러 사책에서 뽑아내고 겸하여 중국 역사에서 가려내어
편년체를 취해 사실을 기록하였습니다. 범례凡例***는 한결같이 『자치통
감』에 의거하였고, 『강목』의 써놓은 글에서 더 쓸 것은 쓰고 지울 것은
지워버린 취지를 따라 번거롭게 많고 쓸모없는 것은 삭제해서 요령만

---

* 역사가가 되는 데 필요한 세 가지 장점. 재지才智, 학문, 식견을 이른다.
** 임금이 신하나 백성에게 내리는 말.
*** 책의 첫머리에 그 책의 내용이나 쓰는 방법 등에 관한 참고 사항을 설명한 글.

남겨두려고 힘썼습니다. 삼국이 함께 대치하였을 때는 삼국기라 칭하였고, 신라가 통합하였을 때는 신라기라 칭하였으며, 고려 시대는 고려기라 칭하였고, 삼한 이상은 외기外紀라 칭하였습니다. 상하 1,400년 동안 국세의 나누어지고 합친 것과 국운의 길고 짧은 것과 임금이 거행한 일의 잘잘못과 정치의 쇠퇴·융성을 솔직하게 쓰지 않은 것이 없으며, 명교名敎*를 소중히 하고 절개와 의리를 높이며 난적亂賊을 토벌하고 간신과 아첨하는 이를 죄를 물어 죽인 것과 같은 데 이르러서는 더욱 근엄함을 더하여 거의 권장과 경계를 드리워 후세에 교훈이 되게 하였습니다. 선대의 유학자가 논술하여 결론을 내린 것이 있으면 모두 취하여 써 넣

---

* 사람이 마땅히 지켜야 할 가르침.

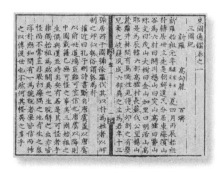

『동국통감』

1458년 성종 16에 조선 전기의 문신들이 왕의 명을 받아 단군조선부터 고려 말까지의 역사를 엮은 책이다. 총 56권 28책으로 이루어져 있으며, 고려, 고구려, 신라를 대등한 국가로 해석했다는 점과 단군조선을 우리나라 역사의 시작으로 확립했다는 점에서 주목된다.

었고, 간혹 또한 신 등이 억측으로 논변한 것을 첨부하였으나 극히 경망하고 참람하여 작자의 반열에 나란히 놓기에는 부족하다는 것을 압니다.

我主上殿下紹膺大統 遹追先猷 命達成君臣徐居正 行護軍臣鄭孝恒 參議臣孫比長 行護軍臣李淑瑊 前都事臣金澩 校理臣李承寧 司儀臣表沿沫 典籍臣崔溥 博士臣柳仁洪 曁臣克墩等 撰修東國通鑑以進 臣等俱以庸拙 才乏三長 恭承綸命 凌兢罔措 謹摭三國以下諸史 兼採中國史 用編年記事 凡例一依資治 而寓以綱目筆削之旨 刪繁削冗 務存要領 三國並峙 則稱三國紀 新羅統合 則稱新羅紀 高麗 則稱高麗紀 三韓以上 則稱外紀 上下千四百年 國勢之離合 運祚之脩短 君擧之得失 政治之污隆 靡不直書 至如重名敎崇節義討亂賊誅奸諛 尤加謹嚴 庶幾垂勸戒 而訓後世也 先儒之有論斷者 皆取而書之 間亦竊附臣等之臆論 極知狂僭 不足齒作者之列.

신은 또 가만히 생각하건대, 기자가 구주九疇*의 학문으로 팔조八條의 가르침을 폈으니, 당시에 반드시 행동과 말한 것을 기록하는 관원官員을 두어서 본받을 만한 좋은 말과 선행을 갖추어 기록하였을 것인데, 지금은 모두 없어져서 전하는 것이 없습니다. 삼국의 것은 저속하고 허황되며, 고려의 것은 간략하고 난잡하니, 비록 반고나 사마천에게 손을 빌린다 하더라도 오히려 글을 꾸미기 어려울 것입니다. 하물며 신 등처럼 명망이 없는 비루한 지식으로 어찌 능히 융성한 위임을 우러러 본받아 한마디 말을 도울 수 있겠습니까? 우선 좁은 소견으로 여러 자료를 모아

---

* 　『서경』의 「홍범」 편에 기록된, 고대 우禹임금이 정한 정치 도덕의 9원칙.

순서를 매겨 57권으로 편성하고* 책으로 꾸며 올리오니, 혹시 소한宵旰**
의 여가에 때로 살펴보시어, 지난 세대의 잘 다스려진 세상과 어지러운
세상과 흥망의 자취를 거울삼아 오늘날 좌우의 경계로 삼으시고 더욱
옛일을 자세히 살피어 공부하는 성덕盛德에 힘쓰신다면 그 지극한 다스
림에 반드시 조금이나마 도움이 없지는 않을 것입니다. 성화成化*** 을사
년 7월 26일 순성 좌리공신 가선대부 광원군 겸 동지의금부사 세자우부
빈객 신 이극돈은 절하고 머리를 조아리며 삼가 서문을 올립니다.

臣又竊念 箕子以九疇之學 敷八條之教 當時必有記動記言之官 備載嘉言善行而
今皆泯滅無傳 三國則鄙野荒繆 高麗則脫略舛錯 雖使借手於班馬 尙難爲之詞
況如臣等之謏聞陋識 安能仰體隆委 而贊一辭乎姑以管見彙稡纂次 編成五十七
卷 粧潢投進 倘於宵旰之暇 時賜觀覽 鑑前世治亂興亡之跡 爲今日左右之箴警
益懋稽古之盛德則其於至治 未必無小補云成化乙巳七月二十六日 純誠佐理功
臣 嘉善大夫 廣原君 兼同知義禁府事 世子右副賓客 臣李克墩拜手稽首 謹序.

위에서 저촉되고 허탕한 삼국의 역사서나 간략한 고려의 역사서에 비
해서는 보다 체계적인 57책의 『동국통감』을 완성했음을 밝히고 있다. 그
리고 이 책을 통해 오늘날 좌우의 경계로 삼을 것을 강조하고 있다. 『동
국통감』은 삼국을 대등한 국가로 해석해 고려의 고구려 계승주의와 신라

---

*   서문에는 57권으로 편성한다고 했으나 현재 전하는 『동국통감』은 56권 28책이다.

**   소의한식宵衣旰食의 줄임말. 날이 새기 전에 일어나 옷을 입고 해가 진 후에 늦게 저녁밥을
    먹는다는 뜻으로, 임금이 정사에 부지런함을 비유적으로 이르는 말이다.

***   중국 명나라 헌종 때의 연호(1465~1487).

계승주의의 갈등을 해소했으며, 단군조선을 우리나라 역사의 시작으로 확립했다는 점에서 주목된다. 연대 표기 역시 당시의 사실대로 즉위년 칭원법稱元法을 채택해 사실을 온전히 보전하자는 입장이었다. 또한 조선이 건국된 후 권력 갈등을 일으켜온 국왕, 훈구파, 사림파가 서로 합심해 통사 체계를 구성했다는 점에서도 큰 의미가 있다.

최초의 세계지도는 어떻게 조선에서 나왔나?

○

필자는 서울대학교 규장각한국학연구원에 근무하던 시절, 이곳에 소장
된 여러 자료를 접하면서 조선 시대에 제작된 각종 지도들의 상세함과
다양함에 놀랐다. 세계지도부터 조선 전체의 모습을 담은 조선 전도, 각
지방의 모습을 담은 군현 지도에 이르기까지 그야말로 '고지도 천국'인
규장각에 소장된 지도들에는 당시 사람들의 세계와 국토에 대한 인식이
생생하게 담겨 있다.

그중에서도 〈혼일강리역대국도지도混一疆理歷代國都之圖〉(〈혼일강리도〉)는
우리나라 최초의 세계지도라는 점에서 큰 의미가 있다. 안타깝게도 원본
은 현재 남아 있지 않다. 1402년에 제작된 원본을 바탕으로 만든 지도가
일본 류코쿠〔龍谷〕 대학 도서관에 소장되어 있었는데, 이것을 지리학자
고故 이찬 교수가 사람을 시켜 모사해 1983년 규장각에 기증했다. 그러
나 모사본일지라도 610년 전에 아시아, 유럽, 아프리카를 그린 세계지도
라는 점에서 지도의 가치는 매우 크다.

1402년 5월, 문신 이회李薈가 자신이 그린 〈팔도도八道圖〉를 태종에게
바쳤다. 그리고 3개월 후 최초의 세계지도인 〈혼일강리도〉가 완성되었
다. 지도 제작에 참여한 사람은 의정부 좌정승 김사형金士衡, 우정승 이무
李茂, 검상檢詳 이회, 참찬 권근 등이었다. 〈혼일강리도〉는 조선 초기 국
가 최고 의결기관인 의정부에 소속된 최고위급 관원들의 합작품이었던

것이다. 권근은 지도가 만들어지기까지의 과정과 제작 동기를 밝힌 후 다음과 같은 발문을 썼다.

천하는 지극히 넓다. 안으로 중국부터 밖으로 사해에 닿아 몇천만 리나 되는지 알 수 없으니, 요약하여 두어 자 되는 폭에다 그리면 자세하게 기록하기가 어렵다. 그러므로 지도를 만든 것이 대개 소략한데, 오직 오문吳門 이택민李澤民의 〈성교광피도聲敎廣被圖〉는 매우 상세하게 갖춰졌으며, 역대 제왕의 국도國都 연혁은 천태승天台僧 청준清濬의 〈혼일강리도混一疆理圖〉에 갖추어 실렸다. 건문建文 4년* 여름에 좌정승 상락上洛 김사형·우정승 단양 이무가 정사를 보살피는 여가에 이 지도를 참고, 연구하여 검상 이회를 시켜 다시 더 상세히 교정하게 한 다음에 합하여 한 지도를 만들었다. 요수遼水 동쪽과 우리나라 지역은 이택민의 〈성교광피도〉에도 또한 많이 빠지고 생략되었으므로, 이제 특별히 우리나라 지도를 더 넓히고 일본 지도까지 붙여 새 지도를 만드니, 조리가 있고 볼만하여 참으로 문밖을 나가지 않고도 천하를 알 수 있다. 대저 지도를 보고서 지역의 멀고 가까움을 아는 것 또한 나라를 다스리는 데 한 도움이 되는 것이니, 두 공이 이 지도에 정성을 다한 데서도 그 규모와 국량局量**의 방대함을 알 수 있다. 근近은 변변치 못한 재주로 참찬이 되어 두 공의 뒤를 따라 이 지도가 완성됨을 보고 기뻐하였으며 매우 다행하

---

*   1402년(태종 2). '건문'은 명나라 혜제惠帝의 연호.

** 그릇됨과 역량.

게 여기는 바다. 평소 책에서 강구하여 보고자 하던 나의 뜻을 이미 이루었고, 또 내가 후일 물러가 시골에 있으면서 누워서 유람하는 뜻을 이루게 됨을 기뻐하며 이 말을 지도 아래 쓴다. 이해 가을 8월일 기록한다.

天下至廣也. 內自中國. 外薄四海. 不知其幾千萬里也. 約而圖之於數尺之幅. 其致詳難矣. 故爲圖者率皆疎略. 惟吳門李澤民聲敎廣被圖頗爲詳備. 而歷代帝王國都沿革. 則天台僧淸濬混一疆理圖備載焉. 建文四年夏. 左政丞上洛金公士衡, 右政丞丹陽李公茂. 燮理之暇. 參究是圖. 命檢詳李薈更加詳校. 合爲一圖. 其遼水以東及本國疆域. 澤民之圖亦多闕略. 方特增廣本國地圖. 而附以日本.勒成新圖. 井然可觀. 誠可以不出戶而知天下也. 夫觀圖籍而知地域之遐邇. 亦爲治之一助也. 二公所以拳拳於此圖者. 其規謨局量之大可知矣. 近以不才. 承乏參贊. 以從二公之後. 樂觀此圖之成而深幸之. 旣償吾平日講求方冊而欲觀之志. 又喜吾他日退處環堵之中而得遂其臥遊之志也. 故書此于圖之下云. 是年秋八月日. 誌.

— 권근, 『양촌집陽村集』 「역대제왕혼일강리도지歷代帝王混一疆理圖誌」

권근의 발문을 보면 김사형과 이무는 지도 제작을 기획했고, 실무는 이회가 한 것으로 나타난다. 특히 이회가 그 전에 〈팔도도〉를 제작한 점을 감안하면 〈혼일강리도〉의 실제 주역은 이회라고 할 수 있다.

명나라에서도 1398년경 〈대명혼일도大明混一圖〉가 제작되었는데 〈혼일강리도〉와 매우 유사한 모습을 띠고 있다. 〈대명혼일도〉의 영향을 직접 받았는지 여부는 알 수 없지만, 원나라든 명나라든 중국에서 제작된 세계지도를 참조해 조선과 일본 지역을 합한 것이 〈혼일강리도〉라는 사실은 틀림없다. 발문에 "우리나라 지도를 더 넓히고 일본 지도까지 붙여"

라는 표현이 이를 입증한다. 이회는 〈팔도도〉를 제작한 경험이 있는 만큼 중국과 비례하는 조선의 지도를 그리는 데 큰 어려움이 없었을 것이다.

한편 『세종실록』에는 1401년 통신사로 일본에 건너간 박돈지朴敦之가 일본 지도를 입수해왔다는 기록이 있는데, 이때 가져온 지도가 〈혼일강리도〉 제작에 활용된 것으로 보인다. 그러나 지도에 표시된 일본은 위치나 크기 면에서 실제와 큰 차이가 있다. 이는 15세기 초반 일본을 작은 나라로 간주한 당시 조선 집권층의 세계관을 보여준다.

〈혼일강리도〉에는 조선과 중국이 중심에 있는 데 비해 일본은 조선의 남쪽에 작게 그려져 있다. 위치나 크기로 보아 조선 초기에는 일본에 대한 정보가 거의 없었음을 짐작하게 한다. 1443년 일본에 통신사 서장관書狀官*으로 간 신숙주申叔舟가 1472년 왕명으로 편찬한 『해동제국기海東諸國記』에 그려진 일본 지도가 훨씬 정확한 점을 고려하면, 15세기 후반부터 본격화된 일본과의 교류가 16세기 이후 일본에 관한 정확한 지도를 만들 수 있는 배경이 되었음을 알 수 있다.

〈혼일강리도〉에는 동북아시아뿐 아니라 동남아시아, 아라비아반도, 아프리카, 유럽까지 그려져 있다. 동남아시아의 섬과 해안선 윤곽은 실제보다 단순하게 그려져 있지만 필리핀과 타이, 인도네시아, 말레이시아 등 주요 동남아 국가들이 분명히 표시되어 있다. '월상, 교지, 임읍'으로 기록된 곳은 베트남이며, 타이는 '섬'으로 표기되어 있다. 당시까지는 교류가 거의 없었다고 추정되는 유럽과 아프리카에 대한 정보도 비교적 자

---

* 외국에 보내는 사신 가운데 기록을 맡아보던 임시 벼슬.

세한데, 100여 개의 유럽 지명과 약 35개의 아프리카 지명이 표시되어 있다. 지중해가 바다가 아닌 호수로 표시되어 있고 아프리카 중심부가 대부분 호수로 채워졌다고 표기된 것도 눈길을 끈다. 아프리카 대륙 한 가운데 표기된 '황사黃砂'는 사하라 사막에 대한 정보가 이때 이미 존재 했음을 말해준다.

그런데 〈혼일강리도〉에는 현재의 세계지도와 비교할 때 유독 달리 보이는 곳이 있다. 바로 인도다. 언뜻 생략된 듯 보이지만 자세히 보면 중국의 서쪽 옆으로 윤곽이 드러난다. 그리고 친절하게 '축국竺國'이라 표기되어 있다. 인도가 대륙에 붙어 있는 것처럼 표기된 이유는 고대 그리스의 지도학자 프톨레마이오스의 영향 때문으로 여겨진다. 프톨레마이오스의 세계지도에는 인도가 반도가 아닌 대륙의 일부로 그려져 있으며, 이 지도의 영향을 받은 아라비아 지도에도 인도가 대륙의 일부로 그려졌다. 그리고 아라비아 지역까지 영토를 확보한 원나라 시대에 아라비아 계통의 지도가 중국으로 들어왔을 것이다. 결국 그리스의 세계지도가 아라비아로 전해지고, 아라비아의 지도가 다시 중국을 거쳐 600년 전 조선으로 전해진 것이다.

실제로 〈혼일강리도〉에는 아랍어 지명이 보이고, 바다는 녹색, 하천은 청색으로 표기되어 있는데 이는 아라비아 계통의 지구의地球儀와 동일하다. 그러나 아라비아 계통의 세계지도가 땅은 둥글다는 지구설에 기초해 원형으로 제작된 것과 달리 〈혼일강리도〉는 '하늘은 둥글고 땅은 네모지다'는 천원지방天圓地方의 천지관에 토대를 두고 있다. 지도가 사각형으로 그려진 것은 이러한 인식이 반영된 것으로 보인다.

현재 일본 류코쿠 대학 도서관에 원본이 보관되어 있는 〈혼일강리도〉는 임진왜란을 전후한 시기나 일제강점기에 일본으로 유출된 것으로 추정된다. 최근 해외에 반출된 문화재 반환에 대한 관심이 고조되고 있다. 이러한 관심과 반환의 열기가 〈혼일강리도〉에도 이어졌으면 한다.

『택리지』에서는 어떤 곳을 살기 좋다고 했을까?

○

조선 후기의 학자 이중환이 쓴 『택리지擇里志』는 실학 열풍이 우리의 국토와 역사, 문화에 대한 애정으로 이어지던 시기, 우리의 산천과 그곳에서 살아간 사람들의 이야기까지 한데 담아낸 책이다.

이중환의 호는 청담淸潭 또는 청화산인靑華山人이며 본관은 여주다. 참판 진휴震休의 아들이자 이익의 재종손으로, 남인의 핵심 집안 출신이었다. 그가 살아간 영조 시대에 남인은 집권 세력인 노론의 탄압을 받아 정치적으로 불우한 처지였다. 『택리지』의 발문에 "떠돌아다니면서 살 집도 없어서"라는 표현에서 그의 생활상을 짐작할 수 있다. 그러나 이중환은 불우한 환경을 탓하지만은 않았다. 정치적으로 세력을 잃은 것을 전화위복의 계기로 삼아 우리 국토 곳곳을 누비면서 그곳의 산수와 생리, 인심을 관찰해 『택리지』라는 불후의 저술을 남겼다. 『택리지』를 저술한 정확한 연대는 기록되어 있지 않으나 저자 자신이 쓴 발문에서 "내가 황산강黃山江* 가에 있으면서 여름날에 아무 할 일이 없어 (…) 우연히 논술하였다"라 하고는 말미에 신미년(1751)이라 기록한 것으로 보아 그가 61세 되던 무렵 정리한 것으로 여겨진다.

『택리지』의 구성은 크게 '사민총론四民總論', '팔도총론八道總論', '복거

---

* 낙동강의 옛 이름.

총론卜居總論', '총론'의 네 분야로 나뉘어 있다. '사민총론'에서는 사대부의 신분이 농·공·상민農工商民과 달라진 원인과 내력을 설명하고, '팔도총론'에서는 우리 국토의 역사와 지리를 개관한 다음 당시의 행정구역인 팔도의 산맥과 물의 흐름을 말하고 관계있는 인물과 사건을 기술한다. '팔도총론'의 내용을 자세히 살펴보자.

곤륜산 한 지맥이 대사막의 남쪽으로 뻗어 동쪽으로 의무려산醫巫閭山이 되었고, 여기서부터 크게 끊어져 이에 요동의 들이 되었다. 들을 지나서 솟아 백두산이 되었는데, 『산해경山海經』*에서 이른바 불함산不咸山이라는 것이 이곳이다. 정기가 북쪽으로 천 리를 달려가며 두 강을 끼었고, 남쪽을 향하여 영고탑寧固塔이 되었으며, 등 뒤로 한 가지를 뻗어 조선 산맥의 머리가 되었다. 팔도가 있는데, 평안도는 심양瀋陽**과 이웃하였고 함경도는 여진 땅과 이웃하였으며, 다음으로 강원도는 함경도와 이어졌다. 황해도는 평안도와 이어졌고 경기도는 강원도와 황해도의 남쪽에 있다. 경기도 남쪽은 충청도 및 전라도며, 전라도 동쪽은 경상도다. 경상도는 옛날 변한·진한 땅이었고 경기·충청·전라도는 옛 마한과 백제 땅이었다. 함경·평안·황해도는 고조선·고구려 땅이었고 강원도는 별도로 예맥濊貊 땅이었다. 그 흥하고 멸망함은 자세히 알 수 없으나, 당나라 말기에 태조 왕건이 나가서 삼한을 통합하여 고려를 세웠으며 우

* 고대 중국의 지리서.
** 선양. 중국 만주 랴오닝 성의 도시.

리 왕조가 운運을 계승하였다. 동·남·서쪽은 모두 바다고, 홀로 북쪽 한 길만이 여진·요동·심양과 통한다. 산이 많고 평야가 적으며 백성은 유순하고 근신한다. 길이는 3,000리에 걸쳐 있으나 동서는 천 리도 못된다. 바다와 닿은 남쪽은 절강성浙江省의 오현·회계현의 사이와 맞닿을 수 있다. 평안도의 북쪽 의주는 국경 중심 마을이며, 대략 청주青州*에 해당한다. 우리나라는 대저 일본과 중국의 사이에 있다.

崑崙山一枝 行大漠之南 東爲醫巫閭山 自此大斷 是爲遼東之野 渡野 起爲白頭山 卽山海經所謂不咸山 是也 精氣北走千里 挾二江 向南爲寧固塔 背後抽一枝 爲朝鮮山脈之首 有八道 曰平安 隣瀋陽 曰咸鏡 隣女眞 次則曰江原 承咸鏡 曰黃海 承平安 曰京畿 在江原黃海之南 京畿之南則曰忠淸及全羅 全羅之東 卽慶尙也 慶尙 卽古卞韓辰韓地 京畿忠淸全羅 卽古馬韓百濟地 咸鏡平安黃海 卽古朝鮮高句麗地 江原別爲濊貊地 其興滅未詳 唐末王太祖 出而統合三韓 爲高麗 而我朝繼運矣 東南西皆海 獨北一路 通女眞遼瀋 多山少野 其民柔謹 局促長亘 三千里 東西不滿千里 際海而南者 可値浙江吳會之間 平安之北義州 爲界首邑 約可當靑州 國大抵 在日本中國之間.

이중환은 백두산이 조선 산맥의 머리가 되었다는 점을 언급하고, 팔도의 각 지역에 존재한 국가들을 기술했다. 이어 고려 태조의 삼한 통합, 조선의 고려 계승 등 역사적 뿌리를 기록했다. 팔도에 관한 기록이면서도 우리 민족의 뿌리를 강조하는 점이 주목되는데, 그래서인지 단군에

---

*   칭저우. 중국 산둥 성의 도시.

관한 기록도 매우 자세하다.

옛날 요임금 때 신인神人이 있었는데, 평안도 개천현 묘향산 박달나무 아래 석굴에서 변화하여 태어났다. 이름을 단군이라 하였고 마침내 중국에서 이르던 동쪽의 아홉 오랑캐의 군장이 되었는데, 연대와 자손은 기록할 수 없다. 후에 기자箕子가 나와서 조선에 봉해져 평양을 도읍으로 삼고 손자 기준에까지 이르렀는데, 진나라 때 연나라 사람 위만에게 축출되었다. 바다를 건너 전라도 익산군에 도읍을 옮기고, 이름하기를 마한이라 하였다. 기씨 땅의 경계는 『사기』에 상세하지 않지만, 진한·변한과 더불어 이를 삼한이라 하였다. 혁거세는 한나라 선제宣帝 때 일어나, 경상도를 다 점유하였다. 진한·변한 여러 지역을 신하로 복종시켜, 신라라 이름하고 경주를 도읍으로 삼았다. 박朴·석昔·김金 세 개 성씨가 다시 번갈아가면서 왕이 되었다. 위씨는 한나라 무제 때 멸망하였다. 한나라에서 백성만 옮기고 땅은 버리고 가자, 주몽이란 자가 말갈에서 일어나 평양에 근거를 두어 고구려라 이름하고 칭하였다. 주몽이 죽자 그의 둘째 아들 온조가 또 한강 이남에 나누어 근거하여, 마한을 멸망시키고 백제라 이름하였으며 부여를 도읍으로 삼았다. 고구려와 백제는 모두 당나라 고종 때 멸망하였으니, 땅을 버리고 철수하여 돌아가자 두 나라 땅은 다 신라로 들어왔다. 말기에 궁예와 견훤이 나눈 바가 되었는데, 고려에 이르러 그것을 통일하였다. 이상이 우리나라가 세워진 내력의 대략이다.

古堯時 有神人 化生於平安道价川縣妙香山檀木下石窟中 名曰檀君 遂爲九夷君

長 年代子孫 不可記 後箕子出 封于朝鮮 都平壤 至孫箕準 秦時 爲燕人衛滿所逐

赴海遷都於全羅益山郡 號爲馬韓 箕氏地界 不詳於史氏 與而辰卞 是爲三韓 赫

居世 興於漢宣帝時 盡有慶尙道 臣服辰卞諸地 號新羅 都慶州 朴昔金三姓 更迭

而爲王 衛氏 亡於漢武帝時 及漢移民棄地 有朱蒙者 自靺鞨 據平壤 號稱高句麗

朱蒙沒 其次子溫祚 又分據漢水以南 滅馬韓 號百濟 都扶餘 高句麗與百濟 俱滅

於唐高宗時 棄地撤歸 二國地 盡入新羅 末爲弓裔甄萱所分 至高麗一之 此我國

建置沿革之大略也.

이중환은 단군조선, 기자조선, 위만조선의 역사를 언급한 다음 삼한의 역사를 기술했다. 신라는 진한과 변한의 여러 지역을 복속했고, 백제가 마한을 멸망시켰다는 것은 조선 후기 남인 실학자들의 대체적인 역사 인식이었다. '팔도총론' 후반부는 고려의 역사가 중심을 이룬다.

신라 이전에는 삼국 전쟁이 그치지 않았다. 그러하여 문적*이 적어 고려부터 비로소 기록할 수 있다. 고려 때는 사대부의 이름이 아직 크게 세워지지 않아, 서리胥吏** 출신으로 삼정승과 육판서가 된 자가 많이 나왔다. 한번 경상이 되면 그의 아들과 손자도 사대부가 되어 다 경성에 집을 두게 되니, 경성이 마침내 사대부의 연못과 늪이 되었다. 시골 출신은 조정에 등용된 자가 드물었는데, 쌍기雙冀***가 과거제도를 만들어 선

---

*　　나중에 자세하게 참고하거나 검토할 문서와 장부.

**　　중앙 관아에 속해 문서의 기록과 관리를 맡아보던 하급의 구실아치.

***　고려 광종 때 후주後周에서 귀화한 한림학사.

비를 취하게 되자 지방 사람도 점차 조정에서 두드러진 벼슬을 얻을 수 있었다. 그러나 서북에는 무신武臣이 많고, 동남에는 문사文士가 많았다. 말기에 문풍이 크게 떨쳐 간간이 중원中原*에서 행한 과거에 합격한 자도 있었는데, 이는 원나라와 통한 것의 효과였다. 지금에 이르러 세상에 자손이 많고 세력이 있는 집안으로 칭해지는 무리는 고려 경상의 후예가 대부분이다. 그러므로 사대부의 자손이 갈라진 내력도 고려부터 비로소 기술할 수 있다.

新羅以前 三國戰爭 不休 然文蹟少 自高麗 而始可述矣 高麗時 士大夫之名 未大立 多起自胥吏而爲卿相者 一爲卿相 則其子與孫 爲士大夫 咸置家於京城 京城遂爲士大夫淵藪 而外邑人 罕有登于朝者 及雙冀制科擧取士 外方人稍稍得顯仕于朝 然西北多武臣 東南多文士矣 及季世文風大振 間有中中原制科者 此通元之效也 至今 以大族稱於世者 多高麗卿相之後裔 則士大夫之胄派來歷 自高麗而始可述矣

위에서 보듯 『택리지』는 지리지면서도 산수와 역사, 인물, 사건을 연결하는 방식을 취하고 있다. 『택리지』를 인문지리서의 완성판이라고 하는 것은 이러한 점 때문이다. '팔도총론'에 이어지는 '복거총론'에서는 사람이 살 만한 곳의 조건을 지리地理, 생리生利, 인심人心, 산수山水의 네 가지를 들어 설명하는데, 인물에 대한 설명과 함께 상업과 경제에 관한 내용도 풍부히 담겨 있다.

---

* 　중국 황허 강 중류의 남부 지역으로 한때 군웅이 할거한 중국의 중심부나 중국 땅을 이른다.

그럼 『택리지』에서는 어떤 곳을 살기 좋다고 했을까? 이중환은 살 만한 곳을 택하는 첫째 조건으로 '지리'를 꼽았다. 여기서 지리는 교통이 발달한 곳과 같은 현대적 의미가 아니라 풍수학적인 지리를 뜻한다. 즉 "지리를 논하려면 먼저 수구水口를 보고, 다음에는 들판과 산의 형세를, 이어 흙빛과 물의 흐르는 방향과 형세를 본다." 둘째 조건은 '생리'다. "재물이란 하늘에서 내리거나 땅에서 솟아나는 것이 아닌 까닭으로 기름진 땅이 첫째고, 배와 수레를 이용하여 물자를 교류시킬 수 있는 곳이 다음이다." 기름진 땅으로는 전라도 남원과 구례, 경상도 성주와 진주를 제일로 꼽았으며, 특산물로는 진안의 담배, 전주의 생강, 임천과 한산의 모시, 안동과 예안의 왕골을 들었다. 셋째 조건은 '인심'이다. 이중환은 "그

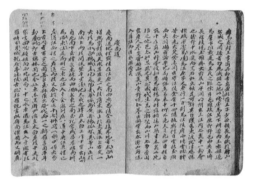

이중환의 『택리지』

조선의 인문지리서의 완성판이라고 할 수 있는 『택리지』. 이 책은 지리지면서도 산수와 역사, 인물, 사건을 연결해 우리의 산천과 그곳에서 살아간 사람들의 이야기를 풍부하게 담아냈다.

곳 풍속이 좋지 못하면 자손에게도 해가 미친다" 하여 풍속의 중요성을 강조하고 팔도의 인심을 서로 비교했다. 특히 이 부분에서는 서민과 사대부의 인심이나 풍속이 다른 점을 강조하면서, 당쟁의 원인과 경과를 비교적 상세히 기록해 인심이 정상이 아님을 통탄했다. "오히려 사대부가 없는 곳을 택해 살며 교제를 끊고 제 몸이나 착하게 하면 즐거움이 그중에 있다"라고 한 대목에서도 보이듯 이중환에게 집권 사대부의 권위주의는 비판의 대상이었다. 마지막 조건으로는 '산수'를 들면서 "집 근처에 유람할 만한 산수가 없으면 정서를 함양할 수 없다"라고 했는데, 산수의 경치가 훌륭한 곳으로는 영동을 으뜸으로 삼았다.

『택리지』가 완성되자 여러 학자가 서문과 발문을 썼으며, 많은 사람이 이 책을 베껴서 읽은 것으로 보인다. 책의 제목만 해도 '팔역지八域志', '팔역가거지八域可居志', '동국산수록東國山水錄', '진유승람震維勝覽', '동국총화록東國總貨錄', '형가요람形家要覽' 등 10여 종이나 있는데, 『택리지』를 필사하면서 제목을 자기 취향대로 붙인 것이다. '동국산수록', '진유승람' 등은 산수를 유람하기에 좋다는 의미에서 붙인 이름이고, '동국총화록'은 우리나라의 물산이 종합되었다는 의미로 상인들이 붙인 이름으로 짐작된다. '형가요람'은 풍수지리에 익숙한 사람이 지은 제목인 듯하다. 이와 같은 다양한 제목은 『택리지』가 여러 분야의 사람들에게 활용되었음을 보여주는 근거가 된다.

『택리지』가 저술된 시기 조선 사회는 사회·경제적 성장과 함께 국학 연구 분야에도 큰 발전이 있었다. 사대부 학자들 사이에 금강산 등 우리나라 산천을 여행하는 붐이 일었고, 각종 기행문이 쏟아져 나왔다. 『택리지』는 이런 시대 분위기와 맞물리면서 널리 유행한 것으로 여겨진다.

한 번쯤 『택리지』를 들고 전국 답사에 나서기를 권한다. 우리나라 전국의 산수와 풍물, 인심을 만나면서, 역사와 전통의 멋을 음미하면 좋을 것 같다.

조선의 풍물을 기록한 인문지리서는 무엇일까?

○

1481년(성종 12) 노사신盧思愼, 강희맹姜希孟, 서거정 등은 성종의 명에 따라 지리지 『동국여지승람』을 편찬했다. 이는 세종 대의 『신찬팔도지리지新撰八道地理志』를 바탕으로 세조 대부터 양성지梁誠之가 작업에 착수해 1477년 펴낸 『팔도지리지』를 보완한 책으로, 문사들의 시와 산문을 덧붙여 50권으로 완성되었다. 이로써 『동국여지승람』은 법전인 『경국대전』, 역사서인 『동국통감』과 더불어 성종 대의 대표적인 편찬 사업의 성과로 자리를 잡았다.

『동국여지승람』은 전국을 팔도로 나누어 도별로 연혁과 풍속, 지리, 자연, 고적, 인물 등등의 내용을 기술했다. 특히 누각과 정자, 불당, 고적, 제영題詠*의 조條에는 역대 명가名家의 시와 산문이 풍부하게 실려 있다. 또한 각 도의 첫머리에 도별 지도를 수록해 지역에 대한 공간적인 인식을 도왔다. 이 방대한 지리지의 서문에는 당시 사람들의 국토와 지리에 대한 인식이 나타나 있다.

토지에 관한 책이 있은 지가 옛날부터입니다. 황제黃帝**는 들을 구획하

---

* 제목을 붙여 시를 읊음. 또는 그런 시가.
** 중국에서 시조로 섬기는 고대 전설상의 제왕.

여 나누었고, 당우唐虞* 때는 12주로 나누었으며, 하나라 때는 「우공禹貢」이 있었고, 주나라 때는 직방職方**이 있었으며, 진한 시대 이후로는 각각 지지誌와 도圖가 있었습니다. 송나라 가희嘉熙*** 연간에 건안建安****의 축목祝穆이 『방여승람方輿勝覽』을 편찬하여 사물의 중요한 것을 널리 채택해 구절마다 각 주州 밑에 나누어 넣었으니, 그 문장이 칭찬할 만한 점이 있었습니다. 그러나 남송 시대에 천지가 분열되어 남쪽과 북쪽을 다 차지하지 못한 탄식이 있었습니다. 공경히 생각건대, 명나라가 천하를 차지하여 문자와 궤도軌道가 통일되자 『일통지一統誌』를 지어 온 천하를 포괄하지 않음이 없었으니, 아, 훌륭합니다.

興地有書 古矣 黃帝畫分野 唐虞分十二州 夏有禹貢 周有職方 秦漢以降 各有誌 有圖 宋嘉熙中 建安祝穆 撰方輿勝覽 博採事要 逐節分入諸州之下 其文雅有足 可尙 然趙宋渡江 天地分裂 不能無南北不盡之歎欽 惟皇明馭宇 文軌攸同 作一統誌 四海萬國 莫不包括 猗歟盛哉.

생각건대, 우리 동방은 단군이 나라를 처음 세우고, 기자가 봉함을 받았는데 모두 평양에 도읍하였고, 한나라 때는 사군四郡과 이부를 두었습니다. 이로부터 삼한이 오이처럼 나뉘어 마한은 54국을 통솔하고, 진한과 변한은 각각 12국을 통솔하였습니다. 그러나 상고할 만한 도적圖籍이 없

---

*   중국 고대의 임금인 도당씨陶唐氏 요堯와 유우씨有虞氏 순舜을 아울러 이르는 말.

**   벼슬 이름. 천하의 지도 · 지형을 관장하고 사방의 조공을 관리한 벼슬.

***   남송 이종理宗 조윤趙昀 황제의 네 번째 연호로 1237~1240년의 4년간 사용되었다.

**** 오늘날 푸젠 성의 한 지역.

고, 그 뒤로는 신라·고구려·백제 세 나라가 솥발처럼 나뉘어졌습니다. 신라의 땅은 동남으로는 바다에 이르고 서쪽으로는 지리산, 북쪽으로는 한강에 이르렀으며, 고구려는 동으로는 바다, 남쪽으로는 한강에 이르며, 서북으로는 요하遼河*를 넘었습니다. 백제는 서남으로는 바다, 동으로는 지리산, 북으로는 한강에 이르렀습니다. 그러나 삼국이 강토가 비등하여 서로 위가 되지 못하다가 신라가 고구려와 백제를 멸망시키니 강토가 더욱 넓어졌으나, 그 말기에 이르러 영역이 날로 줄어들어 궁예는 철원에 웅거하여 후고려라 칭하고, 견훤은 완산完山에 웅거하여 후백제라 칭하니, 토지가 갈기갈기 찢어져 통일되지 못하였습니다.

念我東方 自檀君肇國 箕子受封 皆都平壤 漢置四郡二府 自是三韓瓜分 馬韓統五十四國 辰卞韓各統十二國 然無圖籍可考 厥後新羅高句麗百濟 三國鼎峙 新羅之地 東南至海 西至智異山 北至漢水 高句麗東至海 南至漢 西北蹂遼河 百濟西南至海 東至智異 北至漢 然三國地醜 莫能相尙 新羅滅麗濟 幅員益廣 及其衰 境壤日蹙 弓裔據鐵原 稱後高麗 甄萱據完山 稱後百濟 土地幅裂 莫能統屬.

우리 전하가 즉위하신 10년 무술년 봄 1월에 신 양성지가 『팔도지지八道地誌』를 바치고, 신 등이 『동문선東文選』을 바쳤더니, 전하께서는 드디어 선성 부원군 신 노사신, 우찬성 신 강희맹, 지중추부사 신 성임成任, 남원군 신 양성지, 대사성 신 정효항, 참의 신 김자정金自貞, 승문원 판교 신 이숙함李淑瑊, 좌통례 신 박숭질朴崇質, 행호군 신 박미朴楣 및 신 거

* 랴오허 강. 중국 만주 지방의 남부 평야를 흐르는 강.

정 등에게 명하여 시詩와 문文을 『지지地誌』에 넣게 하셨습니다. 신 등이 공손히 엄하신 명을 받자와 사신을 가려서 거느리고 분과를 나누어 이루기를 구하여 위로는 관각館閣*의 도서부터 아래로는 개인이 보관한 초고까지 열람하지 않음이 없이 일체 나누어 넣었습니다.

我殿下卽位之十年 戊戌春正月 臣梁誠之進八道地誌 臣等進東文選 上遂命 宣城府院君臣盧思愼 右贊成臣姜希孟 知中樞府事臣成任, 南原君臣梁誠之 大司成臣鄭孝恒 參議臣金自貞 承文院判校臣李淑瑊 左通禮臣朴崇質 行護軍臣朴楣 曁臣居正等 以詩文添入地誌 臣等恭承嚴命 簡率詞臣 分科責成 上自館閣圖書

* 홍문관, 예문관을 통틀어 이르던 말.

『동국여지승람』

『동국여지승람』은 전국을 팔도로 나눠 도별로 연혁과 풍속, 지리, 자연, 고전, 인물 등의 내용을 기술했다. 각 도의 첫머리에 도별 지도를 수록해 지역을 공간적으로 이해하도록 도왔고, 문사들의 시와 산문도 풍부하게 담았다. 이 책은 성종 대의 대표적인 편찬 사업 중 한 권으로 인정받았으며, 조선 후기의 지리지 편찬에도 큰 영향을 줬다.

下至私藏草藁 無不披閱 一切分入.

연혁을 먼저 쓴 것은 한 고을의 흥폐를 먼저 몰라서는 안 되기 때문이고, 풍속과 형승形勝*을 다음에 쓴 것은 풍속은 한 고을을 유지시키는 바이며, 형승은 동, 서, 남, 북 사방의 지경이나 경계를 공대控帶하는 바이므로 명산대천名山大川을 가로와 세로로 삼고, 높은 성과 큰 보루를 금포襟抱로 삼았습니다. 종묘와 사직을 맨 먼저 기재한 것은 조종祖宗을 높이며 신기神祇를 존경해서이고, 다음에 궁실宮室을 쓴 것은 상하의 구분을 엄하게 하고 위엄과 무거움을 보이기 위해서입니다. 한성을 행정 구역상 다섯 부로 나누어 마을을 구분하며, 여러 관청을 설치하여 모든 사무를 보는데, 임금이나 왕후의 무덤은 조종의 길이 편안한 곳이며, 사당과 제단은 또 국가의 폐지 못할 전례입니다. 학교를 일으키는 것은 일국의 인재를 교육하려는 것이고, 충신, 효자, 열녀를 표창하기 위해 그 집 앞에 세우는 붉은 문은 삼강三綱의 근본을 표창하려는 것입니다. 사찰은 역대로 거기에서 복을 빌었고, 사당과 묘소는 선현先賢을 사모하여 죽은 사람을 기리며 숭상한 것입니다. 토산은 공부貢賦**가 나오는 바이고, 창고는 공부를 저장하는 곳입니다. 누각이나 정자처럼 높게 세운 건물은 때에 따라 놀며 사신使臣을 접대하는 것이고, 관원이 공무로 다닐 때 숙식을 제공하던 원우院宇는 여행객을 접대하고 도적을 금하는 것입

---

* 경치가 뛰어난 곳.

** 나라에 바치던 물건과 세금을 통틀어 이르던 말. 넓게는 조세 일반을 의미하나 좁게는 전세田稅와 공물貢物을 이른다.

니다. 변방의 방비를 위해 설치한 요새인 관방關防을 웅장하게 한 것은 도적을 방비하기 위해서이고, 참站과 역驛을 벌여놓은 것은 사명使命을 전달하기 위해서입니다. 인물은 과거의 어진 이를 기록한 것이고, 중요한 자리에 있는 벼슬은 장래에 잘하기를 권한 것입니다. 또 제영題詠을 마지막에 둔 것은 물상物像을 읊조리며 왕화王化*를 노래하여 칭송함은 실로 시와 문에서 벗어나지 않기 때문입니다.

先之以沿革者 以一邑興廢 不可不先知也 繼之以風俗形勝者 風俗所以維持一縣 形勝所以控帶四境也 以名山大川 爲之經緯 以高城大岾 爲之襟抱 先書廟社 所以尊祖宗 敬神祇也 次書宮室 所以嚴上下 示威重也 定五部而辨坊里 設諸司而治庶務 陵寢乃祖宗永安之地 祠壇又國家不刊之典 興學以育一國之才 旌門以表三綱之本 寺刹歷代以之祝釐 祠墓前賢以之追崇 土産者貢賦之所自出 倉庫者貢賦之所以貯 樓臺所以時遊觀而待使臣也 院宇所以接行旅而禁盜賊也 壯關防以待暴客 列站驛以傳使命 人物記已往之賢 名宦勸將來之善 又終之以題詠 所以吟詠物像 歌頌王化 實不外乎詩與文也.

경도京都의 첫머리에 총도摠圖를 기록하고, 각각 그 도道의 앞에 도圖를 붙여서 양경兩京**팔도로 50권을 편찬하고 정서하여 바칩니다. 신 등이 지금 세상에 살면서 역대의 사적을 모두 찾아야 하고, 서울에 거처하면서 사방의 먼 곳까지를 상고하자니, 이것은 들고 저것은 빠뜨리며 그릇

* 임금의 덕행으로 감화하게 함. 또는 그런 감화.
** 한양과 개경을 아울러 이르는 말이다.

된 것은 그대로 따르고 진실은 잃은 것을 어찌 면할 수 있겠습니까? 그러나 책을 펴서 그 일을 상고하고 도圖를 펼쳐 그 자취를 본다면 태산泰山에 오르거나 황하黃河의 근원을 끝까지 파고들 것 없이 팔도의 지리가 마음과 눈에 환하여 문을 나가지 않고도 손바닥을 보듯이 분명히 알 것입니다. 그렇다면 어찌 한때의 선비들이 임금의 총명을 열어 넓히고 융성한 정치를 도울 뿐이겠습니까? 반드시 장차 성자聖子·신손神孫(성스러운 신의 자손)이 조종의 넓은 토지와 멀리까지 미친 왕화를 이어받아 길이 만세토록 지킬 것이 의심이 없습니다. 성화 기원 17년 창룡蒼龍 신축 4월 하순에 순성명량 좌리공신 숭정대부 달성군 겸 홍문관대제학 예문관대제학 지경연 춘추관 성균관사 오위도총부 도총관 신 서거정은 절하고 머리를 조아리며 삼가 서문을 씁니다.

錄摠圖於京都之首 各付圖於其道之先 以此兩京八道 撰成五十卷繕寫以進 臣等居今世 而窮歷代之迹 處都下而考四域之遠 焉能免擧此而遺彼 循訛而失實哉然 披書以考其事 覽圖以觀其迹 則泰山不必登 河源不必窮 八道地理瞭然心目 曾不出戶而視如指掌矣然則豈徒一時士子 開廣聰明 仰贊盛治而哉 必將聖子神孫 承祖宗興地之廣 聲敎之遠而永言持守於萬世也 無疑矣 成化紀元之十七年 蒼龍辛丑四月下浣 純誠明亮佐理功臣 崇政大夫達城君兼弘文館大提學 藝文館大提學 知經筵 春秋館 成均館事 五衛都摠府 都摠管 臣徐居正拜手稽首謹序.

이상의 『동국여지승람』 서문은 중국의 『방여승람』과 『일통지』의 영향을 받아 지리지를 편찬한다는 사실을 밝히고 단군 이래 우리 역사와 지리를 개관하고 있다. 이어 지리지에 포함해야 할 항목과 이유 등을 자세히 기록했다. 조선 전기의 관청에서 편찬한 서적 중 대표적인 지리지인 『동국여지승람』은 지리적인 면뿐만 아니라 정치, 경제, 역사, 행정, 군사, 사회, 민속, 예술, 인물 등 지방 사회의 모든 방면에 걸친 종합 인문지리서의 성격을 띤다.

『동국여지승람』은 완성 이후에도 꾸준한 교정과 증보 작업을 거쳤다. 1485년(성종 16) 김종직 등에 의해 1차 교정이 이루어졌고, 1499년(연산군 5)에는 임사홍任士洪, 성현成俔 등에 의해 2차 교열이 진행되었다. 1528년(중종 23)에는 새로운 보충 작업에 착수하여, 보완된 곳에 '신증新增'이라는 두 글자를 첨가했다. 그 결과 1530년(중종 25)에는 속편 5권을 합쳐 전 55권의 『신증동국여지승람新增東國輿地勝覽』이 완성되었다.

『동국여지승람』에 나타난 체계적인 국토 인식은 조선 후기의 지리지 편찬에도 큰 영향을 주었다. 영조는 『여지도서輿地圖書』, 정조는 『해동여지통재海東輿地通載』를 간행했고, 이중환의 『택리지』, 유본예의 『한경지략漢京識略』 김정호金正浩의 『대동지지大東地志』와 같은 사찬私撰 지리지의 편찬에도 많은 영향을 주었다.

『동국여지승람』의 서문은 우리에게 조선 시대 사람들이 지리지에 꼭 넣고 싶어 했던 내용들을 엿보게 해준다. 지금 시대에 만들어진 지리지의 항목들과 조선 시대 지리지의 항목들을 비교하면서 그 변천상을 파악하는 것도 의미 있는 작업이 될 것이다.

왜 할아버지는 손자의 성장과정을 기록했을까?

○

할아버지가 손자 양육 일기를 쓴다는 것은 현대에도 그리 흔하지 않은 일일 텐데, 조선 시대에 이를 실천한 인물이 있었다. 16세기 중종·명종 시대의 관료이자 학자 이문건李文楗이 그 주인공이다. 본관은 성주, 호는 묵재默齋이다. 그의 집안은 명문가 전통을 이어갔지만 16세기 사화의 소용돌이 속에서 몰락해가고 있었다. 이문건에게는 가정적인 불운도 겹쳤다. 23세가 되던 해에 안동 김씨 김언묵의 딸과 혼인했으나, 자식들이 대부분 천연두 등의 병으로 불구가 되거나 일찍 사망했다. 유일하게 장성한 아들이 둘째 아들 온熅이었다. 하나뿐인 아들에 대한 이문건의 애정과 기대는 컸다. 하지만 온 역시 어릴 때 앓은 열병의 후유증으로 정상적인 생활을 하지 못했다. 이문건은 모자란 아들을 교육하기 위해 무던히도 애를 썼지만 전혀 기대에 미치지 못했다.

정치적으로 유배의 길에 있었고 자식 복도 없던 이문건에게 희망의 빛이 찾아들었다. 1551년 1월 5일 아들 온이 그토록 고대하던 손자를 낳은 것이다. 58세에 본 2대 독자 손자니 그야말로 눈에 넣어도 아프지 않았다. 이문건은 손자가 처음 태어난 날의 감격을 다음과 같이 기록했다.

천리는 생생하여 과연 궁함이 없다더니 어리석은 아들이 자식을 얻어 가풍이 이어졌다. 선령이 지하에서 많은 도움을 주셔서 뒤의 일들이 모두 잘될 것 같다. 오늘 저 어린 손자를 기쁘게 바라보며, 노년에 내가 아이 크는 모습을 지켜보겠다. 귀양살이 쓸쓸하던 터에 좋은 일이 펼쳐져 나 혼자 술을 따르며 경축을 한다. 초팔일에 쓴다.

天理生生果未窮 癡兒得尹繼家風 先靈地下應多助 後事人間庶小豊 今日喜看渠赤子 暮年思見爾成童 謫居蕭索飜舒泰 自酌春醪慶老翁 初八日作.

이제 이문건의 모든 관심은 손자에게 향했다. 아이가 차츰 일어서고, 이가 나고 걷기 시작하는 모습, 그 모든 것이 신기했다. 이문건은 손자가 자라는 모든 상황을 기록으로 남기고 싶었다. 할아버지가 쓴 손자의 양육 일기 『양아록』은 이렇게 탄생했다. 이문건은 일기를 쓴 동기를 다음과 같이 밝혔다.

『양아록』

조선 시대의 관료이자 학자였던 이문건이 손자가 자라는 모습을 기록한 책이다. 이문건은 귀양살이, 연이은 자식들의 불운을 겪는 중에 손자가 태어났고, 귀양살이 중이었던 그는 손자의 성장과정을 가까이에서 볼 수 있는 기회를 얻었다. 그리고 손자와 함께 한 시간을 기록해 이렇게 책으로 엮었다.

아이를 기르는 일을 반드시 기록할 필요는 없지만 그렇게 하는 것은 내가 할 일이 없어서다. 노년에 귀양살이를 하니 벗할 동료가 적고, 생계를 꾀하고자 하나 졸렬해서 생업을 경영할 수 없다. 아내는 다시 고향으로 돌아가, 고독하게 홀로 거처한다. 오직 손자 아이 노는 모습을 보는 일로 시간을 보냈다. (…) 겸하여, 앉는 법을 배우고, 이가 나고, 기어가는 것 등의 짧은 글을 뒤에 기록하여 애지중지 귀여워하는 마음을 담았다. 아이가 장성하여 이를 보면 글로나마 아마도 할아버지의 마음을 알 것이다. 가정嘉靖 30년 신해辛亥〔1551년〕 중추 하현에 묵재 성주 이씨 이문건이 귀양지에서 기록한다.

養兒不必有錄 錄之者 以吾無事也 老年居謫 儔侶旣寡 謀生計拙 不營産業 妻復還鄕 塊然獨處 唯見孫兒戱嬉 以度日晷 (…) 兼記習坐生齒匍匐等 短句于後 以寓眷戀之意焉 兒若長成 有見乎此 庶得祖先之心於文字上矣 嘉靖三十年辛亥歲 中秋下弦 默齋(休叟) 星山李文健(子發) 寓謫舍書.

손자의 출생은 귀양살이와 연이은 가족사의 불운에서 오는 좌절감을 일거에 씻어줄 수 있는 가뭄 속의 단비였다. 이문건은 귀양살이 중에 손자가 자라나는 모습을 가장 가까이에서 지켜볼 수 있었고, 이 모습을 하나하나 기록으로 남겼다. 그러나 손자가 커가면서 할아버지의 실망도 커졌다. 이문건은 심한 경우 매를 대기도 했다.

가정 기미년〔1559년〕 3월 13일 아이가 학문을 익히지 않아 앞에 앉히고 꾸짖었다. 또 살펴서 듣지 않았다. 잠시 후에 일어나서 나가더니 아이들과 동문 밖에서 어울렸다. 곧 여종을 보내 불러들이게 했다. 뒤쪽 사립문 밖에 와서 끌어당겨도 들어오지 않아 성난 목소리로 불렀다. 한참 뒤나는 아랫집에 있다가 그 불손함에 화가 나서 친히 나가 데리고 들어왔다. 들어올 때 그 머리통을 다섯 번 손으로 때렸다. 들어와 창가에 세우고 손바닥으로 볼기를 네 번 때렸다. 엎드려 우니 곧 가여운 마음이 들었다.

嘉靖己未 暮春十三日 兒不習業 使坐于前 責之 亦不省廳 頃然起出 與兒半 投東門外 卽遣婢招之 來後扉外 曳不入來 勵聲號之 良久 吾方在下家 怒其不遜 親出領入來 入來時 指打其頭後五 入置時 肉掌打其臀四下 伏而泣之 旋有憐心.

아이 중 누가 날마다 부지런히 독서를 하겠는가? 할아버지는 다만 네가모든 것을 소중히 하길 바란다. 꾸짖어 나무랐지만 잘못을 뉘우치지 않고 틈날 때마다 떼 지어 여기저기 돌아다닌다. 사람을 시켜 불러오게 하니 꾸지람을 염려하여 호령하고 끌고 와도 문 앞에서 들어오지 않는다.직접 일어나 나가서 데려오며 정수리와 엉덩이를 때리자, 고개 숙이고엎드려 울어서 내 마음도 아팠다. 때린 후 사흘째 아침에 얼굴과 눈이부었다. 혹은 속이 메스꺼운 것인가 했으나 원인을 알 수 없었다. 비록끝내 게으름을 피워 어리석은 사람이 된다 해도 타고난 운명이 이와 같다면 원망하고 탓하기 어렵다.

兒姓誰勤日讀書 翁徒望汝惜居諸 縱然叱責無由省 俟隙隨群走北西 令人招喚疑遭叱 號曳門前不入來 自起驅來毆頂臀 低頭伏泣我心哀 打後三朝面目浮 或因逆氣莫原由 雖終惰慢歸愚駿 天命如斯難怨尤.

손자가 자라고 공부를 가르치면서 할아버지와의 갈등이 커졌다. 9세 되던 해 늦은 봄 손자는 공부를 게을리한다고 꾸짖는 할아버지의 충고를 듣는 둥 마는 둥 하다가 나가버렸다. 화가 난 할아버지는 직접 내려가 손자를 데려오면서 뒤통수를 다섯 대 때리고, 엉덩이를 네 대 때렸다. 10세 되던 해에는 그네타기에 정신이 팔린 손자의 종아리를 쳤다. 13세부터 손자는 술을 입에 대기 시작했다. 만취해서 돌아오던 날 이문건은 가족 모두가 손자를 때리게 했다. 누이와 할머니가 열 대씩, 자신은 스무 대도 넘게 매를 때렸다. 하지만 술버릇은 쉽게 고쳐지지 않은 것 같다. 손자가 14세 되던 새해 첫날 이문건은 "늙은이가 아들 없이 손자를 의지하는데 손자 아이 지나치게 술을 탐하여 번번이 심하게 토하면서 뉘우칠 줄을 모른다. 운수가 사납고 운명이 박하니 그 한을 어떻게 감당할까"라며 손자의 음주벽에 대해 매우 마음 아파했다. 이후에도 공부 문제, 태도 문제 등으로 손자와 할아버지의 갈등은 커졌다.

이문건은 『양아록』의 마지막 '노옹조노탄老翁躁怒嘆'에서 손자에게 자주 매를 대는 자신에 대해 "늙은이의 포악함은 진실로 경계해야 할 듯하다"라고 반성을 하면서도, "할아버지와 손자 모두 실망하여 남은 것이 없으니 이 늙은이가 죽은 후에나 그칠 것이다. 아, 눈물이 흐른다"라면서 손자에 대한 야속함과 자신의 슬픔을 표현했다. '노옹조노탄'을 끝으로 이문건은 더는 『양아록』을 쓰지 않았다. 손자가 이제 장성하여, 자신의 품속에 품을 수 없는 존재라 생각했기 때문일 것이다.

박지원의 눈에 비친 청나라의 모습은?

○

『열하일기熱河日記』는 조선 후기의 북학파 학자 박지원朴趾源이 1780년(정조4) 청나라를 다녀온 후에 쓴 기행문으로 1783년 완성되었다. 박지원이 44세이던 1780년 청나라 건륭제의 고희연을 맞아 사신단이 꾸려지자 그는 팔촌 형 박명원朴明源의 자제군관子弟軍官* 신분으로 청나라에 따라갔다. 한양을 출발한 것이 1780년 5월 25일이었고 돌아온 것이 10월 27일이었으니 5개월이나 걸린 긴 여행이었다. 『열하일기』에는 6월 24일부터 8월 20일까지의 여정과 주요 지역에서 견문한 내용이 기록되어 있다.

사신단의 애초 목적지는 연경이었지만 당시 건륭제는 열하[熱河]**의 피서 산장에서 집무를 보고 있었다. 러허는 박지원의 기록에서도 "험악한 지세를 이용하여 몽고의 목구멍을 누르고 국경 밖으로 깊숙하게 자리를 잡아, '피서'라 이름 붙이고는 숫제 황제 자신이 오랑캐들을 방비하고 있는 셈이다"라고 언급했듯, 몽골, 위구르, 티베트의 세력을 제압하는 중심 공간이자 중국 문명과 이국 문명이 공존하는 곳이었다. 박지원은 특히 열하에서의 경험을 주목했기에 책의 제목을 '열하일기'라 지었다.

---

*   친척으로 수행하는 사람.
**   중국 허베이 성 북부 러허 강 서쪽 기슭에 있는 도시 청더[承德]의 옛 이름.

박지원은 가는 곳마다 예리한 눈으로 청의 문물을 관찰했고, 거의 모든 내용을 기록에 담았다. 만난 사람들과 나눈 대화, 청나라의 풍경과 풍속, 요술 구경, 라마 불교 등 그가 관찰한 내용은 실로 다양했다. 그는 청의 선진 문물에 큰 충격을 받은 한편으로 그것을 조선에 새롭게 수용할 수 있는 방안들을 생각했다. 『열하일기』의 「일신수필馹汛隨筆」* 에 실린 '수레 만드는 법식[車制]'이라는 글에는 그의 북학 사상이 구체화되어 있다.

무릇 수레라는 것은 하늘이 낸 물건이로되 땅 위를 다니는 물건이다. 이는 물 위를 달리는 배요, 움직이는 방이라 할 것이다. 나라의 큰 쓰임에 수레보다 더 나은 것이 없고 보니, 『주례周禮』** 에는 임금의 재부를 물을 때 반드시 수레의 수효로써 대답하였다. 수레는 단지 짐수레나 사람 타는 수레만 있는 것이 아니라 전투에 쓰는 수레, 공사에 쓰는 수레, 불 끄는 수레, 대포를 실은 수레 등 그 제도는 수백수천 가지로 갑자기 이것을 다 이야기할 수는 없으나 사람이 타는 수레나 짐수레는 사람의 생활에 더욱 중요한 물건이므로 급히 강구하지 않을 수 없다.

大凡車者 出乎天而行于地 用旱之舟而能行之屋也 有國之大用莫如車 故周禮問國君之富 數車以對 車非獨載且乘也 有戎車役車水車砲車 千百其制 而今不可蒼卒俱悉 然至於乘車載車 尤係生民先務 不可不急講也.

---

* 1780년 7월 15일부터 7월 23일까지 9일 동안 신광녕新廣寧에서 산하이관까지 56리의 일정을 기록한 글.

** 주나라 초기 재상인 주공이 지었다는 책으로 주나라의 문물제도와 예법을 정리했다.

우리 조선에도 수레가 전혀 없는 것은 아니다. 그러나 그 바퀴가 완전히 둥글지 못하고, 바퀴 자국이 한 궤도에 들지 않는다. 그러므로 수레가 없는 것과 마찬가지다. 어떤 사람들은 우리 조선은 바위가 많아 수레를 쓸 수 없다고 한다. 이것이 무슨 소리인가? 나라에서 수레를 이용하지 않고 보니 길을 닦지 않는 것이다. 수레만 쓰게 된다면 길은 저절로 닦일 것이니, 어찌 거리가 비좁고 고개가 험준함을 근심하겠는가?

我東未嘗無車 而輪未正圓 轍不入軌 是有無車也 然而人有恒言曰 我東巖邑 不可用車 是何言也 國不用車 故道不治耳 車行則道自治 何患乎街巷之狹隘 嶺阨之險峻乎.

그래도 사방의 넓이가 몇천 리나 되는 나라에 백성들의 살림살이가 이다지도 가난한 까닭은 대체 무엇이겠는가? 한마디로 말한다면, 수레가

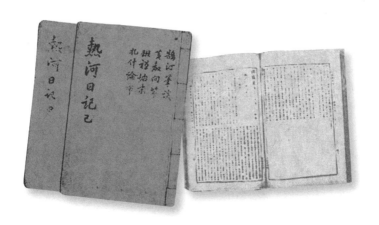

박지원의 『열하일기』

조선 후기의 학자 박지원이 청나라에 다녀온 후 쓴 기행문이다. 여기에는 청나라의 풍경과 풍속, 사람들과 나눈 대화, 청나라의 문화 등 다양한 내용이 담겨 있다.

나라에 다니지 않는 탓이라 할 수 있다. 그러면 다시 한 번 물어보자. 수레는 왜 못 다니는가? 이것도 한마디로 대답하면 모두가 선비와 벼슬아치들의 죄다. 양반들은 평생에 읽는다는 것이 『주례』라는 성인의 저술로서, 입으로만 수인輪人이니 여인輿人이니 거인車人이니 주인輈人이라 하지만, 수레를 만드는 법이 어떠하며 수레를 부리는 기술은 어떠한가에 대해서는 도통 연구하지 않는다. 이는 책을 헛 읽는다는 뜻이니, 학문에 무슨 도움이 되겠는가? 아! 한심하고 기막힌 일이다.

方數千里之國 民氓産業若是其貧 一言而蔽之曰車不行域中 請問其故 車奚不行 一言而蔽之 曰士大夫之過也 平生讀書則周禮聖人之作也 曰輪人曰輿人 曰車人 曰輈人 然竟不講造之之法如何 行之之術如何 是所謂徒讀 何補於學哉鳴呼噫噫.

이 글에서 박지원은 조선이 빈곤한 주요 원인을 수레를 사용하지 않은 데서 찾았다. 조선에도 수레가 전혀 없는 것은 아니나 그 바퀴가 완전히 둥글지 못하고 바퀴 자국이 한 궤도에 들지 않기 때문에 수레가 없는 것과 마찬가지라고 했다. 그리고 '조선은 산과 계곡이 많아 수레를 쓰기에 적당하지 못하다'는 의견에 대해서는 "나라에서 수레를 이용하지 않고 보니 길을 닦지 않는 것이다. 수레만 쓰게 된다면 길은 저절로 닦일 것"이라고 반론을 제기해 지레 포기하는 정신 자세를 신랄히 비판했다. 직접 수레를 만들어 활용하면 수레를 이용할 길은 만들어진다는 이 논리는 현대의 실물경제와 통하는 측면이 많다. 1970년대 경제개발 기간 중 산을 깎고 터널을 뚫어 고속도로망을 확보한 것이 여러 측면에서 경제의 부가가치를 창출한 예와도 맥락이 통하는 논리다.

기존에 오랑캐라고 멸시하던 청을 비교적 객관적으로 인식하고 이들의 선진 문명을 적극적으로 수용하려 한 박지원의 북학 사상은 의리나 명분보다는 부국과 민생 안정에 중점을 두었다. 그의 이용후생利用厚生 사상은 『열하일기』에 수록된 「허생전許生傳」이나 「호질虎叱」 등의 글을 통해 양반 사회의 무능을 신랄하게 비판한 데서도 드러난다. 북벌北伐 대세론에서 북학北學으로 사상이 전환되던 시기, 박지원은 북학 사상의 중심에서 시대를 이끈 지식인이었다.

2009년과 2010년 8월 두 차례에 걸쳐 필자는 박지원 일행이 230여 년 전에 거쳐 간 『열하일기』의 여정을 그대로 밟아가는 답사를 다녀왔다. 박지원이 그토록 놀라고 흠모한 높은 문명은 아니었지만 그의 일행이 지나간 옛 길을 따라간다는 즐거움이 넘쳐난 답사였다. 전세 관광버스를 타고 가는 답사임에도 여행은 길고도 힘들었다. 그런데 1780년 박지원은 그 험한 길을 말을 타고 때로는 걸으며 전체 일정을 소화해냈다. 그것도 현장의 모든 장면을 생생한 기록으로 담았다는 점에서 그의 열정과 능력에 찬탄을 금하지 않을 수 없었다.

230여 년 전 박지원이 기록한 『열하일기』 덕분에 우리가 열하를 따라가는 여정은 더욱 큰 의미를 지니게 되었다. 우리의 시대에도 『열하일기』처럼 치밀하고도 완벽한 『신열하일기』와 같은 기록물이 탄생하기를 바란다. 21세기 초반 중국의 모습을 관찰하고 진단한 『신열하일기』를 들고 우리 후손들이 한국과 중국의 또 다른 미래를 설계하게 되기를 말이다.

조선이 실록을 보관했던 방식은?

○

조선 최고의 기록물인 『조선왕조실록』은 편찬 과정도 중요했을 뿐 아니라 실록을 봉안奉安하는 의식도 성대히 베풀어졌다. 조선 전기 실록은 중앙의 춘추관 이외에 지방의 전주, 성주, 충주의 사고史庫에 봉안하는 의식을 행한 후 영구히 사고에 보관되었다. 『실록청의궤實錄廳儀軌』에 봉안식의 의식과 절차가 규정되어 있지만, 실록이 지방의 사고에 봉안되는 과정과 당시의 분위기를 쉽게 접하기는 어렵다. 그런데 16세기의 문헌인 『미암일기眉巖日記』에는 봉안사奉安使를 맞이하는 구체적인 과정이 자세히 나타나 있다. 개인의 일기를 통해 왕실 의식의 생생한 현장을 접할 수 있는 것이다.

『미암일기』는 조선 중기의 문신 유희춘柳希春이 쓴 친필 일기로, 1567년(선조 즉위년) 10월 1일부터 1577년 5월 13일 그가 죽기 전날까지 약 10년 동안의 기록이 담겨 있다. 선조 연간에 벌어진 정치적 사건을 비롯해 당대의 생활상까지 생생하게 기록한 자료로, 임진왜란으로 사초가 대부분 소실되자 『선조실록』 편찬에 실질적인 사초 역할을 할 만큼 당대에도 중요한 기록으로 인식되었다.

일기에서 유희춘은 전주 사고에 실록을 봉안하러 오는 봉안사 일행을 맞이하는 정황을 일자별로 자세히 기록했다. 먼저 1571년(선조 4) 4월 27일의 일기를 보자.

실록청의 공사公事가 예조에서 내려왔다. 실록을 사고에 보관할 길일은 이달 25일이다. 세초연洗草宴은 5월 초일일이다. 봉안사가 오는 것은 초삼일이고, 전주 사고에 봉안하는 것은 16일 오전 9~11시라 한다.

實錄廳公事 自禮曹下來 實錄入藏吉日 今月二十五日 洗草宴 則來五月初一日 奉安使出來 則初三日 全州奉安 則十六日巳時云.

4월 30일에는 "이날 아침에 듣자니, 대간이 계를 올려 청하기를, 실록 봉안사를 이렇게 하삼도가 흉년으로 피폐할 때 내려보내면 거듭 민폐를 끼치게 되니 추수 후로 미루어달라 하자 상이 따르셨다 한다是朝聞 臺官啓請 實錄奉安使 當此下三道 飢荒之時 重貽民弊 請退遺於秋成 上從之"라고 하여 실록 봉안이 연기된 정황을 기록했다.

그러나 5월 2일에는, "길에서 전주의 경주인京主人*을 만나 서울 소식을 들었는데, 우의정 홍섬洪暹의 논의로 인하여 상께서 대간의 계를 따르지 않고 결국 봉안사를 보냈으므로 이달 초삼일 서울에서 출발하여 온다는 것이다. 나는 이 때문에 고창과 무장 쪽으로 가지 않고 곧장 완산으로 향했다路遇全州京主人 持京間來 以右議政洪公(暹)之議 上不容臺官之啓 而竟遺奉安使 故今月初三日 自京發來云 余以此不向高敞茂長 一路直向完山矣"라고 하여, 5월 3일에 실록 봉안사가 서울을 출발할 것임을 기록했다.

한편 선조는 봉안사를 파견하면서, 선왕의 귀중한 책을 받들어 맞는 일이니 소홀히 해서는 안 된다는 점과, 전년에 봉안사를 맞이하는 데 너

---

* 중앙과 지방 관아의 연락 사무를 담당하기 위해 지방 수령이 서울에 파견하던 아전 또는 향리.

무 호화로운 의식이 있었음을 지적하고 이를 적극 개혁할 것을 지시했다. 5월 3일의 기록을 보자.

황혼시에 유지서장有旨書狀이 내려왔다. 신 희춘이 이미 누웠다가 일어나 의관을 갖추고 등불 아래서 읽어보니 그 말씀에 이르기를 "실록이 내려갔을 때는, 선왕의 보전寶典을 받들어 맞는 일이니 마땅히 공경을 다할 바이며 소홀히 해서는 안 된다. 마침 작년에는 흉년이 들어 기근이 심하며 백성이 구덩이에 엎어진 것이 얼마나 많았던가? 부득이한 일이 아니라면 구례舊例를 핑계 삼아 민력을 상하게 하는 일은 결단코 불가하다. 전년에 봉안사가 내려갔을 때 관찰사뿐 아니라 병사, 수사까지도 모두 한군데 모여 잔치를 베풀어 위로를 했다 하는데, 이는 평상시에도 해서는 안 될 일이거늘 흉년을 당해 백성들이 극도로 궁핍한 데다 농사일이 코앞에 닥치고 해구의 침략까지 우려되는 때임에랴. (…) 또 술과 고기를 많이 마련하고 원근의 기생을 불러 모아 큰 잔치를 벌이는 등의 폐단을 경은 일절 정지하고 혁파하여 백성으로 하여금 조금이나마 혜택을 받게 하라" 하였다.

昏 有旨書狀下來 臣希春旣臥 起而衣冠 燈下讀之 則其辭曰 實錄下去之際 奉迓先王寶典 所當盡敬 而不可忽也 適丁去歲饑饉 民之塡于溝壑者何限 如非不得已之事 斷不可諉諸舊例 以傷民力 似聞頃年 奉安使下去之時 不但監司 至如兵使水使 齊會一處 設宴致慰 雖在平時 猶不可如此 況當大侵之後 民飢之極 農務之方急 海寇之可慮乎 (…) 且多辦酒肉 招集遠近聲妓 大設宴享 此等弊端 卿其一切停革 使飢民得受一分之惠.

이어 5월 10일의 일기에는 봉안사 일행이 온 과정이 자세히 기록되어
있다.

오전 5~7시에 내가 도사와 수령을 거느리고 실록을 맞으러 갔다. 오리
정五里亭 근처 배귀인裵貴人 처가에 이르러 잠시 쉬었다. 봉안사가 황화
정皇華亭에 이르렀다는 말을 듣고 오전 7~9시에 오리정의 막하로 나아
가 조복으로 갈아입었다. 사시巳時 초에 비가 멎었다. 실록이 운반되어
이르자 관찰사 이하가 몸을 굽히고 공손히 맞았다. 아래에서부터 먼저
말을 타고 행하고 관찰사가 가장 뒤에 행하였으니 실록과 가까운 쪽을
우두머리로 세운 것이다. 대청의 뜰로 들어서서는 땅이 젖었으므로 모
든 관원이 중문의 처마에 의지하여 섰다. 실록의 사궤四櫃가 올 때마다
모두 지영祗迎*의 예를 행하였다. 봉안사는 동쪽 계단 아래에 서고 관찰
사 이하가 사배의 예를 행하였다. 예가 끝나고, 나는 서헌西軒으로 돌아
왔다.

卯時 余率都事守令 以迎實錄 詣五里亭近處裵貴人妻家暫歇 聞奉安使到皇華亭
辰時出 待五里亭幕下 改服朝服 巳時初 雨止 實錄擔舁來到 監司以下鞠躬祗迎
自下先騎馬而行 監司最後 而近實錄爲首也 入大廳之庭 以雨濕 諸官員 依中門
簷下而立 實錄四櫃之來 皆祗迎 奉安使立于東階下 監司以下行四拜禮 禮畢 余
歸西軒.

---

*   백관이 임금의 환행을 공경하여 맞음.

5월 15일의 가봉안假奉安에 이어 5월 16일에는 드디어 실록 봉안 의식을 치렀다.

이른 아침 정장을 하고 봉안사 박순朴淳과 함께 경기전慶基殿에 이르렀다. 봉안사는 경기전 동편 사고의 아래 뜰로 나아가고, 나는 춘추관 직을 겸임하지 않았기 때문에 신문神門 안의 뜰로 물러나 있었다. 곧 서랑西廊의 처마 밑으로 옮겨 앉아 참봉 양자징梁子澂과 임운林芸을 불러 만나보았다. 오전 11시~오후 1시에 실록의 봉안을 마치고 봉안사와 종사관 등이 나왔다. 나는 박 공*과 더불어 가마를 타고 나란히 행하여 부관府館으로 들어가 조금 쉬었다.

早朝起粧 與奉安使朴公(淳) 偕詣慶基殿 使入殿之東史庫下庭 余以不兼春秋 退于神門內庭 尋移坐西廊簷下 招見參奉梁子徵林芸 午時 畢奉安實錄 使從事官等皆出 余與朴公 俱乘轎齊行 入府館小歇.

위의 『미암일기』 기록을 통해 선조 대에 실록을 전주 사고에 봉안하는 구체적인 과정을 살펴볼 수 있었다. 웬만한 자료로는 쉽게 접할 수 없는 내용들이 매우 생동감 있게 정리된 것이 특징이다. 조선 시대 사고가 있었던 지방자치단체에서는 최근 실록 봉안 재현 의식을 적극적으로 추진하고 있다. 이러한 문화 콘텐츠의 확보에도 『미암일기』의 기록은 유용하게 활용될 수 있을 것이다.

* 봉안사 박순을 말한다.

오희문이 기록한 임진왜란의 피난길 모습은?

○

『쇄미록鎖尾錄』은 조선 중기의 학자 오희문吳希文이 남긴 일기이다. 임진왜란을 당시 쓴 피난일기가 중심을 이루지만, 일기 곳곳에는 일상의 삶을 살았던 당대인들의 생활 모습도 잘 드러나 있다. 『쇄미록』에 나타난 오희문의 피난기 일상의 삶을 통해 420년 전 조선시대 사람들의 삶의 모습 속으로 들어가 보자. 『쇄미록』에는 외가外家와 친분이 두터웠던 사실이 우선 주목된다. 오희문의 부친인 오경민은 처가의 기반이 든든하였기 때문에 혼인 이후 오랜 기간을 영동에서 거주하였던 것으로 보인다. 이러한 인연으로 오희문은 외가에 대한 정이 각별했고, 『쇄미록』에는 오희문이 피난 시절 외가인 영동을 찾아갔음이 나타난다.

이튿날 무주를 지나 영동의 삼촌 숙모의 집에 도착하니 삼촌은 부증浮症으로 인해 증세가 매우 위태로웠다. 여러 종형제가 모두 모여서 서로 만나 매우 기뻐했으나 삼촌의 병으로 인해 함께 즐길 수가 없었다. 하루를 머물고 황계의 남백원南百源의 집으로 향했다. 백원은 나의 종형으로서 어렸을 때 외숙모 밑에서 함께 자라서 정이 골육骨肉과 같은데 서로 15년 동안이나 떨어져 있다가 이제야 서로 보게 되니 슬프고 기쁜 마음이 교차한다. 이제 고원故園에 오니 사물을 보는 대로 회포가 일어난다. 살아 있고 죽은 것이 세상을 달리했으니 슬픈 눈물이 절로 떨어진다. 수일을 머물면서 외할아버지의 산소에 가 뵈면서 예전에 나를 기르느라 애쓰신 은혜를 생각하니 나도 모르게 눈물이 흘렀다. 내가 이 고을에서 나서 외숙모에게 자랐으니 은혜가 (어머니와) 같고 망극한 까닭이다.

翌日 過茂州 到永同三寸叔母家 三寸得浮症 症勢極危 諸從兄弟皆會 相見甚喜 因三寸之病 未得共歡 留一日 向黃溪南百源家 百源乃余從兄 而童稚之時 同育 於外母 情如骨肉 相離十五餘年 今得相見 悲喜交幷 今來故園 覽物興懷 存亡異 世 感涕自零 留數日 尊拜外祖墓下 追減昔日劬勞之恩 不覺淚下 余生於此鄉 而 養於外母 恩同罔極故也

『쇄미록』(海州吳氏秋灘公派宗中 편, 1990), 「임진남행일록」, 503쪽

위의 기록을 보면 오희문은 어린 시절에 외가인 영동에서 살았음을 알 수 있다. 특히 외종형을 골육으로 표현하고, 외숙모의 은혜가 어머니와 같이 망극하다고 표현한 것에서 외가에 대한 정이 깊었다는 점을 확인할 수가 있다.

그러나 오희문의 형제들은 모두 한양에서 태어났다. 『쇄미록』의 '나는 본래 한양 사람인데 여기에 손이 된 지가 이제 4, 5개월이 되니 윗사람이나 아랫사람이 모두 친구와 같다. 한번 남쪽으로 오면서 이 고을을 바라보니 마치 내 고향과 같았는데, 이제 경계에 들어오니 내 마음이 또한 기쁘다 余本京人 爲客於此 今之四五朔 上下若舊 一自南行 還望此縣 如吾故鄉 今來入界 吾心亦喜'라는 표현에서도 오희문 스스로 자신을 한양인으로 인식하였음을 볼 수 있다. 또한 임진왜란 직후인 1593년 5월의 기록에는 전란 후 한양으로 돌아온 후의 상황을 기록한 내용을 보면 오희문의 집안이 서울

을 기반으로 했음을 볼 수 있다.

죽전동竹廛洞의 친가는 당초에 적이 들어와 진陣을 쳤지만 적이 나간 후
에 가까이 있는 시민市民들이 먼저 들어와 도둑질해갔다. (…) 진고개에
있는 윤해允諧의 양가養家는 온 집안이 모두 철거되었고 깨진 기와와 헐
어진 흙이 모두 남은 터에 가득하였다. (…) 주자동鑄字洞 종가宗家에 가
보니 모두 타 버렸고, 사당만이 홀로 남았는데 들으니 신주神主를 후원
에 매안했다고 하므로 처음에는 들어가 보고 파내서 뵈려 하였으나 비
천복千卜의 남편 수이遂伊가 말하기를, 집안에 죽은 시체가 쌓여 있어서
들어갈 수가 없다고 한다.

竹前洞親家 則當初賊雖入陳 而賊出後 市人在近者 先入偸去 … 泥峴生員養家
則全家盡撤 坡瓦毁土 皆滿遺址 … 進見鑄字洞宗家 則盡燒而祠堂獨存 聞神主埋
于後園 初欲入見掘出展拜 而婢千卜之夫遂伊曰 家中死屍積在 不可入

『쇄미록, 「계사일록」 5월 8일, 582쪽

위의 기록에서 나타나듯 오희문 집안의 근거지인 한양의 죽전동竹廛洞
과 주자동鑄字洞은 전란 후 폐허로 변해 있었다. 전쟁 속에서도 오희문은
아들인 오윤겸 형제를 서당으로 보내 과거 진출을 독려하였으며, 그 결
과에 집착하였다. 1594년 10월 오윤겸이 낙방했을 때는 크게 상심하였
으며, 1595년 윤겸, 윤함允誠, 윤해允諧 3형제가 별시 초시에 모두 합격하
자 매우 기뻐하였다. 1597년에는 오윤겸이 별시문과에 급제했다. 아래
는 그에 대한 기록이다.

온 집안의 기쁨이라 말할 수 있을 것이다. 단, 윤해가 실패한 것이 유감이라 하겠다. 그러나 한 집안에서 한 사람이 급제한 것만으로도 족한 일이니, 어찌 두 사람의 영광을 바랄 수 있겠는가? 전전해서 기별이 오나 사실 같지가 않다. 강경講經한 사람은 200여 명인데 급제자는 19인뿐이라고 한다. 문중門中의 5대조 이하는 등과登科가 없었는데, 이번에 나의 아들이 처음으로 이겨낸 것이다. 지금부터 뒤를 이어서 일어날 희망이 있으므로 일문—門의 경사를 말로 어찌 다 표현하리오. 한없는 기쁨이 넘친다. 하늘에 계신 아버님의 영혼이 필경 어둡고 어두운 저승에서도 기뻐하실 것을 생각하니 비감한 마음이 극에 달한다.

渾家之喜可言 但允諧見屈 是可恨也 然一家一得足矣 豈望兩得乎 傳傳來報 未知實的也 講經之人二百餘人 而所擢只十九人云云 吾門玄高以下 無登第之人 今者余子始捷 從此庶有繼起之望 一門之慶如何可言 尤極喜幸喜幸 先君在天之靈 必喜慶於冥冥之中 悲感之心亦極

『쇄미록』,「정유일록」3월 19일, 593쪽

위의 내용에는 큰 기쁨을 표시함과 함께 조상에 도리를 다했다는 비감한 심정이 표현되어 있다. 전쟁의 와중이었지만 장인을 비롯한 인척의 제사는 잊지 않고 있었던 상황이 나타난다. '22일은 장인 제삿날이다. 나와 종윤 형제가 제사를 지냈고 주인主人 형 이빈李蘋은 군사를 거느리고 여산에 가서 돌아오지 않았다二十二日 妻父之忌 吾與宗胤兄弟行祭 而主兄領軍到礪山 未還耳'거나, '지난 달 29일은 곧 아버님의 돌아가신 날이다. 내가 이 고을에 있기 때문에 主人 형이 제사 음식을 많이 차려주면서 나로 하여금 제사를 지내게 하였다且去月二十九日 乃先君諱日 而吾在此邑 故主兄 成備祭需 使吾設尊行之'는 기록에서 제사를 꼼꼼히 챙긴 저자의 모습을 볼 수가 있다. 오희문은 개인의 제사뿐만 아니라 역대 선왕의 제사를 걱정 하였다. '7월 1일 이 날은 곧 인종의 제삿날이요, 지난 28일은 또한 명종 의 제삿날이다. 주상께서 파천하시어 이 두 날을 당하시면 어떻게 마음 을 잡으실까? 북쪽 하늘을 바라다보면 눈물이 흐르는 것을 깨닫지 못하 겠다七月初一日 是日乃仁宗諱日 而去念八 亦明宗忌辰也 主上播越 當此兩日 何以 爲心 瞻望北天 不覺淚下'라고 하면서 피난을 떠난 선조가 선왕의 제사를 어 떻게 지낼지를 걱정했다.

아내가 자주 꿈에 등장하는 내용도 흥미롭다. '지난 19일 밤 꿈에 아내 를 보니 완연히 옛날과 같았다. 내가 남쪽으로 온 후로 한 번도 꿈에 보 이지 않더니 오늘 꿈은 이것이 무슨 까닭인가? 살았는가 죽었는가, 슬프 고 슬프도다去十九日也 夢見荊妻 宛如平昔 自余南來 一不入夢 而今日之夢 是何 故也 生耶死耶 悲乎悲哉'라는 기록이나, '새벽에 꿈을 꾸니 아내가 집에 있 는데 완연히 옛날과 같다. 막내 딸 단아端兒는 분을 바르고 깨끗이 단장 했는데 내가 무릎 위에 안고 앉아 그 볼을 만졌다曉來夢見荊布在館洞家 宛 如平日 末女端兒 塗粉淨粧 吾卽抱坐膝上 俯撫其腮'는 기록은 아내와 딸에 대 한 그리움을 잘 보여주고 있다.

병과 약재 처방에 대한 기록도 흥미를 끈다. '또 오늘은 어머님께서 학 질을 앓으실 날이어서 일찍 학질 떼는 방법 세 가지를 했다. 하나는 복 숭아씨를 축문呪文을 외우면서 먹는 것이고, 하나는 헌 신 밑장을 불에 태워서 물에 섞어 먹는 것이요, 하나는 제비 똥을 가루로 만들어 술에 담가가지고 코 밑에 대어 냄새를 맡도록 하는 것이다. 이는 모두 옛날 쓰던 방법으로서 효력이 가장 있다고 해서 하는 것이요, 또한 하기도 어렵지 않은 것이다.

且今乃母主患瘧之日也 早施譴治之方三事 一則桃實呪符而食 一則古鞋底 燒火作木 和水而飮 一則燕子 糞作末酒浸 當鼻下 取臭氣 此皆古方也 得效最著而爲之 亦不難矣.

이외에 '임자중任子中이 집노루 고기를 가지고 와서 마을 사람들이 함께 요월당에 앉아 배불리 먹었다. 마침 술이 없더니 추로秋露 한 병을 얻어서 경흠의 서모庶母의 집에서 각각 석잔 씩을 마시고 헤어졌다且任子中 備家獐而來 與洞人輩相與坐於邀月堂飽食 而適無酒 覓得秋露一壺 於景欽庶母家 各飮三杯而'는 기록처럼, 생활의 무료함을 달래기 위한 장치로서 술을 자주 접했던 기록도 많이 나타나며, 힘든 상황이었지만 종정도從政圖, 쌍륙雙六 등 여가 생활을 즐기던 모습도 나타난다. 『쇄미록』의 기록을 통하여, 임진왜란이라는 전란의 힘든 상황 속에서도, 일상의 삶을 살아갔던 오희문과 조선 시대 사람들의 삶을 만나보았으면 한다.

3부

담배를 피며
한양을 거니는
하루하루

정약용은 왜 5일에 한 번씩
개고기를 먹자고 했을까?

○

여름날의 무더위를 이기는 방법 중 빠지지 않는 것이 보양식이다. 그래서인지 복날이면 삼계탕집에 긴 줄이 늘어서고, 보신탕집도 성업이다. 보신탕 하면 떠오르는 개고기의 식용에 대해 외국은 물론이고 국내에서도 여전히 논란이 많다. 조선 시대 세시 풍속을 기록한 『동국세시기東國歲時記』의 기록을 보면, 우리 선조들은 복날에 개고기를 즐겼음이 기록되어 있다. 또 정조가 어머니 혜경궁 홍씨의 회갑 잔치를 성대하게 베풀어줄 때 잔칫상에도 개고기가 올라왔다고 한다. 정약용이 강진의 유배지에서 흑산도에 유배되어 있던 형님 정약전丁若銓에게 보낸 편지에는 개고기 요리법에 대한 상세한 내용이 나온다.

보내주신 편지에서 짐승의 고기는 도무지 먹지 못하고 있다 하셨는데 이것이 어찌 생명을 연장할 수 있는 도道라 하겠습니까. 본도本島에는 야생 개가 수없이 많을 텐데, 제가 거기에 있다면 5일에 한 마리씩 반드시 드실 수 있게 하겠습니다. 본도에 활이나 화살, 총이나 탄환이 없다 해도 그물이나 덫이야 설치하지 못하겠습니까. 이곳에 어떤 사람이 있는데, 개 잡는 기술이 뛰어납니다. 그 방법은 이렇습니다. 식통食桶 하나를 만드는데 그 둘레는 개의 입이 들어갈 만하게 하고 깊이는 개의 머리가 빠질 만하게 만든 다음, 통 안의 사방 가장자리에는 두루 쇠낫을 꽂는데 그 모양이 송곳처럼 곧아야지 낚시 갈고리처럼 굽어서는 안 됩니다. 통의 밑바닥에는 뼈다귀를 묶어놓아도 되고 밥이나 죽 모두 미끼로 할 수 있습니다. 쇠낫의 밑동을 위로 향하게 하고 날의 끝을 아래로 향하도록 비스듬히 꽂아야 하는데 이렇게 되면 개가 주둥이를 넣기는 수월해도 빼내기는 거북합니다. 또 개가 이미 미끼를 물면 주둥이가 불룩하게 커져서 사방으로 찔리기 때문에 끝내는 걸리게 되어 공손히 엎드려 꼬리만 흔들 수밖에 없습니다.

來敎云禽獸之肉. 都不入口. 此豈可長之道耶. 本島山犬不啻千百. 使我當之. 五日一烹. 必無缺矣. 島中無弓矢銃丸. 獨不得設爲罟獲乎. 此中有一人. 工於捕犬. 其法作一食桶. 其圓可容犬口. 其深可沒犬頭. 於其桶內四畔. 徧揷鐵鐶. 其形直如錐子. 不可曲如釣鉤. 於其桶底. 縛以骨鯁或飯粥. 皆可爲餌也. 其鐶根高梢卑則犬納吻勢順. 出吻勢逆. 且犬旣含餌. 其吻張大. 四面受觸. 遂爲所罥. 恭伏搖其尾而已.

정약용은 흑산도에서 육식을 제대로 하지 못하는 형님을 위해 개고기를 먹을 것을 권유했다. 개를 잡는 방법에 이어지는 개고기 요리법에 대한 설명도 매우 구체적이다.

5일마다 한 마리를 삶으면 하루 이틀쯤 생선을 먹는다 해도 어찌 기운을 잃기까지야 하겠습니까. 1년 366일에 52마리의 개를 삶으면 충분히 고기를 계속 먹을 수가 있습니다. 하늘이 흑산도를 선생의 탕목읍湯沐邑*으로 만들어주어 고기를 먹고 부귀를 누리게 하였는데도 오히려 고달픔과 괴로움을 스스로 택하다니, 역시 사정에 어두운 것이 아니겠습니까. 검은깨나 참깨 한 말을 이에 부쳐드리니 볶아서 가루로 만드십시오. 채소밭에 파가 있고 방에 식초가 있으면 이제 개를 잡을 차례입니다. 또 삶는 법을 말씀드리면, 우선 티끌이 묻지 않도록 달아매어 껍질을 벗기고 창자나 밥통은 씻어도 나머지는 절대로 씻지 말고 곧장 가마솥에 넣어서 바로 맑은 물로 삶습니다. 그러고는 일단 꺼내놓고 식초, 장, 기름, 파 등으로 양념을 하여 더러는 다시 볶기도 하고 더러는 다시 삶는데 이렇게 해야 훌륭한 맛이 납니다. 이것이 바로 박초정朴楚亭**의 개고기 요리법입니다.

每五日一烹則一兩日雖食鮭菜. 豈至損氣. 朞三百六旬有六日. 烹五十二犬. 足可以繼肉. 天以黑山爲先生湯沐邑. 使之食肉富貴. 顧乃自受困苦. 不亦迂乎. 胡麻一斗. 玆以付去. 炒之爲屑. 圃有蔥房有醋則於是乎坐犬矣. 又凡烹法. 懸而剝之. 勿受塵芥. 洗其腸胃. 其餘切勿洗之. 直納釜中. 直以淸水烹之. 旣出乃調醋醬油蔥. 或再炒或再烹. 乃爲佳味. 乃朴楚亭之烹法也.

정약용은 5일마다 개고기 한 마리를 먹을 것을 권유하고, 깨 한 말까지 보내주는 세심함을 보였다. 마지막 부분에 자신이 설명한 요리법이 박제

---

*   중국 주나라 때 제후가 목욕할 비용을 마련하도록 천자가 내린 땅을 말한다.
**   초정은 박제가의 호이다.

가에게 배운 것임을 언급했는데, 박제가, 정약용 등 조선 후기를 대표하는 실학자까지 개고기 요리법을 자세히 알고 있었던 것을 보면 당시 개고기 요리가 광범위하게 보급되었음을 알 수 있다. 19세기의 학자 홍석모洪錫謨가 기록한 『동국세시기』에도 시장에서 구장狗醬(개장국)을 많이 판다는 언급이 나온다.

> 개를 삶아 파를 넣고 푹 끓인 것을 구장이라 하며, 여기에 죽순을 넣으면 더욱 좋고, 고춧가루를 타서 밥을 말아 시절 음식으로 먹는다. 땀을 흘리면 더위를 물리치고 허한 기운을 보충할 수 있다. 시장에서 또한 많이 그것을 판다.
>
> 烹狗和蔥爛蒸 名曰狗醬 入鷄笋 更佳 又作羹調番椒屑 燒白飯 爲時食 發汗可以 袪暑補虛 市上亦多賣之.

한편 정조의 8일간의 화성 행차와 그 이후의 상황을 정리한 『원행을묘정리의궤園行乙卯整理儀軌』를 보면 왕실에서도 개고기를 즐겼다는 사실을 알 수 있다. 1795년 6월 18일 정조는 창경궁 연희당延禧堂에서 어머니 혜경궁 홍씨를 위한 회갑 잔치를 베풀었다. 그런데 이 잔칫상에 올려진 82종의 음식 중에 구증狗蒸(개고기찜)이 포함되어 있었다. 회갑 잔칫상에 오를 정도로 왕실에서도 여름이면 개고기를 즐겼던 것이다.

『중종실록』에는 개고기를 뇌물로 바치고 벼슬을 얻었다는 기록도 있다. 중종 31년(1536) 3월 21일, 반석평潘碩枰, 남세건南世健, 김희열金希說, 황기黃琦, 진복창陳復昌에게 관직을 제수한 날의 기록을 보자.

반석평을 호조 참판에, 남세건을 승정원 도승지에, 김희열을 좌승지에, 황기를 홍문관 전한에, 진복창을 봉상시 주부에 제수하였다. 사신史臣은 논한다. "김안로金安老가 권세를 휘두를 때 이팽수李彭壽가 봉상시 참봉 이었는데, 김안로가 개고기 구이를 좋아하는 줄 알고 날마다 개고기 구이를 만들어 제공하며 마침내 김안로의 추천을 받아 청현淸顯*에 올랐 다. 그 뒤 진복창이 봉상시 주부가 되어서도 개고기 구이로 김안로의 뜻을 맞추어 온갖 요사스러운 짓을 다 하는가 하면, 매번 좌중座中에서 김 안로가 개고기를 좋아하는 사실까지 자랑삼아 설명하였으나 오히려 크 게 쓰이지 못하였으므로, 남의 구미를 맞추어 요행을 바라는 실력이 이 팽수만 못해서 그러하다고 말하는 이도 있었다."

以潘碩枰爲戶曹參判, 南世健爲承政院都承旨, 金希說爲左承旨, 黃琦爲弘文館 典翰, 陳復昌爲奉常寺主簿.史臣曰: "當安老擅權之日, 李彭壽爲奉常寺參奉, 知 安老好狗炙, 日以狗炙啗之. 竟買安老之薦, 列於淸顯. 復昌繼爲主簿, 又以狗炙, 諂悅其意, 極盡妖媚, 每於座上, 誇說安老, 能食狗肉之狀, 猶未見顯用. 其適口巧 中之能, 人或謂未及彭壽而然也."

뇌물로 쓰일 정도였다면 당시 개고기는 매우 귀한 요리 중 하나였을 것이다. 이처럼 조선 시대 개고기는 뇌물로 바쳐지기도 하고 왕실의 잔 칫상에 등장할 만큼 귀했지만, 조선 후기에는 서민층에까지 확대되어 복

---

* 청환淸宦(학식과 문벌이 높은 사람에게 시키던 규장각, 홍문관 등의 벼슬)과 현직顯職(높고 중요한 직위)을 아울러 이르는 말.

날 개고기를 즐긴 백성이 많았다. 그리고 서민 음식으로서 개고기의 위
상은 오늘날까지 건재하게 이어지고 있다.

조선의 르네상스는 어디서 꽃 피웠을까?

○

18세기 후반 정조 시대는 우리 역사에서 왕조 중흥과 문화 중흥의 꽃이 활짝 핀 전성기이자 '조선의 르네상스'로 평가받는다. 정조는 11세의 나이에 아버지의 죽음을 목격하고 힘겹게 왕위에 올라 불안한 정치적 상황에 놓여 있었지만, 왕권 강화를 추진함으로써 이를 잘 극복할 수 있었다. 이것을 뒷받침한 대표적인 기관은 정치적·문화적 기구인 규장각이었다. 걸출한 학자들을 양성하며 정조 대의 문예 부흥을 주도하고 왕권의 안정을 뒷받침한 규장각의 역사 속으로 들어가보자.

『정조실록』(정조 즉위년(1776) 9월 25일)에는 규장각을 설치한 상황이 자세히 기록되어 있다.

규장각을 창덕궁 금원禁苑*의 북쪽에 세우고 제학·직제학·직각·대교 등 관원을 두었다. 국조에서 관직을 설치한 것이 모두 송나라 제도를 따랐으니, 홍문관은 집현원集賢院을 모방하였고, 예문관은 학사원學士院을 모방하였으며, 춘추관은 국사원國史院을 모방하였으나 유독 어제御製를 존각尊閣에 간직할 바로는 용도각龍圖閣이나 천장각天章閣과 같은 제도가 있지 않았다.

* 궁궐 안의 동산이나 후원.

151

建奎章閣于昌德宮禁苑之北, 置提學, 直提學, 直閣, 待敎等官. 國朝設官, 悉遵宋
制, 弘文館倣集賢院, 藝文館倣學士院, 春秋館倣國史院, 而獨未有御製尊閣之所,
如龍圖, 天章之制.

정조는 창덕궁 후원에 규장각을 설치하고 송나라의 제도를 따라 제학,
직제학, 직각, 대교 등의 벼슬을 그 아래에 두었다. 그런데 이미 세조 대
에 양성지에 의해 규장각의 설치가 제창된 적이 있었고, 숙종 대인 1694
년(숙종 20)에는 종정시宗正寺*에 작은 건물을 별도로 지어 '규장각'이라
쓴 현판을 걸기도 했다.

세조조에 동지중추부사 양성지가 아뢰기를 "임금의 어제御製는 은하수
와 같이 하늘에 밝게 빛나니 만세토록 신하는 마땅히 존각尊閣에 소중히
간직할 바이기 때문에, 송조宋朝에서 성제聖製를 으레 모두 전각을 세워
간직하고 관직을 설시하여 관장하게 하였습니다. 바라건대 신 등으로
하여금 어제 시문詩文을 교감하여 올려서 인지각麟趾閣 동쪽 별실에 봉
안하되 규장각이라 이름하고, 또 여러 책을 보관한 내각內閣은 비서각祕
書閣이라 이름하며, 다 각기 대제학·직제학·직각·응교 등 벼슬을 두되
당상관은 다른 관직이 겸대하고 낭료郎僚**는 예문관 녹관祿官으로 겸차
兼差하여 출납을 관장하게 하소서" 하였는데 세조가 빨리 행할 만하다

---

* 고려 시대에 왕실의 족보를 관리하기 위하여 설치한 관청을 말한다.
** 정오품 통덕랑 이하의 당하관을 통틀어 이르던 말.

일컬으면서도 설시할 겨를이 없었다. 숙종조에서는 열성의 어제·어서御書를 봉안하기 위하여 별도로 종정시에 소각小閣을 세우고 어서한 '규장각' 세 글자를 게시하였는데, 규제는 갖추어지지 않았었다.

世祖朝同知中樞府事梁誠之奏曰: "君上御製, 與雲漢同, 其昭回萬世, 臣子所當尊閣而寶藏, 故宋朝聖製, 例皆建閣而藏之, 設官以掌之.乞令臣等勘進御製詩文, 奉安于麟趾閣東別室, 名曰奎章閣, 又諸書所藏內閣, 名曰祕書閣, 皆置大提學, 直提學, 直閣, 應敎等官, 堂上以他官帶之, 郞僚以藝文祿官兼差, 俾掌出納." 世祖亟稱其可行, 而設施則未遑也.肅宗朝爲奉列聖御製御書, 別建小閣于宗正寺, 御書奎章閣三字揭之, 而規制則未備也.

규장각은 정조가 계지술사繼志述事, 즉 '선왕의 뜻을 계승하여 정사를 편다'는 명분 아래 재탄생시켰다. 처음에는 왕실 도서관의 기능을 했지만 정조는 이곳을 차츰 학술 및 정책 연구 기관으로 변화시키면서, 역대

규장각 전경

조선 시대의 왕실 도서관이자 연구를 하던 공간으로 정조 개혁 정치의 산실이라고 할 수 있다. 창덕궁 후원의 중심에 위치한다.

의 도서들을 수집하고 연구하는 학문 연구의 중심 기관이자 개혁 정책을 뒷받침하는 핵심 정치 기관으로 거듭나게 했다.

"마땅히 한 전각을 세워서 송조의 건봉虔奉하는 제도를 따라야 하겠으나 열조列祖의 어제·어필에서 미처 존각에 받들지 못한 것을 송조에서 각 왕조마다 전각을 달리하는 것과 같게 할 필요가 없으니 한 전각에 함께 봉안하게 되면 실로 경비를 덜고 번거로움을 없애는 방도가 될 것이다. 너희 유사有司는 그 창덕궁의 북원北苑에 터를 잡아 설계를 하라" 하고, 인하여 집을 세우는 것이나 단청하는 것을 힘써 검약함을 따르라고 명하였는데 3월에 시작한 것이 이때에 와서 준공되었다.

宜建一閣, 以追宋朝虔奉之制, 而列祖御製御筆之未及尊閣者, 不必如宋朝之每朝異閣也, 同奉一閣, 實爲省費祛繁之道. 咨爾有司, 其卽昌德之北苑而營度之."

仍命棟宇丹雘, 務從儉約, 三月經始, 至是工告完.

규장각은 본관 건물인 규장각과 주합루 이외에 여러 부속 건물로 구성되었다. 창덕궁의 정문인 돈화문 근처에 사무실에 해당하는 이문원을 두었고, 역대 왕들의 초상화, 어필 등을 보관한 봉모당奉謨堂을 비롯해 국내의 서적을 보관한 서고西庫와 포쇄曝曬*를 위한 공간인 서향각西香閣, 중국에서 수입한 서적을 보관한 개유와皆有窩, 열고관閱古觀, 그리고 휴식 공간으로 부용정이 있었다. 이중에서 개유와와 열고관에는 청나라에서

---

*　서책을 정기적으로 햇볕이나 바람에 말리는 작업.

수입한『고금도서집성古今圖書集成』(5,022책) 등을 보관했는데, 이런 책들은 청나라를 통해 들어온 서양의 문물을 연구하는 데 큰 도움이 되었다.

처음에 어제각御製閣으로 일컫다가 뒤에 숙묘肅廟 때의 어편御偏을 따라 규장각이라 이름하였는데, 위는 다락이고 아래는 툇마루였다. 그 뒤에 당저當宁*의 어진御眞** 어제·어필·보책寶冊 인장을 봉안하였는데 그 편액은 숙종의 어묵御墨이었으며, 또 주합루宙合樓의 편액을 남미南楣***에 게시하였는데 곧 당저의 어묵이었다. 서남쪽은 봉모당이라 하였는데, 열성조****의 어제·어필·어화御畫·고명顧命·유고遺誥·밀교密敎와 선보璿譜·세보世譜·보감寶鑑·장지狀誌*****를 봉안하였다. 정남正南은 열고관이라 하였는데 상하 2층이고, 또 북쪽으로 꺾여 개유와를 만들었는데 중국본 도서와 문적을 보관하였다. 정서正西는 이안각移安閣이라 하였는데, 어진·어제·어필을 이봉移奉******하여 포쇄하는 곳으로 삼았으며, 서북쪽은 서고西庫라 하였는데, 우리나라 도서와 문적을 간직하였다.

初稱御製閣, 後因肅廟御扁, 名奎章閣, 上樓下軒. 後奉當宁御眞, 御製, 御筆, 寶冊, 印章, 其扁肅廟御墨也. 又以宙合之扁, 揭于南楣, 卽當宁御墨也. 西南曰奉謨

堂, 奉列朝御製, 御筆, 御畫, 顧, 命遺, 誥密敎及璿譜, 世譜, 寶鑑, 狀誌. 正南曰閱

古觀, 上下二層, 又北折爲皆有窩, 藏華本圖籍. 正西曰移安閣, 爲御眞, 御製, 御

筆移奉曝曬之所也. 西北曰西庫, 藏東本圖籍.

정조는 규장각을 세운 후에 규장각의 연혁과 직제 등을 기록한 『규장
각지奎章閣志』를 편찬하기도 했다. 정조의 시문, 윤음, 교지 등을 모아 엮
은 『홍재전서弘齋全書』에는 『규장각지』를 편찬한 뜻이 나타나 있다.

지志란 그 사실을 기록하는 것으로, 그런 사실이 있는데도 기록을 하지
않으면 전해지지 않고 혹 전해진다 해도 오래 못 가는 것이다. 어제 한
일을 오늘 잊어버린다면 제도를 만들었더라도 금방 없어지고 이미 정해
놓은 의식이라도 금방 문란해지고 말 것이니, 그럴 바에야 그것을 기록
으로 남겨 언제든지 볼 수 있게 하는 것이 더 좋지 않겠는가. 기록이라
는 것이 지금에 와서 또 그만큼 필요한 것이기 때문에 예악에도 지가 있
고 산천에도 지가 있고 관부에도 군현에도 지가 없는 곳이 없다. 이는
모두가 그것을 오늘의 참고로 삼고 또 영원히 전하기 위한 것이다. 내가
즉위 초에 규장각을 세우고 얼마 후 각신에게 지를 쓰도록 명했는데, 그
로부터 5~6년이 지나도록 지가 제대로 안되었다. 이어서 편찬하는 데
느슨했을 뿐만 아니라 제도와 의식이 확립되지 못하였기 때문이었다.
지금 와서는 대충 수립된즉 완성을 독려하였다. 권卷은 둘로 하고 목目

은 여덟로 하였으며, 설치한 시말과 직관의 차례와 더불어, 모훈謨訓[*]을 모시고 어진御眞을 안치하는 것과 책을 편집하고 손질하는 규례의 강綱과 조목을 다 갖추었고 세세한 절목까지 또한 해당하게 하였다. 가히 살펴볼 만하고 또 후세에 전할 만하였다. 드디어 인쇄에 부치도록 명한 것인데, 그중에 혹시 빠진 것이 있다면 두고두고 보충하면 되니 또한 어찌 잘못이 있겠는가.

志者. 志其事也. 有事焉而不志則不傳. 傳亦不遠. 且昨日之所行. 今日忘之. 則制度雖設而還廢. 儀式旣定而復紊. 曷若有志而可按哉. 志之急乎今. 又如是. 是故. 禮樂有志. 山川有志. 官府郡縣. 罔不有志. 凡所按乎今而傳乎遠也. 予卽位之初. 建奎章閣. 旣而命閣臣撰志. 迄五六年不成. 不惟屬纂之緩. 制度儀式未立故也. 今旣粗立矣. 則督成之. 爲卷者二. 爲目者八. 設置之始末. 職官之秩序. 與夫奉謨訓安御眞. 編摩講製之規. 綱條旣具. 細節亦該. 可按又可傳也. 遂命亟付之剞劂. 其或不備者追補. 亦何傷也.

—『홍재전서』권 8, 서인序引, 규장각지서奎章閣志序

1798년 정조는 스스로 자신의 호를 '만천명월주인옹萬川明月主人翁^{**}'으로 정하는데, 이러한 자부심의 바탕에는 규장각을 중심으로 수행한 정치·문화 운동의 성과를 확인하고 스스로 성인 군주가 되겠다는 자신감이 깔려 있었다.

규장각은 창덕궁의 후원 중에서도 가장 중심이 되는 공간에 있었다. 창덕궁의 규장각을 찾아서 18세기 개혁 정치를 진두지휘한 정조와 정약용丁若鏞, 박제가, 이덕무 등 규장각을 거쳐 간 학자들의 열정을 만나보기 바란다.

경복궁은 왜 '경복궁'일까?

○

2010년 8월 15일 경복궁을 상징하는 정문 광화문이 복원되었다. 경복궁은 조선 태조 때인 1395년 창건된 이래 영광과 수난의 시기를 거듭 겪었다. 위치 이동, 콘크리트 건물, 한글 현판 글씨 등 광화문 변천의 역사는 한국의 상징 문화재가 제자리를 찾지 못하는 현실을 여실히 보여주었다. 경복궁은 1395년부터 200년 가까이 조선 시대 법궁法宮의 지위를 유지한 궁궐이다. 경복궁 창건에는 조선 개국의 일등공신 정도전의 역할이 컸다. 경복궁의 이름을 짓는 일부터 궁궐의 배치 등 모든 면에서 정도전의 손길이 닿지 않은 부분이 없었을 정도다. 2014년에 방영된 KBS 대하사극 〈정도전〉에서도 정도전이 득의만만하게 경복궁을 조성하는 모습이 나왔다. 정도전은 그의 저술에서도 따로 '경복궁'이라는 항목을 두었다.

신이 살펴보건대, 궁궐이란 임금이 국정을 결정하는 곳이요 사방이 우러러보는 곳이며, 신하와 백성 들이 모두 이르는 곳입니다. 그러므로 그 제도를 장엄하게 해서 존귀함과 위엄을 보이며, 그 명칭을 아름답게 지어 보고 감동하게 해야 합니다.

臣按宮闕 人君所以聽政之地 四方之所瞻視 臣民之所咸造.故壯其制度 示之尊嚴 美其名稱 使之觀感.

한나라와 당나라 이후로 궁전의 호칭을 혹은 전에 있던 이름을 따르기도 하고 혹은 고쳐 쓰기도 했으나, 존귀함과 위엄을 보이고 보는 사람에게 감동을 일으키게 하는 것은 그 의미가 같습니다.

漢唐以來 宮殿之號 或沿或革 然其所以示尊嚴而興觀感則 其義一也.

전하께서 즉위하신 지 3년째에 한양에 도읍을 정하시어 먼저 종묘를 건립하시고 이어 궁실을 만드셨습니다. 다음 해 10월 을미일에 몸소 곤룡포와 면류관을 갖추시고 새로 세운 종묘에서 선왕과 선왕후 들에게 제사 지내시고, 새 궁전에서 여러 신하에게 연회를 베푸셨으니, 이는 대개 신의 은총을 넓히고 후대의 복을 빌기 위한 것이었습니다.

殿下卽位之三年 定都于漢陽 先建宗廟 次營宮室 越明年十月乙未 親服?冕 享先王先后于新廟 宴群臣于新宮 蓋廣神惠而綏後祿也.

술이 세 순배가 돈 후에 신 정도전에게 명하기를 "이제 도읍을 정하여 종묘에 제사를 지내고 새로운 궁궐이 완성되어 여러 신하와 이곳에서 연회를 베풀고 있으니, 그대는 마땅히 궁전의 이름을 지어 국가와 함께 영원히 빛나게 하라" 하셨습니다.

酒三行 命臣道傳曰 今定都享廟 而新宮告成 嘉與群臣宴享于此 汝宜早建宮殿之名 與國匹休於無疆.

신이 명령을 받고 삼가 손을 모아 이마를 바닥에 대고 절하고, 「주아周雅」 편에 나오는 "술에 의해 이미 취하고 은덕에 이미 배불렀으니, 우리 임금 만년토록 당신께서 큰 복 받기를 돕겠습니다"라는 구절로써 새로운 궁궐을 경복景福이라 이름을 짓자고 청했습니다. 여기에서 전하와 자손들이 만년 동안 태평성대의 왕업을 누리시며 사방의 신하와 백성 들이 또한 영원토록 보고 감동하는 바가 있을 것입니다.

臣受命 謹拜手稽首 誦周雅旣醉以酒 旣飽以德 君子萬年 介爾景福 請名新宮曰 景福 庶見殿下及與子孫 享萬年太平之業 而四方臣民 亦永有所觀感焉.

그러나 『춘추』에서 "백성들이 힘쓰는 것을 중히 여기고 토목공사를 경계하라" 하였으니, 어찌 임금이 되어 단지 백성들만을 부려 자신을 받들게 하겠습니까? 넓은 집에 편안하게 거주할 때는 추위에 떠는 선비 덮어줄 것을 생각하고, 서늘한 전각에 살면 시원한 그늘을 나누어 줄 것을 생각해야만 합니다. 그런 후에야 만민의 받듦에 대해 저버림이 없을 것입니다. 그러므로 아울러 언급합니다.

然春秋 重民力謹土功 豈可使爲人君者 徒勤民以自奉哉 燕居廣廈 則思所以庇 寒士 涼生 殿閣 則思所以分淸陰然後庶無負於萬民之奉矣 故幷及之.

— 『삼봉집三峰集』 권 4, 경복궁

경복궁 근정전

조선왕조가 건립되면서 세운 다섯 개의 궁궐 중 첫 번째로 만들어진 곳이다.

위의 기록에서 보듯 정도전은 태조의 명을 받고 『시경』의 「주아」편을 인용해 궁궐의 이름을 경복궁으로 정했다. 그가 무엇보다 강조한 것은 궁궐 건축이 백성들에게 부담이 되지 않아야 한다는 것이었다. "넓은 집에 편안하게 거주할 때는 추위에 떠는 선비 덮어줄 것을 생각하고, 서늘한 전각에 살면 시원한 그늘을 나누어 줄 것을 생각해야만 합니다. 그런 후에야 만민의 받듦에 대해 저버림이 없을 것입니다"라는 대목에서 왕도 정치와 민본 정치를 국가의 이념으로 설정한 사대부 출신 학자의 모습이 잘 드러난다. 이런 이념이 반영되어 건립된 경복궁은 광화문에서 강녕전까지 390여 칸의 전각으로 구성된 소박한 규모였다. 1868년 흥선대원군 때 중건한 경복궁의 전각이 7,400여 칸에 달한 것과 비교하면 큰 차이가 있었다.

2010년 8월 15일 광화문이 복원되었다. 1867년 고종이 근정전에 임어하여 "근정문을 열 때 홍례문과 광화문 정문도 함께 여는 것을 규례로 세우라"(『고종실록』, 고종 4년 11월 15일)라고 지시할 때의 본모습으로 돌아왔다. 조선 태조 때인 1395년 건립되었으나 임진왜란 때인 1592년 완전히 폐허 속으로 사라졌다가 고종 때 중건된 경복궁과 광화문은 일제강점기와 현대의 격동기를 거치면서 또 다른 수난을 겪은 후 마침내 제자리로 돌아왔다. 광화문이 제자리를 찾은 것을 계기로 조선 왕실의 역사와 문화에 대한 관심이 커지기를 기대한다.

조선에도 신고식 문화가 있었다?

O

요즈음에도 대학가의 과도한 신입생 환영회나 군대 신고식 문화의 폐단이 종종 언론에 오르내리곤 한다. 그런데 조선 시대에도 신고식 문화, 즉 신참례新參禮가 있었다. 조선 건국 초부터 꾸준히 있어왔고 어느 시기에나 신참례가 과해 사회문제가 되는 일이 종종 벌어졌다. 조선 중기의 대학자 이이는 특히 신참례에 부정적인 인식을 갖고 있었다. 과거에 아홉 번이나 장원급제해 구도九度 장원공壯元公이라는 명칭이 붙을 정도로 학문이 뛰어났고 모범적인 생활 태도를 보인 인물이었던 만큼 신참례라는 명목으로 자신을 괴롭히는 선배들의 생리가 누구보다 싫었을 것이다.

이이는 갓을 부수고 옷을 찢으며 흙탕물에 구르게 하는 등 신참례의 폐단을 지적한 후, 신참례의 연원에 대해 "고려 말년에 과거가 공정하지 못하고, 과거에 뽑힌 사람이 모두 귀한 집 자제로 입에 젖내 나는 것들이 많아, 그때 사람들이 분홍방粉紅榜*이라 지목하고 분격하여 침욕侵辱하기 시작하였다"라고 하여 신참례가 고려 후기 권문세족의 자제들이 부정한 방법으로 관직을 차지하자 이들의 버릇을 고쳐주고 기강을 바로잡기 위해 시작한 것이라는 말이 전해오고 있음을 보고했다. 원래의 신참례는 부정한 권력으로 관직에 오른 함량 미달의 인물들에게 국가의 관직은 함

---

*   나이 어린 권문자제가 과거에 급제한 일을 놀림조로 이르던 말.

부로 차지할 수 없다는 점을 은연중에 강조하기 위해 시도되었지만, 이
이가 살아간 시대에 이미 신참례는 원래의 좋은 취지는 잊힌 채 그저 하
급자를 괴롭히는 수단으로 전락해 사회문제가 되었음을 알 수 있다.

조선이 건국된 직후의 상황을 담은 『태조실록』(태조 1년 11월 25일)에 도
평의사사에서 감찰, 삼관三館(예문관·성균관·교서관), 내시, 다방茶房* 등의
관직에서 신참에게 번잡한 의식을 하는 폐단을 없앨 것을 청한 내용이
나오는 것으로 보아 신참례가 조선 초기에도 상당히 유행했음을 알 수
있으며, 15세기에 성현이 편찬한 『용재총화』에도 신참례에 관한 기록이
나온다. 아래에서 그 사례들을 살펴보기로 하자.

새로 급제한 사람으로서 삼관에 들어가는 자를 먼저 급제한 사람이 괴
롭혔는데, 이는 선후의 차례를 보이기 위함이요 한편으로는 교만한 기
를 꺾고자 함인데, 그중에서도 예문관이 더욱 심하였다. 새로 들어와서
처음으로 배직拜職하여 잔치를 베푸는 것을 허참許參이라 하고, 50일
을 지나서 갖는 잔치를 면신免新이라 하며, 그 중간에 배푸는 잔치를 중
일연中日宴이라 하였다. 매양 잔치 자리의 성찬은 새로 들어온 사람에게
시키는데 혹은 그 집에서 하고 혹은 다른 곳에서 하되 반드시 어두워져
야 왔었다. 춘추관과 그 외의 여러 겸관兼官을 청하여 으레 잔치를 베풀
어 위로하고 밤중에 이르러서 모든 손이 흩어져 가면 다시 선생을 맞아
잔치를 베푸는데, 유밀과油蜜果를 써서 더욱 성찬을 극진하게 차린다.

---

*   조선 시대에, 궁중에서 약을 지어 바치던 부서部署로 후에 약방藥房으로 고쳤다.

新及第入三館者. 先生侵勞困辱之. 一以示尊卑之序. 一以折驕慢之氣. 藝文館尤
甚. 新來初拜職設宴. 曰許參. 過五十日設宴. 曰免新. 於其中間設宴. 曰中日宴.
每宴徵盛饌於新來. 或於其家. 或於他處. 必乘昏乃至. 請春秋館及諸兼官. 例設
宴慰之. 至夜半諸賓散去. 更邀先生設席. 用油蜜果尤極盛辦.

상관장上官長을 중심으로 곡좌曲坐*하고 봉교奉教** 이하는 모든 선생과
더불어 사이사이에 끼어 앉아 사람마다 기생 하나를 끼고 상관장은 두
기생을 끼고 앉으니, 이를 '좌우보처左右補處'라 한다. 아래부터 위로 각
각 차례로 잔에 술을 부어 돌리고 차례대로 일어나 춤추되 혼자 추면 벌
주를 먹였다. 새벽이 되어 상관장이 주석에서 일어나면 모든 사람은 박
수하며 흔들고 춤추며 〈한림별곡翰林別曲〉을 부르니, 맑은 노래와 매미
울음소리 같은 그 틈에 개구리 들끓는 소리를 섞어 시끄럽게 놀다가 날
이 새면 헤어진다.

上官長曲坐. 奉教以下與諸先生間坐. 人挾一妓. 上官長則擁雙妓. 名曰左右補處.
自下而上. 各以次行酒. 以次起舞. 獨舞則罰以酒. 至曉. 上官長乃起於酒. 衆人皆
拍手搖舞. 唱翰林別曲. 乃於清歌蟬咽之間. 雜以蛙沸之聲. 天明乃散.

— 국역 『용재총화』 권 4

삼관 풍속에는 조상의 덕으로 하던 벼슬아치가 그 두목을 상관장으로

---

*   윗사람 앞에 앉을 때 공경하는 뜻으로 마주 앉지 않고 옆으로 조금 돌아앉음.

**   예문관 소속으로 임금의 교칙을 마련하는 일을 맡아보던 정칠품 벼슬.

삼아 공경해서 받들었고, 새로 급제하여 분속된 자는 신래新來라 하여 욕을 주어 괴롭혔으며, 또 술과 음식을 요구하되 대중이 없었으니, 이는 교만한 것을 꺾으려 함이었다. 처음으로 출사出仕하는 것을 허참이라 하고, 예禮를 끝내면 신면新免이라 하여 신면을 하여야만 비로소 구관舊官과 더불어 연좌連坐해서 잔치를 베풀었다. 말관末官이 왼손으로 여자를 잡고 오른손으로 큰 종을 잡아 먼저 상관장을 세 번 부르고, 또 작은 소리로 세 번 불러서 상관장이 조금 응하여 아관亞官을 부르면, 아관이 또한 큰 소리로 부른다. 하관下官이 이기지 못하면 벌이 있었으나, 상관이 이기지 못하면 벌이 없었다. 지위가 높은 대신이라도 상관장의 위에는 앉지 못하고 세 관원 사이에 끼어 앉아서 부르되, 정일품은 오대자五大字, 종일품은 사대자四大字, 이품은 삼대자三大字, 삼품 당상관은 이대자二大字, 당하관은 다만 대선생大先生이라 부르고 사품 이하는 다만 선생이라 부르되, 각각 성姓을 들어 이를 칭하였고, 부르고 난 뒤에는 또 신래자를 세 번 부르고 또 혹신래자黑新來者를 세 번 부르는데, 혹黑은 여색女色이다.

三館風俗. 南行員尊其首爲上官長. 敬謹奉之. 新及第分屬者. 謂之新來. 侵辱困苦之. 又徵酒食無藝. 所以屈折驕氣也. 始仕曰許參. 終禮曰免新. 然後與舊官連坐. 開筵設酌. 則末官以左手執女. 右手執大鍾. 先呼上官長者三. 又細聲呼者三. 上官長微應呼亞官. 則亞官亦大聲呼之. 下官不勝則有罰. 上官不勝則無罰. 雖位高大臣. 不得坐上官長之上. 與三官間坐呼. 正一品五大字一品四大字二品三大字三品堂上二大字. 堂下官只呼大先生. 四品以下泛呼先生. 各擧姓而稱之. 呼畢. 又呼新來者三. 又呼黑新來者三. 黑者女色也.

신래자는 사모紗帽를 거꾸로 쓰고 두 손은 뒷짐을 하며 머리를 숙여 선생 앞에 나아가서 두 손으로 사모를 받들어 올렸다 내렸다 하였는데, 이것을 예수禮數라 하였다. 직명職名을 외우되 위로부터 아래로 내려가면 순함順銜이요 아래로부터 위로 올라가면 역함逆銜이며, 또 기뻐하는 모양을 짓게 하여 희색喜色이라 하고 성내는 모양을 짓게 하여 패색悖色이라 하였으며, 그 별명別名을 말하여 모양을 흉내 내게 함을 '삼천삼백'이라 하였으니 욕을 보이는 방식이 많아 이루 헤아릴 수 없었다. 방榜을 내걸고 경하하는 날에는 반드시 삼관을 맞이한 뒤에 연석筵席*을 베풀고 예를 행하였는데, 만약 신래자가 불공하여 삼관에게 죄를 지으면 삼관은 가지 아니하고 신래자 또한 유가遊街**하지 못하였다. 삼관이 처음 문에 이르러 한 사람이 북을 치면서 '가관호작佳官好爵'이라 부르면 아전들이 소리를 같이하여 이에 응하고 손으로 신래자를 떠받쳐 올렸다 내렸다 하는데 이를 경하라 하였고, 또 부모와 친척에게 경하하는 것을 생광生光이라 하였으며, 또 최후에 여인을 받들어 경하하는 것을 유모乳母라 하였다.

新來倒着紗帽. 以兩手負背低首至就先生前. 以兩手圍紗帽而上下之. 名曰禮數. 誦職名. 自上而下則順銜. 自下而上則逆銜. 又令作喜形曰喜色. 作怒形曰悖色. 言其別名. 使爲其狀曰三千三百. 其侵辱多端. 不可勝言. 放榜慶賀之日. 必邀三館. 然後設筵行禮. 若有新恩不恭. 得罪於三館. 則三館不往. 新恩亦不得遊街. 三

館初到門. 一員擊鼓唱佳官好爵. 諸吏齊聲應之. 以手擎奉. 新恩下上之曰慶賀.
又慶父母族親曰生光. 最後又奉女人. 而慶之曰乳母.

또 신래자는 방榜이 나는 대로 의정부·예조·승정원·사헌부·사간원·
성균관·예문관·교서관·홍문관·승문원 등 여러 관사의 선배를 배알하
고, 포물布物을 많이 걷어 이것으로 연회를 위한 음식을 만드는데, 봄에
는 교서관이 먼저 행하되 홍도음紅桃飮이라 하고, 초여름에는 예문관이
행하되 장미음薔薇飮이라 하였으며, 여름에는 성균관이 행하되 벽송음
碧松飮이라 하였다. 을유년 여름에는 예문관이 삼관을 모아 삼청동에서
술을 마셨는데, 학유學諭 김근金根이 몹시 취하여 집으로 돌아가다가 검
상檢詳 이극기李克基를 길에서 만났는데, "교우는 어디서 오는 길이기에
이렇게 취하였느냐" 묻자 대답하기를 "장미薔薇를 먹고 온다" 하니, 듣
는 이들이 모두 냉소하였다.

又新恩聯榜. 拜謁于議政府禮曹承政院司憲府司諫院成均館藝文館校書弘文館
承文院諸司先生多徵布物. 以爲飮宴之需. 春時校書館先行之. 曰紅桃飮. 初夏藝
文館行之. 曰薔薇飮. 夏時成均館行之. 曰碧松飮. 乙酉夏. 藝文館聚三館飮于三
淸洞. 學諭金根泥醉還家. 檢詳李克基路遇之. 問交友從何來. 何醉之至此. 根答
曰食薔薇而去. 人有聞者皆齒冷.

— 국역 『용재총화』 권 2

조선 시대의 헌법에 해당하는 『경국대전』에는 신참례의 폐단을 막아
보고자 "신래를 심하게 괴롭히고 학대하는 자는 장杖 60에 처한다"라는

규정을 명문화했지만 암암리에 관습화되어버린 신참례의 습속을 완전히 막을 수는 없었다. 조선 후기에 널리 유행한 고전소설『배비장전褏裨將傳』의 중심 소재가 신참례인 데서도 신참례의 풍습이 관인 사회 저변에 강하게 정착되었음을 확인할 수 있다.

왜 조선 시대의 그림에는 담배가 자주 등장했을까?

○

호랑이 담배 피울 적의 이야기, 담배 연기를 머금은 멋진 영화배우, 그런
가 하면 폐암으로 사망한 어느 코미디언은 절대 흡연을 하지 말 것을 광
고한다. 담배는 이렇듯 우리 생활과 밀접한 관련을 가지면서도 그 해악
에 대해서는 현대에 들어와 더욱 경계하는 분위기다. 담배는 가짓과에
속하는 다년생초본 식물로, 북위 60도에서 남위 40도까지에서 광범위하
게 재배되었다. 1558년 에스파냐 왕 펠리페 2세가 원산지인 남아메리카
중앙 고지대에서 종자를 구해 와서 관상용, 약용으로 재배하면서 유럽으
로 전파되었다고 한다. 우리나라에 담배가 처음 전래된 것은 임진왜란
후인 16~17세기 일본을 통해서다. 담배라는 명칭도 'tobacco'의 일본식
호칭이 변형된 것이라고 할 수 있다. 처음에는 담배를 '담바고'라고 불렀
으며, 남쪽에서 들어왔다는 의미로 '남초南草' 또는 '남령초南靈草' 등으
로도 불렀다. 담배가 조선에 들어와 전국적으로 확산되는 데는 그리 많
은 시간이 걸리지 않았다. 조선 중기에 골초로 유명했던 계곡溪谷 장유張
維는 『계곡만필谿谷漫筆』에서 담배가 들어온 지 20년 만에 위로는 고위 관
리부터 아래로는 가마꾼과 초동까지 피우지 않는 사람이 없게 되었다고
기록했다.

남령초를 흡연하는 법은 본래 일본에서 나왔다. 일본 사람들은 이것을

담박괴淡泊塊라고 하면서, 이 풀은 남양南洋의 여러 나라에서 나왔다고 말한다. 우리나라에는 20년 전에 처음 들어왔는데, 지금은 위로 공경公卿에서 아래로 가마꾼과 초동목수에 이르기까지 복용하지 않는 자가 없을 정도다. 이 풀은 『본초本草』등 여러 책에도 나와 있지 않다. 그래서 그 성질이나 효능을 알 수는 없으나, 다만 맛을 보니 매우면서도 약간 독기가 있는 듯하다. 그리고 사람들은 이것을 복용해본 적은 없고 그저 태워서 연기를 들이마시곤 하는데, 많이 들이마시다 보면 어지럼증이 생기기도 하나 오래도록 피운 사람들은 꼭 그렇지만도 않다. 그리하여 지금 세상에서 피우지 않는 사람들을 찾아보면 백 사람이나 천 사람 중에 겨우 하나나 있을까 말까 할 정도다.

南靈草 吸煙之法 本出日本 日本人謂之淡泊塊 言其草出自南洋諸國云 我國 自二十年前始有之 今則 上自公卿 下至輿臺蕘牧 無不服之 其草不見於本草諸書 未知性氣及主治但味辛似有小毒 人未嘗茹服 但燒烟吸之 吸多則亦令人暉倒 久服者不必然 世之不服者僅僅千百之一耳.

이 기록에서 당시 담배가 신분이나 지위, 나이를 초월해 유행했다는 사실을 알 수 있다. 담배를 피우지 않는 사람을 찾아보면 100명이나 1,000명 중에 겨우 하나 있을까 말까였다니, 우리 조상들이 여기저기 삼삼오오 둘러앉아 연기를 내뿜는 모습이 그려지는 듯하다.

지난번에 절강성 자계慈溪 출신인 중국 사람 주좌朱佐를 만나 이야기를 들어보니, "중국에서는 남초를 연주煙酒라고도 하고 연다煙茶라고도 한다. 100년 전에 벌써 민중閩中 지방에 있었는데 지금은 거의 모든 세상에 두루 퍼져 있으며, 주부코를 치료하는 데 가장 효력을 발휘한다" 하였다. 이에 내가 묻기를 "이 물건은 성질이 건조하고 열이 있어 필시 폐를 상하게 할 것인데, 어떻게 코의 병을 치료할 수가 있단 말인가" 하니, 주좌가 대답하기를 "응체凝滯된 기운을 흩뜨려서 풀어주기 때문이다" 하였는데, 그 말도 일리가 있다고 여겨진다.

傾見華人朱佐 浙江慈溪人也 言中國稱南草爲烟酒 或稱烟茶 百年前閩中已有之 今則幾遍天下 治赤鼻最有效 余問此物燥熱 必傷肺 何能治鼻 朱曰 能散滯氣故耳其言亦有理.

이 기록에서는 장유가 담배가 폐를 상하게 할 것이라고 예견한 것, 주좌가 주독에 의해 코가 붉게 되었을 때 담배가 일정한 효능이 있다고 언급한 내용이 주목된다. 이어서 장유는 담배가 차처럼 널리 유통될 것이라고 예견했다.

내 생각에는, 앞으로 남초가 흡사 중국의 차처럼 세상에 널리 쓰일 것이라고 여겨진다. 차는 위진 시대에 처음 세상에 드러나 당송 시대에 성행하였고, 오늘날에 와서는 마침내 천하 백성들의 일상 용품이 되어 마치 물이

담뱃대 걸이와 담배함

조선 시대에 담배는 생활 문화의 하나로 자리 잡으면서 담배 피는 사람들을 일상에서 쉽게 볼 수 있었다.

나 곡식처럼 쓰이게 되었으므로, 국가에서 전매하여 이익을 거둬들이기에 이르렀다. 지금 남초로 말하면, 세상에 유행된 지 겨우 수십 년밖에 안 되는데도 벌써 이처럼 성행하고 있으니, 100년쯤 지난 뒤에는 그 이익을 두고 차와 다투게 될 것이다.

余謂南草之用於世 殆將如中國之茶 茶自魏晉始著 盛行於唐宋 至於今日遂爲天下生民日用之須 與水穀同用 國家至榷賣收利 今南草之行甫數十年耳 其盛已如此 百年之後將必與茶爭利矣.

이어서 장유는 담배가 술 취했을 때는 깨게 하고 술 깼을 때는 취하게 하며 더울 때는 춥게 하고 추울 때는 덥게 한다는 세인들의 말을 전하기도 했다.

옛날에 남방 사람들이 빈랑檳榔*을 중히 여기며 말하기를 "술에 취하면 깨게 하고 술이 깨면 취하게 하며, 배고프면 배부르게 하고 배부르면 배고프게 한다" 하였는데, 이는 대개 빈랑을 너무도 좋아한 나머지 극찬한 말이라 하겠다. 그런데 지금 세상에서 남초를 좋아하는 사람들도 말하기를 "배고플 땐 배부르게 하고 배부를 땐 배고프게 하며, 추울 땐 따뜻하게 하고 더울 땐 서늘하게 한다"라 하는 등 남초를 극찬하는 말이 빈랑의 경우와 아주 흡사하니, 이 또한 한번 웃을 만한 일이다.

古者南人重檳榔 謂醉能使之醒 醒能使之醉 飢能使之飽 飽能使之飢蓋酷嗜而稱

* 빈랑나무 또는 빈랑나무의 열매를 말한다.

173

美之耳 今世嗜南草者 亦言飢能使之飽 飽能使之飢 寒能使之煖 熱能使之凉其

稱之絶類檳榔 亦可一笑.

담배가 전래된 후 흡연은 조선 시대 생활 문화의 하나로 자리 잡아갔다. 많은 사람의 생활에 깊숙이 스며들어 그림으로도 자주 표현되었다. 풍속화에 등장하는 담배를 써는 장면, 담뱃대를 들고 있는 장면, 담배를 피우는 장면 등은 담배 애호가들의 행위가 예나 지금이나 다를 바 없음을 보여준다.

19세기 순조가 "남초는 언제 시작되었는지 알 수 없는데, 혹은 위의 건강을 회복調養하는 데 이롭다고 하고 혹은 담痰을 치료하는 데 긴요하다고 하나, 과연 그런지 모르겠다. 근래에 이르러서는 속습이 이미 고질이 되어 남녀노소를 논할 것 없이 즐기지 않는 사람이 없어서 겨우 젖먹이를 면하면 으레 긴 담뱃대를 뻗쳐 물고 있는데, 세상에서 더러 '팔진미八珍味*는 폐지할 수 있어도 남초는 폐지할 수 없다' 하니, 비록 금하고자 하나 이유가 없을 따름이다"라고 한 데서도 담배의 유행이 19세기에도 계속되었음을 알 수 있다.

조선 후기 전래되어 대표적인 기호식품으로 자리를 잡은 담배는 오늘날 건강에 대한 관심이 커지면서 건강을 해치는 최대의 적으로 인식되고 있다. 공공건물이나 아파트에 이르기까지 흡연자가 담배 피울 공간은 많은 제한을 받고 있다. 먼 훗날 담배는 어떤 모습으로 우리에게 기억될까?

---

*   중국에서 성대한 음식상에 갖춘다고 하는 진귀한 여덟 가지 음식의 아주 좋은 맛을 의미한다.

한양 한복판의 무릉도원은 어디였을까?

○

서울의 곳곳에는 숨겨진 비경이 많다. 조선 중기의 문신이자 학자인 이항복李恒福의 별서別墅인 백사실白沙室은 서울에도 이런 곳이 있었나 하는 생각이 들 정도로 도심 속의 무릉도원이다. 이항복의 호 중 대표적인 것이 '필운弼雲'과 '백사白沙'인데, 필운은 필운대弼雲臺와 관련이 깊으며 백사는 백사실에서 유래했다. 필운대는 인왕산 자락 전망 좋은 곳에 자리한 큰 암벽으로 이항복의 집터가 이곳에 있었다. 원래는 권율의 집이었는데 사위인 이항복이 물려받았다. 필운대 일대는 조선 후기 중인 문화가 꽃을 피운 인왕산 자락에서도 중심 공간이었다. 이곳에서 중인들이 시문을 창작하고 교유한 모습은 '필운대풍월'이라는 말로 후대에도 널리 회자되었다. 백사실은 필운대에서 조금 떨어진 북악산 자락의 비경이었는데, 이항복은 1611년 1월 꿈속에서 이곳을 찾았다. 그리고 계곡과 흰 모래가 매우 인상이 깊어 '백사'라는 호를 쓰게 되었다. 『백사집白沙集』의 잡기 기몽記夢에는 그날의 꿈 이야기를 다음과 같이 기록하고 있다.

신축년 정월 11일 밤에 꿈을 꾸었는데, 내가 마치 공사公事로 인하여 비를 맞으면서 어디를 가는 듯하였다. 말을 타고 따르는 자가 둘이고 도보로 따르는 자가 네다섯쯤 되었다. 어느 한 지경을 찾아 들어가니, 산천이 기이하고 탁 트였으며 길옆의 한 언덕에 새 정자가 높직하게 서 있었는데, 지나는 길이라 올라가 구경할 겨를이 없었다. 곧장 막다른 협곡에 다다르니, 협곡 안에 마치 사찰과 같은 큰 집이 있고 그 곁에는 민가들이 죽 열을 지어 있었다. 인하여 그 큰 집에 들어가서는 마치 무슨 일을 한 듯하나 잊어버려서 기억하지 못하겠다. 여기서 일을 마치고 돌아오다가 다시 아까 지나간 언덕에 이르니, 언덕 밑은 편평하게 탁 트인 광장이 되었고 그 위에는 백사가 죽 펼쳐져 있는데, 주위가 수천 보쯤 되어 보였다. 또 100아름쯤 되는 큰 나무 다섯 그루가 광장 가운데 늘어서 있는데, 햇볕을 가리기 위해 세우는 큰 양산과 같은 소나무 가지가 은은하게 빛을 가렸다.

辛丑正月十一日夢. 若因公幹. 冒雨而行. 騎而從者二. 步者又可四五人. 尋入區. 山川奇爽. 行傍一崗仰見. 新亭翼然. 而過去不暇登覽. 直到窮峽. 峽中有大屋如寺社. 傍有民居列置. 因入其大屋. 若有所爲而忘未記. 了事而廻. 還到前所過崗子. 崗下夷爲寬場. 布以白沙. 周廻可數千步. 有百圍五大木. 離立場中. 隱映偃盖.

이항복은 막다른 협곡 안에 사찰 같은 큰 집과, 그 집 주변에 민가가 이어져 있는 모습, 언덕 밑의 편평한 광장에 백사가 수천 보가량 죽 펼쳐진 모습을 생생히 기억하고 글을 써 내려간다.

비로소 등성이를 타고 올라가서 새 정자에 올라가보니, 정결하고 깨끗하여 자못 별천지와 같았다. 그 안에는 서실書室이 있는데, 가로로 난 복도에는 모두 새로 백악白堊을 발랐고 아직 단청은 입히지 않았다. 그 밖의 낭무廊廡* 여러 칸은 아직 공사를 끝내지 못하여 다만 기둥을 세우고 기와만 이었을 뿐이었다. 인하여 형세를 두루 살펴보니, 사방의 산들이 병풍처럼 둘러싼 한가운데에 큰 들판이 펼쳐 있고, 세 개의 석봉石峯이 들 가운데 우뚝 일어나서 그 형세가 마치 나계螺髻**와 같았다. 이것이 구불구불 남쪽으로 내려가서 중간에 꺾어졌다가 다시 뾰족하게 일어나 언덕이 되었는데, 언덕의 높이는 겨우 두어 길쯤 되었고 정자는 바로 그 언덕 위에 있었다. 이 언덕의 오른쪽으로 넓고 편평한 비옥한 들판에 물을 쉽게 댈 수 있는 논이 크게 펼쳐 있어 향기로운 벼에 이삭이 패어서 한창 바람에 흔들려 춤을 추는 푸른 벼가 100경頃으로 헤아릴 만하였다. 정북향에 위치한 여러 산은 한군데 빽빽이 모여 뛰어오를 듯 허공에 솟아 있으며, 골짜기는 깊고 험하여 은은하게 산천의 무성한 기운이 있었다.

緣崗而上. 始登新亭. 精潔蕭洒. 殆非人間有也. 內有書室. 橫廊皆新塗白堊. 未加丹碧. 其外廡數間. 時未斷手. 只植柱覆瓦而已. 因得周覽形勢. 四山屛擁. 中開大野. 有石峯三朶. 斗起野中. 勢如螺髻. 逶迤而南. 中折而起. 融而爲崗. 崗高僅數丈. 亭在崗上. 崗之右. 沃野平衍. 大開水田. 香稻發穗. 方搖風舞綠者. 可數百頃. 直北衆山. 攢蹙奔騰. 洞壑深嚴. 隱隱有薈蔚之氣.

정자 앞에는 멀리 산봉우리가 열 지어 서서 산천으로 둘러싸인 경치 좋은 곳을 둘로 만들었다. 두 동천에서 나오는 물은 마치 흰 규룡虯龍***이

---

* 　정전正殿 아래로 동서에 붙여 지은 건물.
** 　소라 껍데기 모양처럼 아무렇게나 끌어 올려 짠 아이들의 상투.
*** 전설에 나오는 상상의 동물. 용의 새끼로 빛이 붉고 양쪽에 뿔이 있다고 한다.

구불구불 굼틀거리며 가는 것과 같은데, 한 가닥은 북쪽에서 남쪽으로 흐르고 또 한 가닥은 남쪽에서 북쪽으로 흘러 두 가닥이 이 정자 밑에서 서로 합하여 돌아나가 한 물줄기가 되었다. 이 물은 넓이가 수백 보쯤 되고 깊이는 사람의 어깨에 차는데, 깨끗한 모래가 밑바닥에 쫙 깔려 있어 맑기가 능화경菱花鏡*과도 같아 오가는 물고기들이 마치 공중에서 노니는 것 같았다. 시냇가에는 흰 돌이 넓고 편평하게 깔려 있어 한 걸음 한 걸음마다 낚시터를 이루었고, 현玄 자의 형세로 흐르는 시냇물은 정자의 삼면을 빙 둘러 안고 돌아서 남쪽의 먼 들판으로 내려갔다.

亭之前. 遠峯列竪. 雙成洞天. 水自雙洞來. 若白虬蜿蜒屈曲. 一派自北而南. 一派自南而北. 兩派合于亭下. 匯爲一流. 廣可數百步. 深沒人肩. 明沙爲底. 清若菱鏡. 魚行往來. 皆若空中遊. 溪邊白石平廣. 步步成磯. 溪流之勢之玄. 環抱繚繞于亭之三面. 而南注于遠野.

이어서 이항복은 정자에 올라 별천지와 같은 풍광을 접한 느낌을 매우 자세히 기록했다. 꿈속의 기억을 놀랍도록 생생하게 표현한 점도 이채롭다.

나는 평생 구경한 것 가운데 일찍이 이러한 경계境界는 본 적이 없었다. 그래서 정자 주인이 누구냐고 물으니, 오음梧陰**의 별서라고 하였다. 이윽고 윤수찬修撰이 나와 맞이하면서 말하기를 "상공相公이 안에 계신

---

*　중국 당나라 때 금속으로 만든 거울의 한 종류.
**　조선 시대의 문신인 윤두수尹斗壽의 호를 의미한다.

다” 하였다. 나는 이때 문밖에서 머뭇거리다가 우연히 “도원의 골 안에
는 일천 이랑이 펼쳐 있고, 녹야의 정원에는 여덟 용이 깃들었도다桃源
洞裏開千畝 綠野庭中有八龍”라는 시 한 구절을 얻었는데, 시를 미처 더 이
어 짓지 못한 채 하품하고 기지개를 켜다가 꿈에서 깨었다. 문창은 이미
훤해졌는데, 그 시원하던 기분은 아직도 가슴속에 남아 있고 모발에는
서늘한 바람과 이슬의 기가 있었다.

平生蓄眼. 未嘗見如許境界. 仍問亭主. 曰梧陰別墅. 俄有尹修撰出迎曰. 相公在
內. 余踟躕門限. 偶得一句曰. 桃源洞裏開千畝. 綠野庭中有八龍. 未及續成. 欠呻
而醒. 窓紙已生白矣. 餘爽猶在膈上. 毛髮颯颯有風露氣.

마침내 일어나서 그 경치를 마음속으로 더듬어 찾아 화공畵工을 시켜 그
림을 그리고 그 위에 이 시를 붙여 쓰려다가 갑자기 스스로 생각하기를
‘도원桃源의 뛰어난 경치에다 천 이랑의 부富를 얻고 녹야綠野의 한적함
을 누리며 팔룡八龍의 복을 소유하는 것은 바로 인간의 지극한 소원이
다. 다행히 내가 이런 기이한 꿈을 꾸었으니, 왜 굳이 오음에게 넘겨주
고 스스로 곁에서 구경이나 하는 냉객冷客이 된단 말인가. 그렇게 되면
푸줏간을 지나면서 고기 씹는 시늉이나 내는 데 가깝지 않겠는가. 그러
니 비밀에 부쳐 남에게 말하지 않고 인하여 스스로 취하는 것이 낫겠다’
하고, 그 정자를 ‘필운별서弼雲別墅’라 고치고 절대로 윤씨 집안 사람들
에게 천기를 누설하지 않았다. (이튿날 아침에 기록하다.) 이달 27일 밤 꿈
에 재차 이 별서에서 오음과 함께 평소와 같이 즐겁게 희학질하며 노닐

었는데, 산천의 뛰어난 경치는 지난번의 꿈과 같았으나 다만 정사亭舍*의 체제가 조금 달랐을 뿐이었다. 하늘이 오음에게 내려준 곳을 내가 사사로이 훔칠 수 없으므로, 인하여 '오음별서梧陰別墅'로 이름을 회복시켰다(오음의 성명은 윤두수尹斗壽다).

起而尋之. 欲債倩工爲圖. 附詩其上. 忽自思曰. 以桃源之勝. 得千畝之富. 享綠野之閑. 有八龍之福. 斯乃人間至願. 幸我得此奇夢. 何必讓與梧陰. 自爲傍觀冷客. 不幾於屠門之嚼耶. 不如秘而不傳. 因而自取. 改其亭曰弼雲別墅. 絶不向尹家人透漏天機也 (翌朝記) 是月二十七日夜夢. 再遊是墅. 與梧陰歡謔如平日. 山川形勝. 如前所夢. 只亭舍體制. 差異耳. 天之所眷. 不可私竊. 因復號曰梧陰別墅(名斗壽).

이항복은 자신이 꿈속에서 본 별서가 윤두수의 것임을 알고도 너무나 탐이 나서 '필운별서'로 이름을 고쳤다가, 다시 하늘이 윤두수에게 내려준 곳을 자신이 훔칠 수 없다 하여 '오음별서'로 고쳤다고 했다. 그러나 지금까지 이곳이 '백사실'로 전해지는 것을 보면 결국 이곳 최후의 소유자는 이항복이라고 할 수 있다.

인왕산 자락의 필운대에 거주하면서 백사실을 별서로 삼은 이항복의 서울 시절은 무척이나 행복했을 것으로 추측된다. 이항복은 서인西人으로 활약했지만 당색이 뚜렷한 인물은 아니었다. 실무 관료로 자질을 발휘했고, 임진왜란 때는 의주로 피난을 가는 선조를 호종扈從하여 전란 후 호성공신扈聖功臣 1등에 책봉되었다. 그러나 극심한 정쟁의 소용돌이는

---

* 경치 좋은 곳에 정자 모양으로 지어 한가히 거처하는 집.

이항복에게도 예외가 되지는 못했다. 광해군 즉위 후 폐모론廢母論이 전개되자 이항복은 이에 반대하는 상소문을 올렸고, 결국 유배지 북청에서 생을 마감했다. 유배지에서도 이항복은 그토록 풍취가 좋았던 인왕산의 필운대와 북악산의 백사실을 그리워했을지도 모른다.

백사실은 북악산 뒷자락에 북한산을 배경으로 조성된 동천으로, 비교적 높은 지역임에도 맑은 계곡물이 흐른다. 입구의 큰 바위에 새겨진 백석동천白石洞天이라는 글자는 이곳이 별세계임을 짐작하게 하며, 중심부에는 정자를 지은 터와 연못의 흔적이 아직도 남아 있다. 또 이곳은 안견安堅의 〈몽유도원도夢遊桃園圖〉의 배경이 된 인왕산 자락의 무계동武溪洞 계곡과도 인접해 있다. 서울 도심 지척에 있으면서도 명승 유적과 함께 자연 생태가 어우러져, 도롱뇽, 버들치, 가재 등이 서식하여 청정무구의 공간임을 선언한다. 백사실을 찾아 옛 선인들의 학문과 풍류를 접해 볼 것을 권한다.

백석동천

북악산 뒷자리에 북한산을 배경으로 하고 있는 백사골에 조성된 동천洞天 중 하나이다. 동천은 산천으로 둘러싸인 경치 좋은 곳을 의미한다. 이곳은 주변에 흰돌이 많고 경치가 아름답다고 해서 '백석동천'이라고 불린다.

조선의 지식인들은 어디에서 공부했을까?

○

독서당은 조선 시대에 젊은 문관 중에서 재주가 뛰어난 사람을 뽑아 휴가를 주어, 오로지 학업에 전념하게 하던 서재이자 관서였다. 위치는 서울의 남쪽 옥수동·한남동·보광동 등지의 강변으로 경치가 좋고 한적한 곳이었다. 독서당의 연원은 세종 대의 유급휴가 제도인 사가독서賜暇讀書에서 시작한다. 세종은 1426년(세종 8) 12월, 젊은 문신 중에 재주가 뛰어난 자들에게 휴가를 주어 독서에 전념할 수 있게 하는 사가독서제를 실시했다. 그러나 장소가 한정되었으므로 독서와 연구에만 전념하기에는 미흡했다. 그래서 1442년(세종 24) 사가독서를 시행할 때는 진관사津寬寺에서 독서하게 하는 상사독서上寺讀書를 실시했다. 이 상사독서는 세조가 왕위를 찬탈해 집현전을 혁파함으로써 폐지되었다. 그 뒤 성종이 다시 사가독서제를 실시했으나, 자택에서 하는 독서는 내방객들 때문에 연구에 불편한 점이 많고 상사독서는 유교 정책의 견지에서 볼 때 불교의 여러 폐습에 오염될 가능성이 허다하므로 상설 국가 기구인 독서당을 두는 것이 바람직하다는 의견이 제시되었다.

1491년(성종 22) 성종은 용산에 있는 폐사廢寺인 장의사藏義寺를 수리해 처음으로 독서당을 두고 '남호南湖 독서당'이라 했으며, 이후 옥수동 일대로 옮겨 '동호東湖 독서당'이라 했다. 독서당을 호당湖堂이라고도 불렀기 때문에 남쪽의 호당, 동쪽의 호당이라는 의미로 남호, 동호로 칭한 것이다. 성종 때의 학자 조위曺偉가 쓴 「독서당기讀書堂記」에는 독서당을 설치한 유래와 취지가 잘 밝혀져 있다.

커다란 집을 짓는 자는 먼저 가시나무, 녹나무와 소태나무, 가래나무의 재목을 몇십백 년을 길러서 반드시 공중에 닿고 구렁에 솟은 연후에 그 것을 기둥으로 쓰게 되는 것이요, 만 리를 가는 자는 미리 화류驊騮와 녹이騄駬*의 종자를 구하여 반드시 꼴과 콩을 넉넉히 먹이고 그 안장을 정비한 연후에 가히 연나라와 초나라의 먼 곳에 닿을 수 있는 것이니, 국가를 경영하는 자가 미리 어진 재사를 기르는 것이 이와 무엇이 다르리오. 이것이 곧 독서당을 지은 까닭이다.

建大廈者 豫養梗南杞梓之材 於數十百年 必待昂霄聳壑 然後取爲棟樑之用 適萬里者 豫求驊騮騄駬之種 必豊其芻豆 整其鞍鞁 然後可達燕楚之遠 爲國家者 豫養賢才 亦何以異於此 此讀書堂之所由作也.

삼가 생각하건대, 본조本朝에 대대의 임금이 서로 계승하고 문치가 날로 높아, 세종대왕께서 신사神思·예지睿智가 어느 임금보다 탁월하여 그 제작의 묘함이 신명神明과 부합되어 "전장典章**과 문물은 유학자가 아니면 함께 제정할 수 없다" 하시고는, 널리 문장文章의 선비를 뽑아서 집현전을 두고 조석으로 다스리는 방법을 강하고, 또 "의리義理의 오묘함

---

*   중국 주나라 목왕이 타던 준마.
**   규칙을 적은 글.

을 연구하고, 뭇 글의 크고 넉넉함을 널리 종합하려면 전문의 업이 아니면 능히 할 수 없으리라" 하셨다. 비로소 집현전 문신 권채權採 등 세 명을 보내되, 특히 긴 휴가를 주어 산 절에서 글을 편히 읽게 하였고, 말년에는 또 신숙주 등 여섯 명을 보내어 마음껏 즐기며 실컷 그 힘을 펴게 하셨다.

恭惟 本朝列聖相承 文治日臻 世宗大王神思睿智 卓越百王 制作之妙 動合神明 以爲典章文物 非儒者 莫可共定 博選文章之士 置集賢殿 朝夕講劘治道 又以爲 硏窮義理之奧妙 博綜群書之浩穰 非專業莫克 始遣集賢文臣 權採等三人 特賜 長暇於山寺 任便讀書 季年 又遣申叔舟等六人 便得優游厭飫 大肆其力.

문종께서도 이 뜻을 이어 유학의 단아함에 뜻을 돈독히 하여, 또 홍응洪應 등 여섯 명을 보내어 휴가를 주었다. 이에 인재의 성함이 한때에 극하고, 저작의 아름다움이 중국에 비기게 되었다. 성종께서 위에 오르시자 먼저 예문관을 열어 옛 집현전의 제도를 회복하고 날로 경연에 앉아 문적의 연구에 정신을 두어, 유교의 도를 높이고 인재를 양육하니 옛날에 비교하여 더함이 있었다.

文宗繼緒 篤志儒雅 又遣洪應等六人給暇 於是 人才之盛 極於一時 述作之美 侔 擬中國 今上卽位 首開藝文館 復古集賢之制 日御經筵 覃精文籍 尊崇儒術 育養 人才 視舊有加.

병신년에 다시금 조종祖宗이 한 것처럼 채수蔡壽 등 여섯 명에게 휴가를 주었고, 올봄에 또 김감金勘 등 여덟 명에게 휴가를 내리되, 장의사藏義

寺에서 글을 읽게 하고, 옹인饔人[*]을 시켜 식사를 보내고, 주인酒人으로 하여금 단술을 담게 하고, 때로 중사中使^{**}를 보내어 하사물이 빈번하였다. 그리고 이내 승정원에 교서를 내리기를 "마땅히 성 밖에 땅을 골라 당堂을 열어서 독서할 곳을 만들라" 하셨다.

歲丙申 復用祖宗朝故事 命蔡壽等六人 賜暇 今年春 又命金勘等八人賜暇 就藏 義寺讀書 饔人致餼 酒人設醴 時遣中使 錫賚便蕃 仍敎政院曰 宜於城外 擇地開 堂 以爲讀書之所.

승정원에서 아뢰기를 "용산의 작은 암자가 이제 관가에 소속되어 폐기되었으니, 잘 수리한다면 지대가 높고 아늑하고 광활하여, 책을 읽고 학문에 힘쓰며 마음 편히 쉬는 장소로서 이곳이 가장 적당합니다" 하였다. 왕이 그 청을 옳게 여기어 관원을 보내 역사役事를 감독하게 하여 두 달만에 완성하였다. 집이 겨우 20칸이었으나 서늘한 마루와 따뜻한 방이 각기 갖추어졌다. 이에 독서당이라 사액하고 신에게 명하여 기문을 짓게 하셨다.

政院覆啓 龍山小菴 今係公廨 棄之矣 修而葺之 爽塏幽曠 藏修遊息 此最爲宜 上 可其請 遣官董役 閱兩月而成 凡爲屋 僅二十間 而夏凉冬燠 各具其所 於是賜額 曰讀書堂 命臣爲記.

— 조위, 『속동문선續東文選』 권14 「독서당기」

심수경沈守慶이 지은 『견한잡록遣閑雜錄』에, "독서당은 세종 때 창설하였는데, 연소한 자로 문장에 능숙하고 명망 있는 자를 뽑아서 장기간 휴가를 주어 독서하게 하였다. 중종 때는 동호변東湖邊에 집을 짓고, 관에서 모든 물품을 공급하여 총애가 유달랐다"라는 기록이 있는 것으로 보아 독서당에 대한 국가의 지원이 각별했음을 짐작할 수 있다. 이처럼 관리들에게 휴식 기간을 주고 독서와 학문에만 전념하게 한 독서당 제도는 현재 관공서나 대학교, 기업체 등에서 진행되는 연구년 제도와 유사하다고 볼 수 있다.

독서당에 선발된 사람의 수는 1426년(세종 8)부터 1773년(영조 49)까지 350여 년 동안 총 48차에 걸쳐 320인이었다. 대제학은 독서당을 거친 사람이라야 임명이 가능하게끔 제도화되어 있었다. 독서당은 연구 기관으로서 학문적 기능이 뚜렷했고, 옥당玉堂으로 불렸던 집현전이나 홍문관에 버금가는 평가를 받았다. 운영은 국비로 했으며, 왕들의 특별 배려에 의해 하사품이 지급되었다.

역대 왕들의 독서당에 대한 총애와 우대는 지극했다. 독서당에는 언제나 궁중에서 만든 음식이 끊이지 않았고, 왕이 매우 우수한 말과 옥으로 장식한 수레 및 안장을 하사하는 일이 많았다. 신숙주, 주세붕周世鵬, 이황, 이수광李睟光, 이산해, 유성룡柳成龍 등 조선을 대표하는 학자들이 이곳을 거쳐 갔다. 독서당의 학자들은 강 건너편 압구정까지 배를 타고 유람하며 한강의 풍광을 즐기기도 했다. 현재에 들어와 새롭게 조성된 '독서당 길'을 따라 조선 시대 학자들의 발자취를 따라가보기를 권한다.

조선 최고의 교육 기관인
성균관을 설립했던 이유는?
○

입학 시즌이 되면 대학가는 활기로 넘쳐난다. 요즈음에는 대학가 주거비의 급증과 물가 폭등으로 대학생들의 고민이 적지 않겠지만, 그래도 대학 생활은 인생에서 자신의 미래를 준비하며 가장 큰 꿈과 기대를 가져보는 시기일 것이다.

조선 최고의 대학인 성균관 역시 유생들의 입학 준비, 신고식 등으로 분주했다. 2010년에는 조선 시대 성균관 유생들의 삶과 우정, 정치적 야망을 다룬 드라마 〈성균관 스캔들〉이 인기를 끌기도 했다. 조선 시대 최고 교육기관인 성균관의 구체적인 생활상과 이곳에 들어간 유생들의 개성 넘치는 모습이 많은 시청자의 사랑을 받았다. 과연 성균관 유생들의 모습은 드라마에 비친 그대로일까? 드라마는 여장 남자를 주인공으로 한 만큼 묘한 사랑 이야기가 중심을 이루면서 매우 발랄하고 역동적인 모습으로 그려졌지만, 실제 조선 시대 성균관은 그처럼 낭만적인 곳은 아니었다. 과거의 1차 시험에 해당하는 소과(생진과)에 합격한 생원과 진사 들이 들어와 관리로 나아가는 최종 관문인 문과 시험을 준비하는 곳이었다. 낭만적이기보다 치열한 고시 경쟁이 기다리는 살벌한 공간이었을 가능성이 크다.

성균관은 조선 최고 대학으로 알려져 있지만, 그 기원은 고려 말부터 유래한다. 고려 최고 교육기관인 국자감이 충렬왕 때 성균관으로 개칭되었고, 공민왕 때는 신진 사대부를 양성하는 기관으로 기능이 강화되었다. 조선 건국 후 성균관은 인륜을 밝히고 인재를 양성한다는 '명인륜 성인재明人倫 成人材'를 목표에 두고, 1398년 현재의 성균관대학교가 있는 종로구 명륜동에 세워졌다. 성균관에는 공자와 그 제자들의 위패를 모신 문묘文廟와 교육 강당인 명륜당, 유생들의 기숙사인 동재와 서재, 식당, 약방, 전곡 출납을 맡은 양현고 등의 건물이 들어섰다. 서거정이 편찬한 시문집『동문선』권 82에 수록된 성간成侃의 「성균관기成均館記」에는 조선 시대 성균관의 연혁과 교육 이념이 잘 나타나 있다.

우리 태조께서 즉위하신 모년某年에 국학을 동북쪽에 설립하였다. 무릇 경영한 지침 및 계획과 설계와 규모, 제도가 모두 적절하게 되어 하나도 완전하지 않은 것이 없었다. 대략을 들면 남쪽에 문묘가 있고, 문묘의 좌우에 무廡가 있다. 문묘에는 앞선 성현을 제사하고, 무에는 앞선 스승을 제사하니, 이것은 나라의 옛 전례다. 동쪽에는 정록소正錄所가 있고, 그 남쪽에는 부엌이 있으며 부엌의 남쪽에는 식당이 있다. 문묘의 북쪽 양옆으로 장랑長廊*이 있고, 장랑의 북쪽에 터를 돋우고는 좌우로 곁방을 만들고 중앙에 마루를 만들어 선생과 제자가 강학하는 장소를 만들었는데, 이를 명륜당이라 부른다. 본관은 집이 대소를 합하여 무릇 96칸인데, 이 명륜당만이 문묘와 함께 특별히 높을 뿐 아니라 마름질도 잘했고 구조도 튼튼하며, 우뚝하게 높고 눈부시게 찬란하다.

* 대문의 좌우로 죽 벌여 있는 종의 방.

我太祖卽位之某年. 設國學於東北隅. 凡經營, 指計, 規模, 制度. 咸底厥宜. 無一不完. 大略南爲廟. 廟左右. 有廡. 廟主祀先聖. 而廡祀先師. 國之故典焉. 東爲正錄所. 其南爲廚. 又其南爲食堂. 廟北兩旁. 引長廊. 廊之北. 高其基. 左右夾室而中爲堂. 以爲師生講勸之所. 是謂明倫也. 館爲屋大小. 計凡九十有六. 而獨是堂. 與聖廟爲最尊. 攻斷純緻構堅. 隆然其高也. 奐然其新也.

학관學官은 대사성 이하 모두 몇 명인데, 이른 아침 북을 울려 여러 유생을 불러 뜰아래 정렬을 시키고 한 번 읍揖한 다음, 명륜당에 올라 경서를 가지고 논란한다. 군신에 대한 도리를 강론하고 부자에 대한 도리를 강론하며, 장유에 대한 도리를 강론하고 부부, 붕우에 대한 도리를 강론한다. 부드럽게 가르쳐 익숙하게 하고 서로 경계하여 도와준다. 움직이고 쉬는 때를 따라서 조이고 늦추어, 날마다 점점 나아가고 달마다 발전하여 연마시키고 변화시킨다. 후일에 장차 나라의 충신이 되고 가정의 효자가 될 자가 반드시 크게 배출될 것이다. 아, 거룩한 일인 동시에 우리 동방에 일찍이 없었던 일이다. 혹은 말하기를, 성인의 가르침이 또한 여러 가지인데 이 당을 유독 명륜당이라 한 것은 무엇 때문인가, 하기에 나는 다음과 같이 대답하였다. "부자나 군신이나 부부나 장유나 붕우의 사귐은 본래 천리의 당연한 것으로, 천지와 함께 시종을 같이하니 인간의 도리가 어찌 이보다 큰 것이 있겠는가? 하夏·상商·주周의 교校·서序·상庠·학學이 모두 이 윤리를 밝히지 않은 까닭이 없다. 인륜이 위에서 밝혀지면 백성들은 아래에서 서로 친하게 되는 것이다. (…) 진·한 이후로 정학正學이 바로 전하지 못하여 신申·한韓*이 훼손하고 노장老莊이 음란하게 하여 인륜이 밝혀지지 못함이 시작되었고, 훈고학의 얽매임과 사장학詞章學**의 떠벌림에 인륜이 전혀 밝혀지지 못하였으니 인간이 동물과 다른 점이 거의 없었다. 아, 가히 애석하지 않은가. 이제 이 명륜당에 머물고 이 명륜당을 오르내리는 자는 이 이름을 보아 그 뜻을 알며, 한갓 뜻만을 알 것이 아니라 또한 진실로 실천해서 성조聖朝의 교육을 육성하는 뜻을 저버리지 말아야 하니, 이러면 되는 것이다.

學官大司成以下凡幾人. 大昕. 鼓徵諸生. 列于庭下. 一揖之後. 升是堂. 執經論難. 講之爲君臣焉. 講之爲父子焉. 講之爲長幼焉. 講之爲夫婦朋友之道焉. 揉而熟之. 篋之翼之. 時其動息而弛張之. 日漸月漬. 磨勵變化. 他日. 將爲忠臣爲孝子於國於家者. 必將林林焉而出. 吁. 其盛矣. 自我東國以來之所未有也. 或曰. 聖人之教. 亦多端矣. 名是堂獨以明倫. 何也. 曰. 父子也. 君臣也. 夫婦也. 長幼也. 朋友之交也. 本諸天理之固然. 窮天地而始終. 夫人之爲道. 豈有大於此乎. 曰夏, 曰商, 曰周之校序庠學. 無非所以明此倫也. 人倫明於上. 庶民親於下矣. (…) 秦, 漢以來. 正學不傳. 申韓以毁之. 老莊以淫之. 而倫始不明. 訓詁之拘拘. 詞章之嘐嘐. 而倫全不明. 其異於物者. 幾希. 嗚呼. 可不惜哉. 今之遊於斯. 陟降於斯者. 覩其名而知其義. 非徒知其義. 抑亦允蹈其實. 以無負聖朝長育之意. 斯可矣.

성균관 교육의 중심은 유교 이념의 확산과 실천이었다. 군신유의, 부

---

*   법으로 나라를 다스리자고 주장한 중국 고대의 신불해申不害와 한비자韓非子.

**   조선 시대 훈구파가 중요하게 여기던 학문사장은 시, 소설, 수필 등의 문학작품을 의미한다.

자유친, 부부유별, 장유유서, 붕우유신과 같은 충, 효, 별別, 서序, 신信의 윤리는 최고의 가치이자 실천 덕목이었다. 성균관 유생들은 유교 이념을 습득하는 한편, 과거에 합격해 관직으로 나아가는 것을 목표로 삼았다. 관직을 통해 유교 이념을 확산시킬 수 있으리라 믿었던 것이다. 국가 이념인 유교를 바탕으로 정치와 사회의 질서를 잡아가고자 했던 나라 조선, 그 중심에 조선 최고의 교육기관인 성균관이 있었다.

문익점의 목면은 어떤 혁명을 갖고 왔을까?

○

고려 말 조선 초, 목면木綿의 도입이 가져온 의류 혁명은 산업혁명이라 불러도 좋을 만큼 국부 증진과 백성들의 삶에 큰 영향을 미쳤다. 고려 말 문익점文益漸이 원나라에서 비밀리에 가져온 목면은 조선 초기의 대표적인 산업이 되었다. 조선 전기의 학자 조신曺伸이 기록한 『소문쇄록謏聞瑣錄』에는 목면이 도입된 정황과 이것이 산업화된 과정이 구체적으로 기록되어 있다. 『소문쇄록』은 6,000자로 된 단편 수필집으로, 고려 말부터 조선 초까지의 주요 일화들을 담고 있다.

목면은 민광閩廣*과 교지交趾** 등지에서 나는데, 크기가 술잔만 하다. 그곳 사람들이 그것으로 천을 만드는데, 길패吉貝라고 부른다. 송강松江 사람이 오니경烏泥涇에서 심기 시작하였는데, 처음에는 씨아***와 솜 타는 활 따위의 연장이 없었으므로 손으로 씨를 뽑고 활줄을 상 사이에 설치해놓고 그것으로 타서 솜을 뽑았는데, 그 공이 심히 고생스러웠다. 원나라 초에 황도파黃道婆라는 노파가 애주崖州에서 와서 솜을 틀고 무명을 짜는 연장을 가지고 깁[紗]을 섞어서 배색을 하여 짜기도 하고 가로 세

*   지금의 푸젠 성과 광둥 성 일대.
**   지금의 베트남.
*** 목화의 씨를 빼는 기구.

로 무늬를 놓기까지 하는데, 각각 방법이 있었다. 짜서 옷과 이불, 띠, 수건을 만들었는데 사람들이 그 방법을 다 배우자 서로 다투어 만들어 다른 고을에 팔았다. 노파가 죽자 사람들이 다 그 은혜에 감사하여 함께 장사지내고 또 사당을 지어 제사하였다. 지금 북경·요양遼陽 등지에서 남녀가 일상 입는 옷이 모두 이 무명이다.

木綿. 産閩廣交趾等處. 其大如盃. 土人爲布. 名曰吉貝. 松江人始種於烏泥涇. 初無踏車推弓之製. 用手剖去子. 線弦竹弧置案間. 振掉成劑. 其功甚艱. 元初有嫗名黃道婆者. 自崖州來. 教以捍彈紡績之具. 至於錯紗配色綜線挈花. 各有其法. 織成被褥帶帨. 人旣敎. 競相作爲. 轉貨他郡. 及嫗死. 人皆感恩共葬之. 又爲立祠祭之. 今北京一路關外遼陽等處. 男女常服. 皆是綿布.

우리나라는 옛날에 무명이 없어 다만 삼, 모시, 명주실로만 천을 만들었는데, 고려 말에 진주 사람 문익점이 일찍이 중국에 갔다가 목면의 씨를 구하여 주머니에 감추어 넣고, 아울러 씨 뽑는 기구와 실 잣는 기구를 가지고 왔다. 나라 사람들이 다투어 그 방법을 전하여 100년도 못 되어 온 나라 안에 퍼져 지체가 높은 사람이나 낮은 사람이나 대체로 다 무명옷을 입었다. 또 그것을 돈으로 바꾸기도 하고 쌓아두기도 하는 일이 세상에 널리 행하여졌는데, 삼베에 비하여 갑절이나 많이 쓰였다. 처음에는 민월閩越* 등 아주 남쪽 지방에서 났으나, 온 천하에 널리 퍼져 사람을 이롭게 하였다. 전에는 없었던 이런 물건이 지금 동방에 성하게 된

---

* 중국 진한 시대에 푸젠 성 지방에 살던 월족越族이 세운 나라.

것은 익점의 공이 황도파에 못지아니하여, 나라에서 그 자손을 기용했다고 했다. 옛날에는 그 나라의 부富를 물으면 말의 수효로 대답하였고 중국 사람은 동전銅錢이나 금·은으로써 빈부를 비교하였지마는, 우리 동방에는 금·은이 나지 않으므로 우리 조정에서는 전법錢法을 시행하지 않고 다만 무명으로 화폐를 삼았다. 무명 35자가 한 필이고 50필이 한 동同인데, 쌓아둔 것이 많아야 천 동에 불과하였다. 근대의 재상 윤파평尹坡平, 상인 심금손沈金孫이 무명을 무려 천여 동이나 쌓아두었다가 갑자·병인 연간에 함께 뜻밖의 화를 입었다.

本國舊無木綿. 只用麻苧繭絲爲布. 高麗末. 晉州人文益漸嘗入朝. 取木綿種. 潛貯囊中. 並製取子車繰絲車而來. 國人競傳其法. 未百年. 流布中外. 國人上下所服. 大抵皆是. 轉貨居積. 盛行於世. 比麻布倍屣. 初生閩越極南之地. 遍滿天下. 利益於人. 未有如此物者. 及今盛於東方. 益漸之功. 不下黃道婆. 國家嘗錄用其子孫云. 古云. 問國之富. 數馬以對. 中國人例以銅錢金銀多少較貧富. 吾東方不產金銀. 本朝不行錢法. 只以綿布爲貨. 綿布三十五尺一疋. 五十疋爲一同. 居積者多不過千同. 近代宰相

문익점(1329~1398)

고려 말기의 학자이자 문신이다. 서장관으로 중국 원나라가 갔다가 목화씨를 가지고 돌아와 목화 보급에 크게 기여했다. 백성들의 삶을 이롭게 했던 문익점의 공은 이후 조선에서까지 칭송됐다.

尹坡平. 商賈沈金孫. 積綿布無慮千餘同. 甲子丙寅年間. 並罹奇禍.

위의 글에서는 문익점이 처음 목면을 우리나라에 들여온 경위와 빠른 시간에 목면이 널리 퍼진 상황, 목면이 화폐 기능을 하게 된 것 등을 기록하고 있다. 그리고 당시 목면을 쌓아 부를 축적했다가 화를 당한 재상과 상인의 이야기를 언급하고 있다.

한편 『태조실록』의 문익점 졸기에도 문익점이 목면을 도입한 상황이 자세히 기록되어 있어, 문익점의 공로를 높이 평가한 당대의 분위기를 파악할 수 있다.

전 좌사의대부左司議大夫 문익점이 졸卒하였다. 익점은 진주 강성현江城縣 사람이다. 아버지 문숙선文淑宣은 과거科擧에 올랐으나 벼슬하지 않았다. 익점은 가업을 계승하여 글을 읽어 공민왕 경자년 과거에 올라 김해부 사록金海府司錄에 임명되었으며, 계묘년에 순유박사諄諭博士로서 좌정언左正言에 승진되었다. 계품사計稟使인 좌시중左侍中 이공수李公遂의 서장관이 되어 원나라 조정에 갔다가, 장차 돌아오려 할 때 길가의 목면나무를 보고 그 씨 10여 개를 따서 주머니에 넣어 가져왔다. 갑진년 진주에 도착하여 그 씨 반으로써 본고을 사람 전객령典客令으로 치사致仕* 한 정천익鄭天益에게 심어 기르게 하였더니, 다만 한 개만이 살게 되었다. 천익이 가을이 되어 씨를 따니 100여 개나 되었다. 해마다 더 심어

---

* 전객시 벼슬을 지내고 물러난 것.

서 정미년 봄에 이르러서는 종자를 나누어 향리에 주면서 권장하여 심어 기르게 하였는데, 익점 자신이 심은 것은 모두 꽃이 피지 아니하였다. 중국의 중 홍원弘願이 천익의 집에 이르러 목면을 보고는 너무 기뻐 울면서 말하였다. "오늘날 다시 본토의 물건을 볼 줄은 생각하지 못했습니다." 천익은 그를 머물게 하여 며칠 동안을 대접한 후에 이내 실 뽑고 베 짜는 기술을 물으니, 홍원이 상세한 것을 자세히 말하여주고 또 기구까지 만들어주었다. 천익이 그 집 여종에게 가르쳐서 베를 짜 한 필을 만드니, 이웃 마을에서 전하여 서로 배워 알아서 한 고을에 보급되고, 10년이 되지 않아 또 한 나라에 보급되었다. 이 사실이 알려지니 홍무洪武 을묘년에 익점을 불러 전의주부典儀注簿로 삼았는데, 벼슬이 여러 번 승진되어 좌사의대부에 이르렀다가 졸하니, 나이 70세였다.

― 『태조실록』 태조 7년 6월 13일

이 밖에 『세종실록』에도 "문익점의 공은 만세토록 백성의 이利를 일으켰으니, 그 혜택을 생민生民에게 입힘이 어찌 적다고 하겠습니까?"라면서 그의 사당을 세워야 한다고 제안한 기록이 보이고 『정조실록』에도 문익점의 서원에 사액을 하라는 기록이 보여, 문익점을 존숭하는 분위기가 조선 시대 내내 지속되었음을 알 수 있다.

15세기 전반 목면이 널리 보급되면서 물품 화폐의 주종은 삼베에서 무명으로 바뀌었다. 15세기 국가에서 화폐로 공인한 정포正布 1필은 5승升(날실 80올), 폭은 7촌, 길이는 35척이었다. 조선 시대 목면을 재는 자의 단위인 포백척布帛尺 1척이 46센티미터임을 고려하면 1필은 16미터 38

센티미터다.

목면은 세금 납부의 수단으로 널리 활용되기도 했다. 대표적으로 조선 시대에는 군역의 부담을 지는 대신 군포를 세금으로 납부하게 했는데, 1년에 정포 2필을 바치게 했다. 그러나 군포의 부담이 백성들의 삶을 힘들게 하자 영조는 균역법을 제정해 '반값' 군포를 내게 함으로써 백성들의 부담을 줄여주었다.

4부

조선의
왕으로
살아간다는 것

정조가 매일 일기를 썼던 이유는?

○

정조는 조선의 국왕 중 여러 면에서 모범을 보인 인물이다. 그중에서도 매일 일기를 쓰고 이것을 국정의 기록으로 이어지게 한 점은 국왕 정조의 능력을 다시금 새겨보게 한다. 1760년(영조 36) 정조가 세손 시절부터 써온 일기는 왕이 된 후에도 계속되었다. 1783년(정조 7) 이후 신하들이 기록하는 방식으로 정착되었지만, 이후의 왕들 역시 정조를 모범 삼아 국정 일기를 써 내려갔다. 이렇게 해서 모인 책이 『일성록日省錄』이다.

　『일성록』의 모태가 된 것은 정조가 세손 때 쓴 일기인 『존현각일기尊賢閣日記』다. 정조가 세손 시절 경희궁의 존현각에 머물면서 일기를 썼기 때문에 '존현각일기'라고 불렀다. 정조는 중국 노나라의 유학자 증자曾子가 말한 "오일삼성오신吾日三省吾身(나는 매일 세 가지 일로 나를 반성한다)"에 깊은 감명을 받아 일찍부터 일기를 쓰는 습관이 있었다. 이는 정조가 『일성록』 편찬을 명하면서 증자의 이 글귀를 인용한 데서도 잘 드러난다. 1785년(정조 9) 정조는 그가 탄생한 후부터 『존현각일기』에 이르기까지의 내용과 즉위한 후의 행적을 기록한 『승정원일기承政院日記』 등을 기본 자료로 하여, 중요 사항을 정리해 왕의 일기를 편찬할 것을 명했다. 규장각의 신하들이 실무를 맡았고, 책의 제목은 증자의 말에서 따와 '일성록'으로 정해졌다. 『일성록』은 조선이 멸망하는 1910년까지 151년에 걸쳐 이어졌다.

『일성록』은 정조의 세손 시절 일기에서 출발했지만, 정조가 왕으로 즉위한 이후에는 국정의 주요 내용들이 수록되었다. 그러나 당시 왕의 비서실에서 작성하는 『승정원일기』가 있었기 때문에 정조는 『승정원일기』와는 다른 방식의 편찬을 지시했고, 결국 『일성록』은 주요 현안을 강綱과 목目으로 나누어 국정에 필요한 사항을 일목요연하게 찾을 수 있는 방식으로 만들어졌다. 여기에는 신하들이 올린 상소문을 비롯해 국왕의 동정과 백성이나 신하에게 내린 말, 암행어사의 지방 상황 보고서, 가뭄·홍수의 구호 대책, 죄수에 대한 심리, 정부에서 편찬한 서적, 왕의 행차에서의 민원 처리 사항 등이 월일별로 기록되어 있다. 기사마다 표제를 붙여서 열람에 편리를 기했으며, 표제어는 대개 10~20개 정도로 구성되었다. 예컨대 1776년(정조 즉위년) 3월 4일의 경우 "강계의 삼蔘 값과 환곡의 폐단을 바로잡도록 명하였다"라는 표제어에서 이 날의 주요 현안이 환곡

정조와 『일성록』

정조는 세손 시절부터 매일 일기를 쓰기 시작해 왕이 된 이후에도 국정 일기를 써갔었다. 이렇게 모아서 엮은 책이 『일성록』이다.

문제였음을 알 수 있다. 1791년(정조 15) 12월 14일의 기록은 "승지를 보내 종묘와 경모궁에 나아가 묘廟를 보살피고 부정한 일이 없는지 살피게 하였다"와, "부수찬 한광식韓光植을 교체하였다", "백령도에 표류해 온 당선唐船에 대해 저들이 원하는 대로 돌려보내라 명하였다" 등 24개의 표제어로 구성되어 있다.

한 글자 한 글자 붓으로 써 내려간 이 책에서 유난히 눈에 띄는 용어가 '나'를 지칭하는 '여予'다. 일인칭 한자인 '予'는 『조선왕조실록』이나 『승정원일기』에서 국왕을 지칭하는 '상上'과 대비되어 왕 스스로 쓴 일기임을 증명해준다. 1791년(정조 15) 3월 5일의 『일성록』 기록을 보자.

성정각誠正閣에서 시원임時原任* 대신과 규장각 벼슬아치를 소견하였다. 내가 이르기를 "근일 바람이 많이 불어 강나루에 배가 다닐 수 없는데 수향受香** 행차가 모두 노량을 통해 건넜다고 하니, 노량은 평온한 나루라 하겠다. 이로써 보건대 주교舟橋를 노량에 설치한 것은 참으로 잘하였다" 하니, 이복원李福源 등이 아뢰기를 "그렇습니다" 하였다. 이복원이 아뢰기를 "신이 일전에 감히 나이를 들어 상소하였으나 윤허를 받지 못하였으니 어찌 민망하지 않겠습니까. 특별히 깊이 헤아려주시는 은덕을 입는 것이 신의 구구한 바람입니다" 하여, 내가 이르기를 "경은 한번 생각해보라. 오늘날 조정의 모양이 실로 말이 되는가. 좌의정의 근력

---

*   현직에 있는 시임時任 벼슬아치와 전직에 있던 원임原任 벼슬아치를 아울러 이르는 말.
**   제관祭官이 제사 지내는 곳으로 가기에 앞서 임금에게 향과 제문을 받던 일.

이 다행히 남들과 달라 지금 홀로 정승 자리를 지키고 있으나 홍 영돈녕〔홍낙성洪樂性〕과 서 판부사〔서명응徐命膺〕는 모두 병들고 늙었으니, 이렇게 사람이 없을 때 경의 청을 어찌 들어줄 수 있겠는가? 이런 까닭에 홍 영돈녕의 간청도 들어주지 않았다. 영돈녕은 경에 비해 근력이 더욱 쇠퇴하여 진실로 그 뜻을 한결같이 억지로 어기기 어려우나, 경은 근력과 범절은 영돈녕에 비할 바가 아니니 결코 갑자기 허락하기 어렵다" 하였다. 채제공이 아뢰기를 "단종의 능에 절개를 다한 사람에 대해 칭찬하여 장려한 조처는 매우 성대한 덕의德義였으니, 어찌 이루 다 흠앙하겠습니까" 하여, 내가 이르기를 "혹 누락된 일이 있을까 염려되니 경은 모쪼록 고적古蹟을 살펴서 보고 듣는 대로 진달하라" 하였다.

召見時原任大臣閣臣于誠正閣. 予曰. 近日多風. 津江不得行舟. 受香之行. 皆由露梁渡涉云. 露梁可謂穩津. 以此觀之. 舟橋之設於露梁. 誠善爲矣. 福源等曰. 然矣. 福源曰. 臣於日前. 敢陳引年之疏. 未蒙允許. 豈不悶迫乎. 特垂體下之恩. 是臣區區之望也. 予曰. 卿誠思之. 今日朝著. 其果成說乎. 左相筋力. 辛得異於他人. 今方獨賢. 而洪領敦寧徐判府事. 皆病且老. 際此無人之時. 卿之所請. 豈可聽施乎. 以此之故. 洪領敦寧所懇. 亦未聽施. 領敦寧則筋力比卿尤衰. 誠難一向强拂. 而卿則筋力凡節. 非比領敦寧. 決難遽許矣. 濟恭曰. 莊陵盡節人褒揚之擧. 甚盛德事也. 豈勝欽仰乎. 予曰. 慮或有遺漏之事. 卿須披閱古蹟. 隨聞見陳達也.

위의 기록에서 영조와 신하들이 주고받은 대화와 함께 당시의 분위기를 구체적으로 접할 수 있다. 이 밖에도 『일성록』에는 위민 정치를 실천한 정조의 모습이 잘 나타나 있다. 격쟁擊錚*, 상언上言에 관한 철저한 기록이 그러한데, 『일성록』에는 1,300여 건 이상의 격쟁 관련 기록이 실려 있다. 정조는 행차 때마다 백성들의 민원을 듣고 해결책을 신하들에게 지시했다.**

『일성록』은 기본적으로 실록이나 『승정원일기』와 상호 보완적인 관계다. 그러나 격쟁이나 상언의 기록처럼 실록이나 『승정원일기』에 소략하게 다룬 내용들이 다수 수록되어 있고, 국정에 참고하기 위해 자주 활용되었다는 점에서 차별성을 보인다. 『일성록』에 기록된 수치들은 매우 구체적인데, 선례를 참고해 국정을 원활히 이끌어나가기 위해서였다. 또한 『고종실록』이나 『순종실록』이 일제의 주도하에 편찬되어 한계가 많은 점을 고려하면 고종, 순종 시대 『일성록』의 기록들은 매우 큰 의미가 있다.

『일성록』은 정조부터 마지막 왕 순종까지 150년간에 걸친 기록이 2,327책으로 편집되었다. 태조에서 철종에 이르는 실록의 기록이 1,187책(정족산본)임을 고려하면 매우 방대한 분량이다. 『일성록』은 국보 제153호로 지정되어 현재 서울대 규장각한국학연구원 국보 서고에 보관되어 있으며, 2011년 유네스코 세계기록유산에 등재되었다. 한국고전번역원에서는 『일성록』 번역 사업을 수행하고 있지만, 현재의 속도라면 상당한 시간이 소요될 것으로 예상된다. 예산과 인력이 확충되어 『일성록』 완역이 빠른 시일 내에 달성되기를 바란다. 그리고 『일성록』, 『승정원일기』, 『조선왕조실록』을 서로 비교하며 읽는 즐거움도 누렸으면 한다.

---

*　꽹과리를 두드려 억울함을 호소하는 것.

**　한상권, 『조선후기 사회와 소원제도』(일조각, 1996) 참조.

광해군은 어떻게 세금 정책을 바꿨을까?

○

2012년 천만 관객을 동원하며 흥행에 성공한 영화 〈광해, 왕이 된 남자〉의 배경은 조선의 15대 왕 광해군 시대다. 이 영화는 기본적으로 팩션 사극이면서도 광해군 시대에 일어난 국내외 쟁점을 현재의 정치적 상황과도 연결해 관객들의 눈을 사로잡았다. 영화에서 부각된 정치적 쟁점은 대내적으로는 대동법大同法 실시, 대외적으로는 후금과 명나라를 둘러싼 외교적 선택이었다. 광해군의 대표적인 개혁 정책으로 평가받는 대동법은 세법이 갖는 타당성에도 불구하고 오래도록 시행되지 못했다. 지주의 세금 부담이 강화되는 세법이기에 당시 기득권층인 지주들의 저항이 거셌기 때문이다. 이런 어려움을 뚫고 대동법을 추진하는 데는 광해군의 개혁 의지와 함께 이원익李元翼과 같은 실무 관료의 힘도 컸다. 이원익은 선조, 광해군, 인조 시대 3대에 걸쳐 여섯 번이나 영의정을 역임한 진기록을 세운 인물이었다.

임진왜란 시기 세자가 된 광해군은 함경도로 피란을 떠나 그곳에서 따로 독립된 조정을 이끌며 전란 수습에 많은 공을 세워 백성들에게 지지를 받았다. 선조 후반 영창대군이 태어나면서 왕위를 계승하는 데 위기를 맞기도 했으나, 1608년 선조의 뒤를 이어 왕위에 올랐다. 광해군은 즉위할 당시 여러 가지 어려움에 직면해 있었다. 장자도 적자도 아닌 데다가 형 임해군과 이복동생 영창대군이 건재했기에, 즉위 이듬해가 되어서야 명나라에서 정식 왕으로 승인받을 수 있었다. 광해군을 지지한 집권 북인 세력도 서인이나 남인에 비해 권력 기반이 안정적이지 못한 상황이었다. 광해군은 왕실의 적통이 아닌 왕이라는 약점을 극복하고 안정된 정국 운영을 하기 위해서는 무엇보다 민심 확보가 우선임을 인식했다. 당시 광해군이 내린 전교에 이러한 인식이 잘 나타나 있다.

목전의 긴박한 일을 가지고 말하여본다면 백성들의 일이 매우 안쓰럽고 측은하기 그지없다. 산릉山陵*의 역사役事와 중국 사신들의 행차 때 드는 비용을 털끝만 한 것도 모두 백성들에게서 염출하고 있으니, 불쌍한 우리 백성들이 어떻게 견뎌낼 수 있겠는가. 만약 위로하고 구휼할 대책을 서둘러 강구하지 않는다면 나라의 근본이 먼저 동요되어 장차 나라를 다스릴 수 없게 될 것이다. 내가 이를 매우 두려워하고 있으니, 경들은 백방으로 생각하고 헤아려 일분一分의 은혜라도 베풀기를 힘써야 한다. 예컨대 해묵은 포흠逋欠**, 급하지 않은 공부貢賦, 군졸들의 도고逃故***, 세도를 부리는 지방의 토착 지배 세력들의 침릉侵凌****은 물론 이 밖에 백성들을 병들게 하는 모든 폐단은 일체 면제해주거나 개혁하여 혹시라도 폐단이 되는 일이 없게 하라. 왕에게 바치는 방물方物*****과 내수內

---

* 국장國葬을 하기 전에 아직 이름을 정하지 않은 새 능.
** 조세를 내지 않음.
*** 도망하거나 죽은 사람.
**** 침해하여 욕을 보임.
***** 관찰사나 수령이 임금에게 바치던 그 고장의 특산물.

需의 일에 대해서는 내가 마땅히 헤아려서 감하겠다. 그리고 조정과 민간으로 하여금 소회를 다 진달하게 하여 본받을 만한 말이 숨겨지는 일이 없게 하면 더없는 다행이겠다. 이런 뜻으로 대신에게 말하라.

姑以目前切迫者言之, 生民之事, 極可愍惻. 山陵之役, 詔使之行, 其所需用, 秋毫盡出於民力, 哀我赤子, 若之何能堪 儻不爲急講撫恤之策, 邦本先搖, 將無以爲國. 予甚瞿然, 卿等百爾思度, 務宣一分之惠. 如積年逋欠, 不急貢賦, 軍卒逃故, 豪勢侵凌, 此外凡干病民之弊, 一切蠲革, 無或有弊端. 如供上方物內需之事, 則予當量減焉. 且令中外, 盡陳所懷, 使嘉言罔伏, 不勝幸甚. 此意言于大臣.

— 『광해군일기』, 광해 즉위년(1608) 3월 2일

광해군은 당시 백성들에게 커다란 부담이었던 선조의 산릉 공사, 중국 사신행차 비용 등을 비롯해 밀린 조세나 군역, 토호들의 침탈, 진상 방물, 내수 비용 등을 감면해주거나 개혁하게 하면서 아울러 국정 쇄신책에 대한 광범위한 의견 수렴을 꾀하였다. 광해군 즉위 초의 현안은 민생을 안정시켜 국정 운영의 기반을 확보하는 일이었고, 그중에서도 공물 변통은 백성들이 실제 체감할 수 있는 중요한 개혁책이었다. 광해군은 영의정 이원익의 의견을 받아들여 선혜청을 설치하고 경기도에 대동법을 실시하기 위한 기반을 마련했다. 『광해군일기』의 다음 기록에는 대동법 실시의 배경과 함께 이원익이 주도적인 역할을 했다는 사실이 잘 나타나 있다.

선혜청을 설치하였다. 전에 영의정 이원익이 의논하기를 "각 고을에서 진상하는 공물貢物이 서울 모든 관아의 방납인防納人*들에 의해 중간에서 막혀 물건 하나의 가격이 몇 배 또는 몇십 배, 몇백 배가 되어 폐단이 이미 고질화되었는데, 기전畿甸**의 경우는 더욱 심합니다. 그러나 지금 마땅히 별도로 하나의 청을 설치하여 매년 봄가을 백성들에게서 쌀을 거두되, 1결당 매번 8두씩 거두어 본청에 보내면 본청에서는 당시의 물가를 보아 가격을 넉넉하게 헤아려 정해 거두어들인 쌀로 방납인에게 주어 필요한 때 사들이게 함으로써 간사한 꾀를 써 물가가 오르게 하는 길을 끊으셔야 합니다. 그리고 두 차례 거두는 16두 가운데 매번 1두씩을 감하여 해당 고을에 주어 수령의 공사公私 비용으로 삼게 하고, 또한 일로一路 곁의 고을은 사객使客이 많으니 덧붙인 수를 감하고 주어 1년에 두 번 쌀을 거두는 외에는 백성들에게서 한 되라도 더 거두는 일을 허락하지 마소서. 오직 산릉과 중국 사신의 일에는 이러한 제한에 구애되지 말고 한결같이 시행하소서" 하니, 따랐다. 그런데 전교 가운데 '선혜'라는 말이 있었기에 이 청의 명칭을 삼은 것이다. 의정議政을 도제조로 삼고, 호조판서가 부제조를 겸하게 하였으며, 낭청 2원員***을 두었다. 이 뒤로 수령이 못된 자일 경우 정해진 법 외에 더 거두어도 금할 수 없었고, 혹은 백성들의 집을 침탈해서 법으로 정한 뜻을 다 행할 수 없었다. 그러나 기전의 논밭에 물리는 세금에 대한 역役은 이에 힘입어 조금 나아졌다.

---

*   백성을 대신해 공물을 나라에 바치고 백성에게서 높은 대가를 받아내던 하급 관리나 상인.

**   조선 시대의 경기도 일대.

*** 고려·조선 시대에 각 고을을 맡아 다스리던 지방관들을 통틀어 이르는 말이다.

設宣惠廳. 初領議政李元翼議: "以各邑進上貢物, 爲各司防納人所搪阻, 一物之價, 倍蓰數十百, 其弊已痼, 而畿甸尤甚. 今宜別設一廳, 每歲春秋, 收米於民, 每田一結, 兩等例收八斗, 輸納于本廳, 本廳視時物價, 從優勘定, 以其米, 給防納人, 逐時貿納, 以絶刁蹬之路. 又就十六斗中, 兩等各減一斗, 給與本邑, 爲守令公私供費, 又以路傍邑, 多使客, 減給加數, 兩收米外, 不許一升加徵於民. 惟山陵詔使之役, 不拘此限, 請畫一施行." 從之. 以傳敎中有宣惠之語, 以名其廳. 以議政爲都提調, 戶判兼爲副提調, 置郎廳二員, 是後守令不得人, 則法外加收, 亦不能禁, 或侵及烟戶, 不能盡行法意. 然畿甸田結之役, 賴此少蘇矣.

—『광해군일기』, 광해 즉위년(1608) 5월 7일

이원익의 주장은 대동법을 전담할 관서로 선혜청을 설치하고 그에 걸맞은 관원을 배치한 다음, 결당 쌀 16두를 봄·가을로 나누어 8두씩 징수하고 그중 7두씩을 방납인들이 구해 온 공물 비용으로 주게 함으로써 방

이원익(1547~1634)과 광해군(1575~1641)

조선 시대에는 각 지방에서 생산되는 특산물로 공물을 바치게 했다. 자연재해나 생산에 문제가 생겨도 반드시 특산물로 바치게 하면서, 이를 이용한 관리나 상인이 백성을 대신해 공물을 바치고 그 대가를 몇 배씩 가중시키는 일이 벌어졌다. 당시 조선의 조세제도는 심각한 문제를 겪고 있었던 것이다. 조선 후기 민심 확보를 중요하게 여겼던 광해군은 기존의 공납제를 폐지하고, 공물을 쌀로 통일하여 바치게 하는 납세제도인 '대동법'을 만들었다. 이것이 가능했던 데는 실무 관료였던 이지함의 역할이 크게 작용했다. 그렇지만 지주의 세금 부담이 강화되는 세법이기에 그리 오래 시행되지는 못했다.

이원익

광해군

납의 폐단을 없애자는 것이었다. 그리고 나머지 1두씩은 각 군현에 유치해 수령의 공사 비용을 충당하게 하고, 산릉 공사와 중국 사신을 맞이하는 경우 외에는 쌀 16두 외에 징수를 허용하지 말자는 것이었다.

이는 당시의 폐단을 해결할 수 있는 매우 합리적인 제안이었다. 그러나 대동법은 지주들의 저항으로 오래도록 실시되지 못하다가 광해군의 개혁 의지와 현실을 진단한 이원익의 노력으로 겨우 빛을 보게 되었다. 조선 중기의 학자 이식李植이 이원익에게 시호를 내리도록 건의하며 임금에게 올린 시장諡狀*에도 대동법 실시에 크게 기여한 이원익의 행적이 자세히 기록되어 있다.

광해군이 육조판서를 공의 자택으로 보내 백성의 일에 대해 물어보게 하니, 공이 선혜청을 설치하여 대동법을 시행할 것을 요청하였다. 그것인즉 매년 봄과 가을에 백성의 논밭 1결당 백미 8두씩을 거두어 모두 경고京庫에 납부하게 한 다음, 수시로 각사의 사주인私主人에게 나누어 주어 스스로 상공上供하는 공물을 판매해서 바치게 하되, 시장 가격의 고하를 감안하여 여유 있게 자금을 내어줌으로써 사주인으로 하여금 자급하게 한다. 이 밖에는 한 자의 포목이나 한 되의 쌀이라도 민호民戶에서 추가로 징수하지 못하게 하여, 사주인이 방납하는 행위를 통해 열 배의 이익을 독차지하게 되는 폐단을 혁파한다. 그 조항들이 참으로 정밀하여 앞으로 계속 시행할 만하였다. 광해군이 우선 경기 지방에서 시험해

* 고인의 살아생전의 일들을 적은 글.

보도록 명하였다. 그러자 거실巨室과 호민豪民과 사주인 모두가 방납으로 얻는 큰 이익을 잃자 백 가지 방도로 저지하고 소요를 일으켰다. 광해군이 여러 번 이를 그만두려고도 하였으나, 경기 백성들이 다투어 그 타당성을 역설하였다. 그러므로 지금까지 행해지면서도 폐단이 없다.

光海仍遣六卿. 就第問民事. 公請設宣惠廳行大同法. 每春秋. 逐民田一結. 各收米八斗. 輸於京庫. 以時俵給. 各司私主人. 使自貿納上供諸物. 視時市估高下而優剩其數. 使私主人. 亦得以自資. 此外不許尺布升米. 加徵民戶. 以革私主人防納什倍之弊. 科條精密. 經久可行. 光海命先試之畿內. 巨室豪民與主人等. 皆失防納大利. 百途沮擾. 光海屢欲罷之. 以畿民爭言其便. 故行之至今無弊.

— 『택당집』 택당선생별집 8권,

「영의정 완평부원군 이 공 시장領議政完平府院君李公諡狀」

여섯 번이나 영의정을 지낸 이원익은 평소 검소하게 살아 청백리淸白吏*에 오를 정도로 성품과 능력에서 뛰어난 평가를 받은 인물이었다. 선조는 죽음을 앞두고 광해군에게 "여러 신하 중에 오직 이원익에게만 큰일을 맡길 수 있다. 나는 후한 예로 그를 대우하지 못하였다. 성의를 보여야 그를 쓸 수 있을 것이다群臣惟某可任大事. 予不能用優禮以待. 示以誠意. 可以爲用也"(『오리선생문집梧里先生文集』 부록 권 2, 유사遺事)라고까지 했다. 이 말은 임진왜란을 극복하는 과정에서 선조의 마음속에 자리 잡은 이원

---

* 재물에 대한 욕심이 없이 곧고 깨끗한 관리라는 의미로, 조선 시대에 이품 이상의 당상관과 사헌부, 사간원의 수직들이 추천하여 뽑던 청렴한 벼슬아치이다.

익에 대한 신뢰가 얼마나 컸는지를 잘 보여준다. 광해군은 즉위하자 부친의 뜻을 이어 이원익을 영의정에 임명했다. 이원익은 남인이라는 소수 정파에 속해 있었음에도 경기 대동법을 강력히 추진했고, 붕당의 폐단 극복과 능력 위주의 인사 정책 등 국정 전반에 걸친 과감한 개혁을 주장했다. 이는 즉위 초의 민심 수습과 국정 쇄신이라는 의미뿐 아니라 대북 大北* 세력의 일방적인 정국 운영을 견제하는 측면도 있었다.

　선조, 광해군, 인조 대를 살아간 관료이자 학자인 이원익은 학자의 면모보다는 학문적 능력을 실무 정책에 반영한 관료의 성향이 짙어 보인다. 오랜 기간 국가의 요직을 맡으면서 정치·경제·사회·국방의 다양한 현안들을 합리적으로 해결하고 수습하는 역할을 했다. 당쟁이 치열하게 전개되는 시점임에도 당파에 기울지 않고 국가의 현안 해결을 최우선으로 삼으며 합리적인 처신을 한 점이 돋보인다. 이러한 이원익의 면모는 3대에 걸쳐 여섯 차례나 영의정을 맡는 기반이 되었다. 이원익 같은 인물이 그리운 것은 국익이나 민생보다 명분이나 이념, 당론이 우선시되는 현실 정치에 대한 불만 때문은 아닐까?

＊　북인北人 가운데 홍여순洪汝諄과 이산해 등을 중심으로 한 분파. 선조 때 홍여순이 대사헌이 되려 하는 것을 같은 북인인 남이공이 반대하면서 갈려 나왔다. 광해군대의 대북 세력의 최고 핵심 인물은 정인홍과 이이첨이었다.

세종은 왜 5개월 동안 국민투표를 실시했을까?

○

매번 선거철이 되면 빠지지 않는 공약 가운데 하나가 세금 문제다. 어느 시대든 세금은 그 시대를 살아가는 사람들에게 가장 중요한 이슈였고, 580여 년 전 세종 시대에도 과세 기준에 대한 고민이 있었다.

조선 시대에 나라의 가장 큰 재원은 토지에 부과하는 세금이었다. 건국 초기에는 손실답험법損失踏驗法이라 해서 풍흉을 직접 조사해 세금을 매기는 방식을 취했으나, 토지를 조사하는 위관委官들의 성향에 따라 세금이 좌우되었기 때문에 문제가 많았다. 이에 세종은 공법貢法이라는 새로운 세법을 마련했다. 공법이란 국가가 수취하는 토지세의 한 제도로서, 수년간의 수확량을 통산해 평년의 수익을 정해진 비율로 삼아 세금을 매기는 제도였다.

1427년(세종 9) 세종은 창덕궁 인정전에 나아가서 문과文科 시험문제로 공법에 관련된 내용을 출제했다. 공법 시행에 앞서 재능 있는 선비들의 좋은 아이디어를 얻기 위해서였다.

인정전에 나아가 문과 책문策問의 제題를 내었다. 왕은 이렇듯 말하노라. "예로부터 제왕帝王이 정치를 함에는 반드시 일대一代의 제도를 마련하니, 책을 살펴보면 이를 알 수 있다. 전제田制*의 법은 어느 시대에 시작되었는가? 하나라는 공법으로 하고, 은나라는 조법助法으로 하고, 주나라는 철법徹法**으로 한 것이 겨우 전기傳記에 나타나 있는데, 삼대의 법을 오늘날에도 시행할 수 있겠는가? (…) 명나라에서 문득 옛 제도를 따라 하나라의 공법을 채택하였다 해서, 어찌 그것이 행하기가 편리하고 쉽다고만 할 것인가. 우리 태조 강헌대왕께서는 집안을 일으켜 나라로 만드신 후 먼저 토지 제도를 바로잡으셨고, 태종 공정대왕께서도 선왕의 뜻을 따라 평민을 보호하셨다. 나는 덕이 적은 사람으로 큰 기업을 계승하게 되었으니, 우러러 조종祖宗의 훈계를 생각하여 융평隆平의 다스림에 이르기를 기대했으나, 그 방법을 얻지 못하였다. 돌아보건대 어떻게 닦아야만 이룰 수 있겠는가? 일찍이 듣건대 다스림을 이루는 요체는 백성에 대한 사랑보다 앞서는 것이 없다고 하니, 백성을 사랑하는 시초란 오직 백성에게 취하는 제도가 있을 뿐이다. 지금에 와서 백성에게 취하는 것은 전제와 공부貢賦***만큼 중한 것이 없는데, 토지 제도는 해마다 조신朝臣을 뽑아서 여러 도에 나누어 보내어, 손실을 실지로 조사하여 적중適中을 얻기를 기하였다. 간혹 사자로 간 사람이 나의 뜻에 부합되지 않고, 백성의 고통을 구휼하지 아니하여, 나는 이를 매우 못마땅하게 여겼다. (…) 조법은 반드시 정전井田을 행한 후에야 시행되므로, 역대의 중국에서도 오히려 또한 시행되지 않았는데, 하물며 우리나라는

---

*   논밭에 관한 제도를 말한다.

**   공전公田과 사전私田의 구별을 없애고 수확의 1할을 거두어들였다.

***   나라에 바치던 물건과 세금을 통틀어 이르던 말이다.

산천이 험준하고 고원과 습지가 꼬불꼬불하여 시행되지 못할 것이 명백하였다. 공법은 하나라의 책에 기재되어 있고, 비록 주나라에는 조법도 있고 공법도 있었다고 하나, 다만 그것이 여러 해의 중간을 비교하여 일정한 것을 삼음으로써 좋지 못하였다고 이르는데, 공법을 사용하면서 이른바 좋지 못한 점을 고치려고 한다면 그 방법은 어떻게 해야 하겠는가? (…) 맹자는 말하기를 '어진 정치는 반드시 토지의 구분과 분배(經界)에서 시작된다'라 하였으며, 유자有子는 말하기를 '백성이 여유 있게 풍족하면 임금이 어찌 부족하겠는가'라 하였다. 내가 비록 덕이 적은 사람이나 이에 간절히 뜻이 있다. 그대들은 경술에 통달하고 정치의 대체를 알아 평일에 이를 강론하여 익혔을 것이니, 모두 진술하여 숨김이 없게 하라. 내가 장차 채택하여 시행하겠노라."

御仁政殿, 出文科策問題. 王若曰: "自古帝王之爲治, 必立一代之制度, 稽諸方策, 可見矣. 制田之法, 昉於何時? 夏后氏以貢, 殷人以助, 周人以徹, 僅見於傳記. 三代之法, 可行於今日歟? (…) 皇明動遵古制, 而取夏后之貢, 豈其行之便易歟?" 惟我太祖康獻大王, 化家爲國, 首正田制, 太宗恭定大王, 遹追先志, 懷保小民. 肆予寡昧, 嗣承丕基, 仰惟祖宗之訓, 期至隆平之治, 未得其道, 顧何修而致歟? 嘗聞致治之要, 莫先於愛民, 愛民之始, 惟取民有制耳. 今之取於民, 莫田制貢賦之爲重. 若田制則歲揀朝臣, 分遣諸道, 踏驗損實, 期於得中, 間有奉使者, 不稱予意, 不恤民隱, 予甚非之. (…) 助法, 必井田而後行. 歷代中國, 尙且不能, 況我國山川峻險, 原隰回互, 其不可也明矣. 貢法載於 『夏書』, 雖周亦助, 而鄉遂用貢, 但以其較數歲之中, 以爲常, 謂之不善, 用貢法而去. 所謂不善, 其道何由? (…) 孟子曰: "仁政必自經界始." 有子曰: "百姓足, 君孰與不足!" 予雖涼德, 竊有志於斯焉.

세종(1397~1450)과 공법

조선 시대에 가장 큰 재원은 토지에 부과하는 세금 문제였다.
세종은 '공법'이라는 새로운 세법을 마련해 수년간의 수확량을 통산해
평년의 수익을 정해진 비율로 삼아 세금을 매기는 제도였다.
이 제도를 시행하는 일을 앞두고 세종은 3월 5일부터 8월 10일까지
무려 5개월 동안 찬반 의견을 물었다.

子大夫通經術, 識治體, 講之於平日熟矣, 其悉陳無隱, 予將採擇而施用焉.

— 『세종실록』, 세종 9년(1427) 3월 16일

세종은 과거 시험에 공법 관련 내용을 출제함으로써 공법 제정 문제가 조정의 현안임을 강조하는 한편 공법 시행 이전에 분위기를 미리 조성하고자 했다. 그리고 신하와 유생 들의 의견을 알아본 후 최종적인 시행은 백성이 결정할 사안이라고 판단했다.

1430년(세종 12) 세종은 '공법'이라는 새로운 세법 시안을 두고 백성들의 찬반 의사를 묻는 국민투표를 실시했는데, 투표 기간이 3월 5일부터 8월 10일까지로 무려 5개월이었다. 세종의 치밀한 성품과 백성들을 최우선으로 하는 의지를 알 수 있는 대목이다. 『세종실록』에는 "정부·육조와, 각 관사와 서울 안의 전직前職 각 품관과, 각 도의 관찰사·수령 및 품관부터 여염의 가난한 사람에 이르기까지 모두에게 찬반 의견을 물어서 아뢰게 하라"(세종 12년 3월 5일)라는 기록이 보인다. 이어 투표가 거의 끝나갈 무렵 이런 기록이 나온다.

정사를 보았다. 호조판서 안순安純이 아뢰기를 "일찍이 공법의 편의 여부를 가지고 경상도의 수령과 백성 들에게 물어본즉, 좋다는 자가 많고 좋지 않다는 자가 적었사오며, 함길·평안·황해·강원 등 각 도에서는 모두 불가하다고 한 바 있습니다" 하니, 임금이 말하기를 "백성들이 좋지 않다면 이를 행할 수 없다. 그러나 농작물의 잘되고 못된 것을 직접 찾아 조사할 때 각기 제 주장을 고집하여 공정성을 잃은 것이 자못 많았고, 또 간사한 아전들이 잔꾀를 써서 부유한 자를 편리하게 하고 빈한한 자를 괴롭히고 있어, 내가 심히 우려하고 있다. 각 도의 보고가 모두 도착하거든 공법의 편의 여부와 답사해서 폐해를 구제하는 등의 일들을 관리들로 하여금 깊이 의논하여 아뢰게 하라" 하였다.

視事. 戶曹判書安純啓: "曾以貢法便否, 訪于慶尙道守令人民, 可多否少, 咸吉, 平安, 黃海, 江原等道, 皆曰: '不可.'" 上曰: "民若不可, 則未可行之. 然損實踏驗之際, 各執所見, 頗多失中. 且姦吏用謀, 富者便之, 貧者苦之, 予甚慮焉. 各道所報皆到, 則貢法便否及踏驗救弊等事, 令百官熟議以啓."

—『세종실록』, 세종 12년(1430) 7월 5일

위의 기록에서 세종은 "백성들이 좋지 않다면 이를 행할 수 없다"라고 천명했다. 아무리 좋은 제도라도 백성이 찬성하지 않으면 행할 수 없다는 세종의 선언은 오늘날에도 많은 시사점을 준다.

1430년 8월 10일 호조에서는 공법 실시를 둘러싼 국민투표의 결과를 보고했다. 17만여 명의 백성들이 투표에 참여해 9만 8,657명이 찬성, 7만 4,148명이 반대한 것으로 집계되었다. 찬반 상황을 실록에 지역별로 기록할 정도로 공법은 국가의 역량이 집중된 사업이었다. 당시 인구수를 고려할 때 17만여 명이면 노비나 여성을 제외한 거의 전 백성이 참여한 것이었다. 오늘날처럼 인터넷이나 전화로 여론조사를 할 수 없었던 시절에 수많은 백성을 대상으로 일일이 투표에 참여하게 한 점이 매우 눈길을 끈다. 관리들이 집집마다 찾아가 의견을 물었을 가능성이 큰데, 국가의 적극적인 지원 없이는 불가능한 일이었다. '민본'과 '민주적 절차', '백성과의 소통'을 중시한 세종의 의지는 580여 년 전의 국민투표를 가능하게 했고, 그 성과물인 공법은 우리 역사상 최고의 시대인 세종 시대를 더욱 빛나게 만들었다.

영조의 반값 군포는 과연 성공했을까?

○

정치권에서 국민과의 소통은 늘 중요한 화두이다. 그만큼 소통하기가 쉽지 않다는 뜻일 것이다. 전통 시대에도 백성과 소통하려는 의지가 강한 왕들이 있었는데, 가장 대표적인 인물이 영조다. 영조는 왕이 되기 전에 궁궐 밖에서 생활했다. 경복궁 서쪽에 있는 창의궁이 영조가 살던 집으로, 영조는 젊은 시절의 대부분을 이곳에서 보내면서 백성들의 생활상을 직접 목격할 수 있었다. 이런 경험 때문인지 왕으로 즉위한 뒤에도 그는 백성을 위한 정책 수립에 골몰했다. 영조는 당시 가장 큰 사회문제가 되고 있던 백성들의 군역 부담 해결을 최우선 과제로 인식했다. 1750년(영조 26) 5월 19일 영조는 군역 부담에 대한 백성들의 생생한 현장 목소리를 듣기 위해 창경궁의 정문인 홍화문 밖으로 나섰다. 당시 영조와 신하 및 백성 들이 주고받은 대화를 살펴보자.

임금이 홍화문에 나아가 사대부와 서인庶人을 불러서 양역良役*에 대하여 물었다. 임금이 영의정 조현명趙顯命 등에게 말하기를 "이윤伊尹**이 이른바 '한 사람이라도 제자리를 얻지 못한다면 내가 밀쳐서 구렁에 떨

---

* 조선 시대에 16세부터 60세까지의 양인 장정에게 부과하던 공역을 말한다. 노역에 종사하는 '요역徭役'과 군사적인 목적의 '군역軍役'이 있었다.

** 중국 은나라의 전설상의 인물. 이름난 재상으로 선정을 베풀었다.

어뜨린 것과 같다' 하였는데, 바로 내 마음을 이른 말이다" 하고, 이어서
하교하기를 "너희들의 고질적인 폐단은 양역보다 더한 것이 없기 때문
에 궐문에 임하여 묻는 것이다. 유포遊布*와 구포口布**는 당초에 논하고
도 싶지 않으니, 호포戶布***와 결포結布****로써 너희들의 소원 여부를 듣고
자 한다. 「반경盤庚」*****세 편은 모두 백성에게 하유下論하는 글이다. 나도
지금 백성들에게 하유하노니, 각자 소견을 말하라" 하고, 윤음을 받아
적으라 명한 뒤 말하기를 "아! 이번에 궐문에 임한 것은 실로 백성을 위
한 연유에서다. 우리 사서士庶들은 모두 이 하유를 들으라. 생각해보면,
지금의 민폐는 양역 같음이 없으니, 지금에 이르러 고치지 않는다면 앞으
로 어느 지경에 이르러 수레를 풀고 휴식을 풀지 모르는 일이다" 하였다.

上御弘化門, 召士庶人, 詢問良役. 上謂領議政趙顯命等曰: 伊尹所謂 '一夫不獲,
若己推而納溝中' 者, 正謂予心也." 仍教曰: "汝等痼弊, 莫如良役, 故臨門下詢. 游
布, 口布, 初不欲論, 而戶, 結布間, 欲聞汝之願否. 盤庚三篇, 皆是論民之書. 予今
亦諭于民, 其各陳所見." 令書綸音曰: "噫! 今者臨門, 實由爲民. 嗟我士庶, 咸聽茲
諭. 顧今民弊, 莫若良役, 及今不更張, 將不知稅駕何地.

양역은 16세부터 60세까지의 양인 장정에게 부과하던 공역公役으로,

---

*　　일정한 직업이 없이 양역에서 면제된 이들에게 징수하는 군포.

**　　개인별로 징수하는 군포.

***　　가호마다 징수하는 군포.

****　토지 결수를 기준으로 징수하는 군포.

*****『서경』의 편명.

노역을 하는 요역傜役과 군사적인 목적의 군역이 있었다. 이 가운데 군역을 대신해 군포軍布 즉 베를 내는 제도가 있었는데, 어린아이나 죽은 사람, 친척, 이웃의 군포까지도 부담하게 됨으로써 백성들의 원망이 끊이지 않았다. 영조는 홍화문에서 백성들을 불러 양역에 대한 의견을 물으면서, 고질적인 양역의 폐단을 현시점에서 꼭 고치겠다는 의지를 피력했다. 그리고 호포, 결포, 유포 등 군역 부담의 구체적인 방안들을 제시하며 백성들의 의견을 구했다.

"내가 임어한 지 24년이 되었으나 아직도 머뭇거리고 있다. 뜻을 비록 간직하고 있다 하더라도 이 역시 선령과 신민을 저버림이 되는 것이다. 부모가 자식을 위하여 일을 경영하면서도 자식에게 하유하지 않으면, 이 어찌 부모의 도리라고 하겠는가? 한더위를 정양靜養하는 가운데 있으면서 병을 무릅쓰고 문에 임하여 사서士庶를 불러 물어보는 것이다. 예부터 폐단을 구하려 하는 자는 호포니 결포니 유포니 구전口錢이니 하고 말하는데, 구전은 일이 매우 보잘것없고 유포 역시 매우 불편하니, 이 두 가지는 나의 뜻이 결코 시행하고 싶지 않으므로 지금 묻는 것은 호포와 결포 및 이 밖에 좋게 폐단을 바로잡을 수 있는 방도인 것이다. 너희도 상상컨대 칠실漆室의 한탄*이 있을 것이니, 각기 면전에서 소회를 말하고 모름지기 물러나서 후회하는 일이 없게 하라" 하였는데, 오

---

* 노나라의 칠실에 살던 처녀가 정치의 잘못으로 피해를 입었다는 말에서 유래한 표현으로, 정치가 잘못된 것을 한탄한다는 뜻.

부五部의 방민坊民과 금군禁軍 등 50여 인이 모두 호포가 편하다 말하고, 결포가 편하다 말한 자는 몇몇에 불과하였다.

臨御二紀, 尙今遲回. 意雖在焉, 此亦負陛降負吾民也. 父母爲子弟做事, 而不諭子弟, 是豈父母之道哉? 當暑靜攝之中, 强疾臨門, 召問士庶. 自昔說救弊者, 戶布也結布也遊布也口錢也. 口錢事甚零瑣, 遊布亦甚難便, 此二件予意決不可行, 今問者戶布, 結布與此外好樣救弊之道也. 爾等想有漆室之歎, 其各面陳, 毋須退悔. 五部坊民及禁軍等五十餘人, 皆言戶布便, 而便結布者不過數三人.

영조는 군역 부담을 경감하는 균역법 시행에 앞서 백성들을 직접 만나 의견을 널리 구했다. 이후에도 양인들의 군역에 관한 절목節目 등을 검토하고, 7월에는 양역에 관해 유생들의 의견을 들어보는 등 적극적인 여론조사와 양역의 개선 방향에 대한 면밀한 검토를 거쳤다. 그리고 7월 11일 전의감典醫監에 청廳을 만들어 균역청均役廳이라 이름하고, 예조판서 신만申晩, 이조판서 김상로金尙魯, 사직 조영국趙榮國·홍계희洪啓禧를 당상으로 삼았다. 이로써 본격적으로 균역법을 실시할 수 있는 토대가 마련되었다. 균역법의 주요 내용은

영조(1694-1776)

조선 시대에서 백성들과 소통하기 위해 가장 노력을 기울였던 왕으로 알려져 있다. 특히 백성들에게 많은 부담을 줬던 군포 제도를 보완할 수 있는 방안들을 마련하기 위해 애썼다.

1년에 백성들이 부담하는 군포 2필을 1필로 납부하게 하는 것이 핵심이었다. 요즘 표현으로 하면 '반값 군포'를 실현한 것이다.

균역법의 실시로 국가의 재정 부담이 커지자 영조는 부족한 재원을 마련하기 위한 작업에 들어갔다. 우선 일정한 직업 없이 놀고 있는 재력가들에게 선무군관選武軍官이라는 명목으로 군포를 내게 했다. 이들은 양반과 비슷한 복장을 하고 호적에 유학幼學이라 칭하던 자들로서 종래에는 군역을 부담하지 않던 계층이었다. 조선 후기 상공업의 발달과 함께 이런 층들이 점차 확대되는 추세였기에 국가는 이들에게 선무군관이라는 명칭을 주는 대신 군포를 징수하게 한 것이다. 이 외에 결작結作이라는 세금을 신설해 지주들에게 1결당 쌀 2말이나 5전의 돈을 부담하게 하는 토지세를 만들어 땅이 많은 양반 지주들의 부담을 늘렸고, 왕실의 재원으로 활용하던 어세漁稅, 염세鹽稅, 선세船稅를 군사 재정으로 충당했다. 결국 균역법의 실시는 백성들의 부담을 줄이는 대신 양반층, 특히 땅이 많은 지주들의 부담을 늘리는 효과를 가져왔다. 백성들과 소통하면서 균역법이라는 국가 정책을 실천한 영조의 모습이 결코 옛일로만 느껴지지 않는 시대다.

왕비가 되기 위한 첫 번째 관문은?

○

간택은 왕실 혼례식의 첫 번째 관문이었다. 국가에서는 왕실의 결혼에 앞서 금혼령禁婚令을 내리고 결혼 적령기에 있는 팔도의 모든 처녀를 대상으로 '처녀단자處女單子'를 올리게 했다. 처녀들의 나이는 시기적으로 차이가 있으나 대개 10대 초중반이었다. 처녀단자를 올릴 필요가 없는 규수는 종실의 딸, 이씨의 딸, 과부의 딸, 첩의 딸 등에 한정되었다. 또한 양친이 생존해 있거나 세자(또는 왕의 자녀)보다 2~3세 연상인 처자를 선호했다. 왕보다 왕비(원경왕후, 정성왕후, 명성황후)가 연상인 경우가 많은 것은 왕비(왕세자빈) 후보감을 구할 때 이런 점을 고려했기 때문이다.

처녀단자에는 첫 줄에 처녀의 생년월일을 적었고 둘째 줄에는 간택인의 사조四祖(부, 조, 증조, 외조)를 적었다. 서류 심사에서 처녀의 나이와 집안 배경을 고려했음을 알 수 있는 대목이다. 왕실의 혼사에 많은 처녀가 단자를 올릴 것 같지만 응모자는 대개 25~30명 정도에 불과했다. 간택은 형식상의 절차였을 뿐 규수가 내정된 경우가 대부분이었고, 간택에 참여하는 데 큰 부담이 따른 탓도 있었다. 간택의 대상이 된 규수는 의복이나 가마를 갖추어야 하는 등 준비 비용이 만만치 않았을 뿐 아니라, 설혹 왕실의 부인으로 간택되더라도 정치적으로 상당한 부담이 따랐기 때문에 이를 기피하는 경향이 컸다. 혜경궁 홍씨의 회고록 『한중록閑中錄』에도 단자 제출을 망설인 정황이 나타나 있다.

그 해에 간택 단자 받는 명이 내리니 혹이 말하되 "선비 자식이 간택에 참예치 않으나 해로움이 없을지니 단자를 말라, 빈가貧家에 의상을 차리는 폐를 덞이 마땅하다" 하니, 선인이 가라사대 "내 대대로 나라에서 녹봉을 받는 신하요, 딸이 재상의 손녀니 어찌 감히 기망欺罔하리오" 하시고 단자를 하시니…….

혜경궁 홍씨는 이어서 "그때 우리 집이 극빈하여 새로 의상을 해 입을 수 없었으므로 치맛감은 형의 혼수에 쓸 것으로 하고 옷 안은 낡은 천을 넣어 입히셨고 다른 차비는 선비께서 빚을 얻어 차리시느라고 애쓰시던 일이 눈에 암암하였다"라고 회상했다.

1926년 강효석姜斅錫이 편찬한 『대동기문大東奇聞』이라는 야사집에는, 간택에 얽힌 정순왕후의 재미있는 일화가 실려 있다. 1759년(영조 35) 정순왕후는 15세의 어린 나이로 66세의 왕 영조의 계비가 되었다. 영조의 정비 정성왕후가 사망했기 때문이다. 간택은 1759년 6월 창경궁 명정전에서 거행되었고, 정순왕후는 매우 총명한 모습을 보여주었다. 이날의 일은 『대동기문』「이사관탈초구헌정순왕후李思觀脫貂裘獻貞純王后」부분에 기록되어 있다.

왕후가 15세인 기묘년, 정성왕후의 국상이 이미 끝난 후에 영조가 친히 간택에 임하여 궁중에 사대부 처녀들을 모으게 하였다. 정순왕후는 홀로 자리를 피하여 앉았다. 영조가 왜 자리를 피하느냐 물으니, 왕후는 "아비 이름이 여기에 있는데 어찌 감히 자리에 앉겠습니까?"라 답하였다. 대개 간택 시에는 그 아비의 이름을 방석 끝에 썼기 때문이다.

至王后十五歲己卯 貞聖王后喪期已盡 英廟親臨揀擇 聚集士大夫女子於宮中 后
獨避席而坐 上聞何避也 后曰父名在此 安敢當席而坐 蓋揀擇時 書其父名於方
席之端故也.

왕이 여러 처녀에게 묻기를 "어떤 물건이 가장 깊은가?" 하자, 혹은 산
이 깊다 하고 혹은 물이 깊다 하여 의견이 일치하지 않았다. 정순왕후는
홀로 사람의 마음이 가장 깊다 하였다. 영조가 까닭을 묻자, "왕후는 다
른 물건의 마음은 예측할 수 있지만 사람의 마음은 예측할 수 없습니다"
하였다. 영조가 또 어떤 꽃이 가장 좋으냐 물었다. 혹은 복사꽃이, 혹은
모란이, 혹은 매화가 좋다 하여 대답하는 바가 일치하지 않았다. 왕후는
홀로 목화가 가장 좋다고 대답하였다. 영조가 까닭을 묻자, "다른 꽃은
일시적으로 좋지만, 오직 목화는 옷으로 천하 사람들을 입혀 따뜻하게
하는 공이 있습니다" 하였다.

上問衆女子 何物最深 或言山深 或言水深 衆論不一 后獨曰人心最深 上問其故
對后曰物心可測 人心不可測也 上又問何花最好 或言桃花 或言牧丹花 或言梅
裳花 所對不一 后獨言曰棉花最好 上問其故 對曰 他花不過一時之好 惟棉花衣
被天下 有溫煖之功也.

이때 마침 큰비가 세차게 내리고 있었다. 영조가 "능히 월랑月廊* 기와

---

* 궁궐이나 절 등의 정당正堂 앞이나 좌우에 지은 줄행랑.

의 수를 셀 수 있느냐?" 물었다. 모두 손가락으로 1, 2, 3, 4를 셌다. 왕후는 머리를 숙이고 묵묵히 앉아 있다가 "몇 개입니다"라 대답하였다. 영조가 어떻게 알았느냐 묻자, "처마 끝에서 떨어지는 빗방울 소리로 알았습니다"라 대답하였다. 영조가 놀라고 기이하게 여겼다. 그다음 날 아침 채색의 무지개가 궁궐 안에서 일어나 정순왕후가 세수하는 그릇으로 들어가니 왕후의 덕이 있다 하여 특별히 간택하여 왕비로 삼았다.

時適雨下滂沱 上曰能數月廊瓦行也 皆以手指數一二三四 后低頭況默而坐 對曰 其行也 上曰何以知之 以數簷溜故 知之也 上瞿然異之 其翌朝 彩虹自闕中起 挿 於后盥洗器 以其有后之德 特揀正宮.

간택을 받는 자리에서 당당하고 총명하게 처신한 정순왕후. 그러나 정순왕후는 비록 나이는 어렸지만 추상같은 성격의 소유자이기도 했다. 이는 왕비로 간택된 후 왕비에 걸맞은 의복을 맞추기 위해 치수를 재는 여관女官과의 아래 일화에서도 잘 드러난다.

장차 입궁하려 할 때 여관이 의복을 짓기 위해 정순왕후에게 돌아서 앉아줄 것을 청하였다. 왕후가 정색을 하면서 말하기를 "네가 돌아서 앉을 수는 없는가?" 하니, 여관이 매우 황공해하였다.

將入宮之時 女官欲爲衣樣 請后回坐 后正色曰 爾不能回坐乎 女官惶恐.

15세의 어린 나이에 비해 놀랍도록 지혜롭고 어른스러운 한편 자신의 의사 표현에서는 추상같은 면모를 보인 정순왕후. 이처럼 강단이 있는 여성이었기에 그는 19세기 순조 즉위 직후 수렴청정의 중심에 서서 폭풍 정국을 주도해나갔다.

왕실의 비서실에서 문서와 사건을
기록한 까닭은?

○

『승정원일기』는 조선 시대 왕명의 출납을 맡으면서 비서실의 기능을 한 승정원에서 날마다 취급한 문서와 사건을 일자별로 기록한 책이다. 원래 조선 건국 초부터 작성된 것으로 여겨지나, 현재 남아 있는 것은 1623년 (인조 1)부터 1910년(융희 4)까지 288년간의 기록 3,243책이다. 이 기록 만으로도 『승정원일기』는 분량 면에서 세계 최고의 역사 기록물이라 할 만하다. 『승정원일기』는 1999년 4월 9일 국보 제303호로 지정되었고, 2001년 9월에는 세계기록유산으로 등재되었다. 정치의 미세한 부분까지 정리된 방대한 기록, 288년간 빠짐없이 기록된 날씨, 왕의 동선이 상세히 나타난 점은 『승정원일기』만의 특별한 가치라 할 수 있다. 『승정원일기』는 실록 편찬에 가장 기본적인 자료로 활용되었으며, 왕의 최측근 기관인 비서실에서 작성함으로써 국왕의 일거수일투족과 정치의 미세한 부분까지 자세히 기록되었다. 특히 국가적 역량이 결집된 행사인 경우 왕과 신하들의 대화까지 기록해 현장의 모습을 생생히 담아냈다.

영조가 재위 기간 의욕적으로 추진한 청계천 공사에 관한 내용을 보면 『승정원일기』의 기록이 얼마나 상세한지를 알 수 있다. 특히 대화체로 영조와 신하들의 의견을 적고 있어 현장의 생동감이 느껴진다.

다음은 1758년(영조 34) 5월 2일 영조가 미시未時 (오후 2시경)에 숭문당에 나갔을 때의 기록이다. 영조가 어영대장 홍봉한洪鳳漢 을 비롯해 승지,

기사관, 기주관 등과 개천을 파는 준천濬川 문제를 깊이 논의한 사실이 나타난다.

영조 : 저번에 광충교廣衝橋를 보니 금년 들어 더욱 흙이 메워져 있다. 가히 걱정이 된다.

홍봉한 : 하천 도랑의 준설이 매우 시급합니다. 만약 홍수를 만나면 천변川邊 인가는 필시 대부분 떠내려가는 화를 입을 것입니다.

(…)

영조 : 경들이 도랑을 준천하는 일을 담당하면 좋겠다.

홍봉한 : 신들이 담당하게 된다면 어찌 진력하여 받들어 행하지 않겠습니까?

영조 : 서울의 백성들을 불러 물은 후에 실시하는 편이 옳을 듯하다. 설령 하천을 준설해도 모래흙을 둘 곳이 없지 않은가?

홍봉한 : 어떤 이는 배로 운반한다 하고, 어떤 이는 수레나 말로 실어 나른다 하는데, 한번 시험해보면 알맞은 방도가 있을 것입니다.

영조(웃으며) : 성중城中에 배를 들일 수 있는가?

홍봉한 : 배로 운반한다는 것은 큰비가 내린다면 가능한 방법인 듯합니다.

영조 : 사관史官들은 의견이 다를 수도 있으니 각자 소견을 말해보라.

사관 : 　도랑을 준설하는 것이 급한 일이나, 만약 민력을 동원한
다면 초반에는 원망이 없지 않을 것입니다.

영조 : 　다른 사람들도 의견을 말해보라.

(…)

기사관 이해진李海鎭 : 신은 시골 사람이라 준천의 이해난이利害難易에 대
해 정견定見이 없습니다만, 도성 내의 여론을 들어
보니 모두 준천을 하는 것이 옳다고 합니다.

기주관 서병덕徐秉德 : 준천의 방도에 대해서 강구해본 적은 없습니다만,
북악이 잘 붕괴되고 동쪽 도랑이 잘 막히니, 먼저
북악의 수목을 기르고, 동쪽 도랑의 막힌 부분을 깊
이 파낸 연후에 효과를 볼 수 있을 것입니다.

『승정원일기』

조선 시대에 왕명의 출납을 관장하면서 비서실 역할을 했던 승정원에서 있었던 날마다의 문서
와 사건을 기록한 책으로 분량이 3,243책에 달한다. 이는 조선 시대의 최고 기밀기록이며,『비
변사등록備邊司謄錄』,『일성록』 등과 더불어 귀중한 사료로 여겨진다. 2001년에는 유네스코에
의해 세계기록유산으로 지정되기도 했다.

영조 :　　　옳은 의견이다.

上曰, 頃見廣衝橋比年尤爲湮塞, 可悶矣. 鳳漢曰, 川渠之浚, 急於救焚拯溺, 若遇
大水, 則川邊人家必多漂沒矣. (…) 上曰, 卿等擔當濬渠, 可也. 對曰, 若使臣等當
之, 則何不盡力奉行乎? 上曰, 召問都民, 而後試之, 可也. 上曰, 雖使濬掘, 而其沙
土, 無處可置矣. 鳳漢曰, 或云舟以運之, 或云車以載之, 馬以駄之, 而第試事, 則
可有區處之道矣. 上笑曰, 舟何以入城中乎? 鳳漢曰, 舟運之說, 若値大水, 則似有
運去之道矣. 上曰, 史官, 不爲苟同, 而各陳所見, 可也. 臣達曰, 濬渠雖急, 而若動
民力而爲之, 則不無初頭民怨. (…) 上曰, 上番陳之. 海鎭對曰, 臣鄕曲之人也. 浚
渠之利害難易, 未有定見, 而第聞城內物議, 則皆以可濬矣. 秉德對曰, 浚渠之策,
曾未講究, 而北岳善崩, 東溝下塞, 必須先養北山之樹木, 深濬東溝之湮塞, 然後
乃可責效矣. 上曰, 是矣.

이 내용은 『영조실록』과 비교해보면 특히 얼마나 상세한지 알 수 있다.
『영조실록』에는 영조 36년 2월 23일 호조판서 홍봉한이 성 밖의 물길을
잡는 방법에 대해 아뢰자 이를 윤허한 내용이 짧게 기록되어 있다. 이에
비해 『승정원일기』의 같은 날 기록은 매우 상세한 내용을 담고 있다.

진시辰時 희정당에서

영조 :　　　나의 마음은 오로지 준천에 있다.

　　　　　　(…)

영조 :　　　오간수문의 역처役處가 이미 깊어졌으니 6일 내 한 일이
　　　　　　대단하다.

홍봉한 :	그저께만 해도 역군이 수문간에서 몸을 펴지도 못했으나 한번 구멍을 뚫으니 점차 팔 수 있었습니다. 이는 진실로 많은 백성의 힘이 하늘을 이긴 것입니다.
영조 :	정말 그러하다.
홍봉한 :	맹인들도 부역에 참여하기를 원합니다.
영조 :	괴이한 일이다. 그들이 흙과 물을 볼 수 있는가?
홍봉한 :	반드시 그들이 가동家僮과 노비를 부역에 보내려는 것이니, 신들이 보내지 말라는 뜻으로 분부를 내렸습니다.
영조 :	그 마음은 가상하다.

上曰, 予之一心, 在於濬川 (…) 上曰, 五間水門役處旣深, 六日內役事, 可謂壯矣. 鳳漢曰, 再昨則役軍, 不能屈伸於水門之間矣. 一出穴之後, 役處漸出, 眞所謂人衆勝天矣. 上曰, 然矣. 鳳漢曰, 盲人欲爲赴役 聚會自願矣. 上曰, 可怪矣, 渠何能見水土乎? 鳳漢曰, 必以渠輩家僮僕赴役, 而臣勿赴之意, 已分付矣. 上曰, 其心則可嘉.

1760년 드디어 청계천 공사가 완성되고 영조는 『준천사실濬川事實』의 편찬을 명했다. 『영조실록』 영조 36년 3월 16일의 기록에는 『준천사실』을 만들도록 명했다는 것과, 영조가 홍봉한에게 "준천한 뒤에 몇 년이나 지탱할 수 있겠는가"를 물었고 홍봉한이 "그 효과가 100년을 갈 것입니다"라 답한 내용, 사관이 이를 비판한 내용이 나온다. 『승정원일기』에서 같은 날 유시酉時 희정당에 호판, 판윤, 훈련대장 등이 모였을 때의 기록을 보자.

영조 : 준천 공사는 지금 어디까지 했는가?

홍봉한 : 송전교에서 광통교까지 이미 완료되어 내일 연결될 것입니다. 수표교에서 광통교에 이르는 구간은 너무 넓어 공역工役이 갑절 어려웠습니다. 〔이하 공사 경과보고.〕

영조 : 나는 모래흙의 처리가 힘들 것으로 생각했는데 금번의 일은 매우 잘된 것 같다.

(…)

홍계희 : 옛날에도 하천을 다스린 사례를 신도 들었습니다만 자세한 것은 모릅니다. (…) 글로 써서 공사의 사실을 기록해야 하는데 제목 정하기가 어렵습니다.

영조 : '준천사실'로 이름을 정하라.

(…)

영조 : 금번 준천 후에 다시 막히는 일이 없겠는가?

홍봉한 : 갑을지론이 없는 것은 아니나 100년 내에는 반드시 막히지 않을 것입니다.

(…)

영조 : 승지의 의견은 어떤가?

이사관李思觀 : 얼마나 갈는지는 잘 모르겠습니다만, 갑자기 다시 막히는 일은 분명 없을 것입니다.

홍봉한 : 차후에 한성부의 장관과 삼군문 대장이 주관하여 군문軍門에서 각기 약간의 재력을 각출하여 사후 준천의 비용에 대비한다면 매우 편의할 것입니다.

구선행具善行 : 홍봉한의 의견과 같습니다. 이렇게 한 연후에 앞으로도 실효가 있을 것입니다. 금번 굴착이 끝난 후 각 다리에 표석標石을 만들고 차후에는 이것으로 한계를 삼아 항상 노출되어 있게 하는 것이 좋습니다.

영조 : 표석은 '경진지평庚辰地坪'으로 새기고 침수되지 않게 하면 유효할 것이다.

上曰, 濬川役事今至何境乎? 洪鳳漢曰, 自松廛橋至廣通橋, 已爲, 自明日始編結矣. 自水標橋至廣通橋, 其間闊大, 工役倍難矣. 上曰, 予以沙土處置爲難, 而今番事善爲矣. (…) 洪啓禧曰, 昔之導川, 臣亦聞之, 而未得其詳, (…) 作一文字以記事實, 而題目難矣. 上曰, 以濬川事實, 名之, 可也. (…) 上曰, 今番濬川後, 能不更塞乎? 鳳漢曰, 不無甲乙之論, 而百年內必不埋塞云矣. (…) 上曰, 承旨之意, 何如? 李思觀曰, 久近實不知, 而必不至猝然更塞矣. 鳳漢曰, 此後使京兆長官 三軍門大將主管, 軍門各出若干財力, 以爲日後濬川之費, 則事甚便矣. 具善行曰, 小臣之意, 與戶判同矣. 如此然後, 來頭亦有實效矣. 今番掘去後, 各橋皆有標石, 此後以標石爲限, 使之常露則好矣. 上曰, 標石刻以庚辰地平, 而使不埋沒, 則有效矣.

이상으로 청계천 준천 사업의 경과를 『승정원일기』를 통해 살펴보았다. 『영조실록』에는 간략하게 결과에 해당하는 사실이 기록된 반면, 『승정원일기』는 결과가 나오기까지의 과정이 국왕과 신하의 대화 형식으로 설명되어 있다. 또한 일이 추진된 시간, 장소, 배석 인원에 대한 기록이 자세해 국왕의 동선을 추적할 수 있고, 일을 추진하는 과정에서 제기된 찬반 의견을 알 수 있다. 특히 경진지평 표석은 현재의 광통교 다리에서도 볼 수 있어 역사의 생동함을 확인할 수 있다.

이렇듯 청계천 공사 기록이 『조선왕조실록』보다 『승정원일기』에 더 많이 나오는 이유는, 실록이 국왕 사후에 사관이 기록한 사초를 중심으로 재편집하는 과정을 거친 데 비해 『승정원일기』는 국왕의 비서실인 승정원에서 현장의 모습을 그대로 담았기 때문이다. 『승정원일기』는 1차 사료의 원형을 그대로 유지한 것이다. 현재 한국고전번역원에서는 『승정원일기』 번역 사업을 추진하고 있다. 계획된 책의 분량은 번역본으로 5,000책 정도고, 1년에 50책 정도가 번역되니 현재의 속도라면 거의 100년이 걸리는 사업이다. 더 많은 인력이 투여되어 『승정원일기』의 완역이 앞당겨졌으면 한다. 『승정원일기』의 완역은 『조선왕조실록』의 완역이 그랬듯 조선 시대 정치와 경제, 문화에 대한 이해를 한층 깊고 풍부하게 해줄 것이다.

훈민정음 반포를 반대한 논리는 무엇일까?

○

1443년(세종 25) 세종은 새로 우리글 28자를 창제했다. 그해 12월 30일 실록에는 "이달에 임금이 친히 언문 28자를 지었는데, 그 글자가 옛 한자 서체 중 하나인 전자篆字를 모방하고, 초성·중성·종성으로 나누어 합한 연후에야 글자를 이루었다. 무릇 문자에 관한 것과 이어俚語*에 관한 것을 모두 쓸 수 있고, 비록 간단하고 요약하지마는 전환하는 것이 무궁하니, 이를 훈민정음이라 일렀다是月, 上親制諺文二十八字, 其字倣古篆, 分爲初中終聲, 合之然後乃成字, 凡干文字及本國俚語, 皆可得而書, 字雖簡要, 轉換無窮, 是謂 訓民正音"라고 기록되어 있다.

'백성을 가르치는 바른 소리'라는 뜻의 훈민정음은 무엇보다 창제 동기가 밝혀져 있다는 점에서 세계적으로 으뜸가는 문자라고 볼 수 있다. 세종은 "나라의 말씀이 중국과 달라 문자와 서로 통용되지 않으므로, 어리석은 백성들이 말을 하고자 하는 바가 있어도 마침내 제 뜻을 펴지 못한 자가 많다. 내가 이를 가련하게 여겨, 새로 스물여덟 글자를 만드니 사람마다 쉽게 써서 날로 사용함에 편안하게 하고자 한다國之語音 異乎中國 與文字不相流通 故愚民 有所欲言 而終不得伸其情者 多矣 予爲此憫然 新制二十八字 欲使人人易習 便於日用矣"라고 창제 동기를 밝혔다.

---

*   항간에 떠돌며 쓰이는 속된 말.

그러나 훈민정음 창제를 모두가 찬성한 것은 아니다. 반대파의 대표적인 인물로는 집현전 부제학 최만리崔萬理가 있었는데, 1444년(세종 26) 2월 20일 그는 훈민정음 창제를 반대하는 상소문을 올렸다. 그는 먼저, "신 등이 엎디어 보옵건대, 언문을 제작하신 것이 지극히 신묘하와 만물을 창조하시고 지혜를 운전하심이 천고에 뛰어나시오나, 신 등의 구구한 좁은 소견으로는 오히려 의심되는 것이 있사와 감히 간곡한 정성을 펴서 삼가 뒤에 열거하오니 엎디어 성재聖裁*하시옵기를 바랍니다臣等伏觀 諺文制作, 至爲神妙, 創物運智, 夐出千古. 然以臣等區區管見, 尙有可疑者, 敢布危懇, 謹疏于後, 伏惟聖裁"라고 한 후 구체적인 반대 이유를 열거했다. 첫째는 문자를 만드는 것이 중국을 사대事大하는 데 잘못이 된다는 점이었다.

우리 조선은 조종 때부터 내려오면서 지성스럽게 대국大國을 섬기어 한결같이 중화의 제도를 준행하였는데, 이제 글을 같이하고 법도를 같이하는 때를 당하여 언문을 창작하신 것은 보고 듣기에 놀라움이 있습니다. 설혹 말하기를 '언문은 모두 옛 글자를 본뜬 것이고 새로 된 글자가 아니라' 하지만, 글자의 형상은 비록 옛날의 전문篆文을 모방하였을지라도 음을 쓰고 글자를 합하는 것은 모두 옛것에 반대되니 실로 의거할 데가 없사옵니다. 만일 중국에라도 흘러 들어가서 혹시라도 비난하여 말하는 자가 있사오면, 어찌 대국을 섬기고 중화를 사모하는 데 부끄러움이 없사오리까?

---

* 임금의 허가를 높여 이르는 말.

我朝自祖宗以來, 至誠事大, 一遵華制, 今當同文同軌之時, 創作諺文, 有駭觀聽. 儻曰諺文皆本古字, 非新字也, 則字形雖倣古之篆文, 用音合字, 盡反於古, 實無所據. 若流中國, 或有非議之者, 豈不有愧於事大慕華?

둘째, 그는 중국 글자가 아닌 고유문자가 있는 나라는 모두 오랑캐 민족이라고 강조했다.

예부터 구주九州의 안에 풍토는 비록 다르오나 지방의 말에 따라 따로 문자를 만든 것이 없사옵고, 오직 몽고·서하西夏*·여진·일본과 서번西蕃의 종류가 각기 그 글자가 있으되, 이는 모두 이적夷狄의 일이므로 족히 말할 것이 없사옵니다.

自古九州之內, 風土雖異, 未有因方言而別爲文字者, 唯蒙古, 西夏, 女眞, 日本, 西蕃之類, 各有其字, 是皆夷狄事耳, 無足道者.

셋째, 이두가 있음에도 한글을 쓰는 것은 적절하지 않다고 지적했다.

신라 설총의 이두는 비록 야비한 이언俚言이오나, 모두 중국에서 행하는 글자를 빌려서 어조語助에 사용하였습니다. 따라서 문자가 원래 서로 분리된 것이 아니므로, 비록 서리나 복예僕隷**의 무리에 이르기까지도

---

* 1038년 티베트계 탕구트 족 탁발씨拓跋氏인 이원호가 간쑤[甘肅]와 내몽고의 서부에 세운 나라.
** 남의 집에서 대대로 천한 일을 하던 사람.

반드시 익히려 하면 먼저 몇 가지 글을 읽어서 대강 문자를 알게 된 연후라야 이두를 쓰게 되옵니다. 즉 이두를 쓰는 자는 모름지기 문자에 의거하여야 능히 의사를 통하게 되므로 이두로 인하여 문자를 알게 되는 자가 자못 많사오니, 또한 학문을 흥기시키는 데 한 도움이 되었습니다. (…) 이번의 언문은 새롭고 기이한 한 가지 기예에 지나지 못한 것으로서, 학문에 방해됨이 있고 정치에 유익함이 없으므로, 아무리 되풀이하여 생각하여도 그 옳은 것을 볼 수 없사옵니다.

新羅薛聰吏讀, 雖爲鄙俚, 然皆借中國通行之字, 施於語助, 與文字元不相離, 故

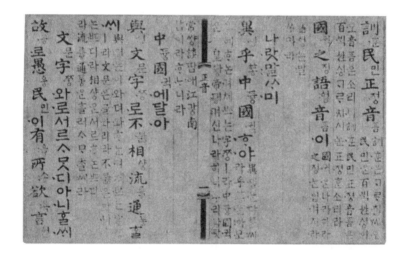

훈민정음

세종의 가장 큰 업적 중 하나는 훈민정음 제정이다. 그러나 훈민정음 반포를 앞두고 여러 세력의 반대에 부딪혀야 했다.

雖至胥吏僕隷之徒, 必欲習之. 先讀數書, 粗知文字, 然後乃用吏讀. 用吏讀者, 須憑文字, 乃能達意, 故因吏讀而知文字者頗多, 亦興學之一助也. (…) 今此諺文 不過新奇一藝耳, 於學有損, 於治無益, 反覆籌之, 未見其可也.

이어서 최만리는 세종이 "사형 집행이나 재판의 판결서에 임하여 (…) 한글을 쓰면 비록 지극히 어리석은 사람일지라도 모두 쉽게 알아들어서 억울함을 품을 자가 없을 것이다若曰如刑殺獄辭, (…) 今以諺文直書其言, 讀使聽之, 則雖至愚之人, 悉皆易曉而無抱屈者"라고 한 말에 반박하여, "형옥刑獄의 공평하고 공평하지 못함은 옥리獄吏의 어떠하냐에 있고, 말과 문자의 같고 같지 않음에 있지 않사옵니다刑獄之平不平, 在於獄吏之如何, 而不在於言與文之同不同也"라고 지적했다. 또한 "언문은 할 수 없어서 만드는 것이라 한다면, 이는 풍속을 변하게 하여 바꾸는 큰일이므로 마땅히 재상에서 아래로는 모든 벼슬아치에 이르기까지 함께 의논하되, 나라 사람이 모두 옳다 하여도 오히려 선갑先甲 선경先庚하여 다시 세 번을 더 생각하고, 제왕에 물어보아 어그러지지 않고 중국에 상고하여 부끄러움이 없으며 백세百世라도 성인을 기다려 의혹됨이 없는 연후라야 시행할 수 있는 것이옵니다儻曰諺文不得已而爲之, 此變易風俗之大者, 當謀及宰相, 下至百僚國人, 皆曰可, 猶先甲先庚, 更加三思, 質諸帝王而不悖, 考諸中國而無愧, 百世以俟聖人而不惑, 然後乃可行也"라면서 지나치게 빨리 한글을 시행하는 데 따른 문제점도 지적했다.

마지막으로 그는 "동궁이 비록 덕성에 성취됐다 하더라도 오히려 마땅히 성학聖學에 마음을 두어 아직 도달하지 못한 것을 더욱 찾아야 합니다"고 하면서, "언문이 비록 유익하다 이를지라도 특히 문사文士의 육예六藝의 한 가지일 뿐이옵니다. 하물며 만에 하나도 정치하는 도리에 유익됨이 없사온데, 정신을 연마하고 사려를 허비하며 날을 마치고 때를 옮기시오니, 실로 시민時敏*의 학업에 손실되옵니다諺文縱曰有益, 特文士六藝之一耳, 況萬萬無一利於治道, 而乃研精費思, 竟日移時, 實有損於時敏之學也"라고 하여 한글이 정치하는 도리나 정신의 연마에 전혀 유익하지 못하다고 비판했다. 세종은 최만리의 상소문을 보고 다음과 같이 조목조목 지적했다.

너희가 이르기를 '음흡을 사용하고 글자를 합한 것이 모두 옛 글에 위반된다' 하였는데, 설총의 이두 역시 음이 다르지 않으냐? 또 이두를 제작한 본뜻이 백성을 편리하게 하려 함이 아니겠느냐? 만일 그것이 백성을 편리하게 한 것이라면 이제의 언문도 백성을 편리하게 하려 한 것이 아니겠느냐? 너희는 어찌하여 설총은 옳다 하면서 군상君上의 하는 일은 그르다 하는가. 또 네가 운서韻書**를 아느냐? 사성四聲·칠음七音에 자모가 몇이나 있느냐? 만일 내가 그 운서를 바로잡지 아니하면 누가 이를 바로잡을 것이냐. 또 상소문에 이르기를 '새롭고 기이한 한 가지 기예'라 하였으니, 내 늘그막에 날을 보내기 어려워 서적으로 벗을 삼을 뿐인데, 어찌 옛것을 싫어하고 새것을 좋아하여 하는 것이겠느냐? 또는 전렵田獵으로 매사냥을 하는 예도 아닌데 너희의 말은 지나침이 있다. 그리

---

* 시대에 긴밀해야 한다는 의미이다.

** 한자의 운韻을 분류해 일정한 순서로 배열한 서적을 통틀어 이르는 말.

고 내가 나이 늙어서 국가의 서무庶務를 세자에게 오로지 맡겼으니, 비록 세미細微한 일일지라도 참예하여 결정함이 마땅하거든, 하물며 언문이겠느냐. 만약 세자로 하여금 항상 동궁에만 있게 한다면 환관에게 일을 맡길 것이냐. 너희가 시종侍從하는 신하로서 내 뜻을 밝게 알면서도 이러한 말을 함이 옳겠느냐?

上覽疏, 謂萬理等曰: 汝等云: '用音合字, 盡反於古.' 薛聰吏讀, 亦非異音乎? 且吏讀制作之本意, 無乃爲其便民乎? 如其便民也, 則今之諺文, 亦不爲便民乎? 汝等以薛聰爲是, 而非其君上之事, 何哉? 且汝知韻書乎? 四聲七音, 字母有幾乎? 若非予正其韻書, 則伊誰正之乎? 且疏云: '新奇一藝.' 予老來難以消日, 以書籍爲友耳, 豈厭舊好新而爲之? 且非田獵放鷹之例也, 汝等之言, 頗有過越. 且予年老, 國家庶務, 世子專掌, 雖細事固當參決, 況諺文乎? 若使世子常在東宮, 則宦官任事乎? 汝等以侍從之臣, 灼知予意, 而有是言可乎.

세종은 무엇보다 한글이 백성들에게 편리한 글임을 강조하면서 최만리의 비판 상소를 적극적으로 반박했다. 백성을 최우선으로 여긴 세종의 정신은 한글 창제와 더불어 『농사직설農事直說』과 『향약집성방鄕藥集成方』의 간행이나 측우기, 자격루와 같은 과학 기구의 발명에서 꽃을 피우게 되었다.

정도전이 주장했던 왕의 최고 역할은?

○

1398년 8월 조선왕조 건국의 최고 주역 정도전이 피습되었다. 가해자는 태조의 다섯째 아들 이방원(후의 태종)이었다. 조선 건국의 최고 주역이면서도 이성계의 신임에 따라 엇갈린 위치에 있었던 두 사람의 악연은 선제공격을 취한 이방원의 승리로 끝났다. 역사적으로는 1차 왕자의 난으로 불리는 사건이다. 이방원은 왜 왕자의 난을 일으켜 정도전을 죽여야만 했을까?

조선왕조는 건국 후 '조선'이라는 국호를 정하고 도읍을 한양으로 옮겼으며, 각종 궁궐과 관청의 정비에 착수했다. 태조의 신임 속에 이러한 사업을 총지휘한 인물이 정도전이다. 정도전은 『조선경국전』의 저술을 통해 조선왕조의 이념적 지표들과 정치체제들을 설정해나갔다. 그중에서도 핵심적인 내용은 재상권, 즉 신하의 권력을 강조한 부분이었다. 정도전의 문집인 『삼봉집』 권 7, 『조선경국전』 '치전총서治典摠序'의 기록을 보자.

치전은 이조판서가 관장하는 것입니다. 사도司徒 이하 모두가 총재의 소속인즉, 교전敎典 이하가 또한 총재의 직책입니다. 총재에 적임자를 얻으면 육전六典이 잘 시행되고 모든 관직이 잘 다스려집니다. 그러므로 왕의 직책은 한 명의 재상을 의논해 정하는 데 있다고 하였으니, 바로 총재에 대해 말한 것입니다.

治典 冢宰所掌也 司徒以下 皆冢宰之屬 則敎典以下 亦冢宰之職也 冢宰得其人 六典擧而百職修 故曰人主之職 在論一相 冢宰之謂也.

위로는 왕을 받들고 아래로는 백관을 통솔하고 만민을 다스리니, 그 직책이 큽니다. 또한 왕의 자질에는 어둡고 현명하고 강하고 약함이 한결같지 않으니, 그 아름다운 점은 따르고 나쁜 점은 바로잡으며, 옳은 일은 왕에게 올리고 옳지 않은 일은 바꾸어 왕이 대중大中의 영역에 들어가게 해야 합니다. 그러므로 상相이라고 하니 도와서 바로잡는다는 뜻입니다.

上以承君父 下以統百官治萬民 厥職大矣 且人主之材 有昏明強弱之不同 順其美而匡其惡 獻其可而替其否 以納於大中之域 故曰相也 輔相之義也.

여기서 '국왕의 직책은 한 재상을 선택하는 데 있다'는 말이나 '국왕의 자질에는 어리석음도 있고 현명함도 있으며 강력한 자질도 있고 유약한 자질도 있어 한결같지 않다'는 말은 왕권보다 재상, 즉 신하의 권한을 특히 강조한 부분이다. 이어서 정도전은 재상의 역할을 구체적으로 제시한다.

백관은 서로 직책이 다르며 모든 백성은 맡은 일이 다르니, 공평하게 하여 그들이 마땅함을 잃지 않게 해야 하며, 고르게 하여 각기 제자리를 얻게 해야 합니다. 그러므로 재宰라고 하니, 모든 일을 통괄한다는 뜻입니다. 궁궐 안의 비밀스러운 일이나 후궁들이 왕을 모시는 일, 왕을 측근에서 모시는 신하들의 업무, 수레나 말, 의복이나 장식과 같은 좋아하는 물건, 음식을 올리는 일에 이르기까지 오직 총재만은 이를 알고 있어야 합니다.

百官異職 萬民異業 平之使不失其宜 均之使各得其所 故曰宰也 宰制之義也 至於宮闈之密 而嬪媵之進御 瞽御之執役 輿馬服飾之玩 食飲之供 惟冢宰得知之.

'총재는 중신重臣이므로 왕이 예모禮貌로써 대하는 바인데, 몸소 이처럼 작고 자질구레한 일까지 친히 한다는 것은 너무 번거로운 것 아닌가?' 할 수 있지만, 아닙니다. 후궁이나 왕을 측근에서 모시는 신하들은 본래 왕의 심부름을 맡은 사람들인데, 이들이 삼가지 않으면 간사하고 아첨하여 왕을 미혹하는 일이 있게 되고, 수레와 말, 의복과 음식은 본래 왕의 몸을 섬기는 것인데 절제하지 않으면 사치하여 낭비하는 일이 생기게 됩니다. 그러므로 옛 왕이 법을 만들 때 이러한 것들을 모두 총재에게 소속시켜, 그로 하여금 절제하고 한정하게 하였으니, 그 생각이 원대한 것이었습니다.

冢宰重臣也 人主之所禮貌也 而身親細微之事 不其冗乎 曰非也 嬪媵瞽御 本以備使令也 不謹則有邪媚之惑 輿馬衣服飲食 本以奉 身也 不節則有奢華侈用之費 故先王立

정도전(1342 ~ 1398)

고려에서 조선으로 넘어가는 시기에 역사의 중심에서 새 왕조를 설계했던 인물이다. 그러나 자신이 꿈꿨던 성리학적 이상세계가 실현되는 것을 보지 못한 채 정적의 칼에 단죄되는 비극적인 삶을 살았다.

法 擧以此屬之家宰 而以爲之制節限量 其慮遠矣.

무릇 왕의 존귀함 때문에 신하들이 우러러보면서 왕을 바르게 하는 것은 어렵습니다. 지혜와 힘으로써 대응하는 것도 옳지 않고 말로써 다투는 것도 옳지 않습니다. 오직 자신의 정성을 쌓아서 왕을 감동시켜야 하고, 자신을 바르게 하여 왕을 바로잡아야 할 뿐입니다.

夫以人主之尊 人臣仰而正之 難矣哉 以智力持之不可也 以口舌爭之不可也 惟積其誠而動之 正其己而格之耳.

백관과 만민이라고 하는 많은 무리를 한 몸으로써 다스리는 것은 또한 어렵습니다. 귀를 잡고 가르치는 것도 불가하고, 집집마다 다니며 깨우쳐주는 것도 불가합니다. 오직 사람들 중에서 어짊과 불초함을 판단하여 등용하거나 물러나게 하면, 여러 공적이 이루어지고 백관이 다스려질 것이며, 일이 마땅한지 부당한지를 살펴서 이를 구분하여 처리하면 만물은 제자리를 얻게 되고 만민은 편안해질 것입니다.

百官萬民之衆 而以一身治之 其亦難矣 提耳而教之不可也 家喩而戶曉之不可也 惟知人之賢不肖而進退之 庶績興而百官治 審事之當否而區處之 物得其所而萬民安.

송나라의 대유大儒 진서산眞西山*이 재상의 일에 대해 진술하기를 "자신

* 진덕수眞德秀. 주희의 문하생이었다.

을 바르게 하여 왕을 바로잡으며, 사람을 잘 판단하고 일을 잘 처리하는 것"이라 하였으니, 이 말의 뜻이 깊습니다. 신의 어리석은 생각으로는 자신을 바르게 하여 왕을 바로잡는 일은 치전의 근본이며, 사람을 잘 판단하고 일을 잘 처리하는 것은 치전이 말미암아 행할 바입니다. 그러므로 여기에서 아울러 진술합니다.

宋大儒眞西山之論相業曰 正己格君 知人處事 旨哉言也 臣愚以謂正己格君 乃 治典之本 而知人處事 治典之所由行也 故於此幷論之.

조선은 이성계가 왕이 된 이씨 왕조의 국가였다. 따라서 왕권은 무엇에도 비견할 수 없는 절대 권력이었다. 그러나 건국이념을 제시한 정도전의 머릿속에는 자신과 같은 재상의 권력이 오히려 우월해야 한다는 생각이 깔려 있었다. 오죽하면 사석에서 "한고조漢高祖가 장량張良*을 이용한 것이 아니라, 장량이 고조를 이용한 것"이라며 자신의 능력을 극대화해 말했을까?

자질이 일정하지 않은 국왕이 세습을 통해 전권을 행사하는 왕권 중심주의보다는 천하의 인재 가운데 선발된 재상이 중심이 되어 정치를 펴는 재상 중심의 권력을 구상한 정도전은 계비 신덕왕후의 소생인 방석芳碩의 후계자 책봉을 오히려 기회로 여겼다. 강력한 왕권을 주장하는 방원 같은 버거운 상대보다는 어린 세자 방석이 즉위하면 자신의 입지가 커질 것이라고 생각했기 때문이다.

*   한나라 때의 명재상.

정도전은 특히 왕자들이 보유한 사병의 혁파를 단행하는 조치를 취해 경쟁 관계인 방원 등의 무력 기반을 해체하고자 했다. 그러나 자신에게 서서히 가해지는 정치적 압박에 위기의식을 느끼던 방원에게 기회가 왔다. 1396년 계비 강씨가 죽고 태조마저 병석에 눕게 되자 세자로 책봉된 방석의 입지가 점차 위축된 것이다. 방원은 이 틈을 놓치지 않았다. 이전부터 단결하고 있던 신의 왕후 한씨* 소생의 왕자들은 방원의 주도로 1398년 경복궁 남문에 쿠데타군을 배치한 후 최대의 정적인 정도전의 제거에 나섰다. 정도전은 자신의 자택(현재의 종로구청 자리)에서 가까운 남은南誾의 첩 집에서 남은, 심효생沈孝生 등과 환담을 하던 중 불의의 일격을 받고 죽음을 당했다. 정도전을 제거한 후에는 세자 방석을 유배한 후 살해했으니 이것이 1398년의 1차 왕자의 난이다. 이방원이 실질적인 권력가로 나선 순간이자, 왕으로 나아가는 수순이기도 했다.

정도전에 대한 이방원의 증오는 그의 수진방壽進坊** 자택을 몰수해 말을 먹이는 사복시로 사용한 데서도 나타난다. 이방원이 주도한 왕자의 난으로, 어린 세자 위에 군림하면서 재상이 주도하는 정치의 실현을 바란 정도전의 꿈도 사라졌다. 이방원이 태종으로 즉위한 후 강력한 왕권 중심주의를 펼친 배경에는 재상 중심주의를 꾀한 정도전과의 정치적 갈등이 깊이 자리를 잡고 있었다.

---

*   태조의 첫 번째 부인.
**   현재의 수송동 일대.

왜 조선의 왕들은 활자를 개발하려고 했을까?

○

우리나라는 전통적으로 출판과 인쇄 문화가 발달했다. 고려 시대에는 목판 인쇄술이 발달해 불경을 집대성한 대장경大藏經이 여러 차례 간행되었고, 후기 들어서는 세계 최초로 금속활자를 발명했다. 금속활자로 1234년 『상정고금예문詳定古今禮文』을 인쇄하고, 1377년 『직지심체요절直指心體要節』을 간행한 것은 고려 시대 인쇄 문화의 우수성을 상징적으로 보여준다.

조선왕조 역시 건국 직후부터 교육 진흥에 역점을 두었고, 이는 활자 인쇄술과 제지술의 발달을 촉진했다. 조선 초기에는 태종 대인 1403년(태종 3)에 계미자癸未字, 1407년(태종 7)에 정해자丁亥字가 주조되었고, 1421년(세종 3)에 경자자庚子字가, 1434년(세종 16)에 갑인자甲寅字가 주자소鑄字所에서 주조되었다. 활자를 만드는 데 사용한 금속은 처음에는 구리였으나 세종 18년부터는 납을 쓰기 시작했다. 또한 세종 대에는 식자판植字板을 조립하는 방법을 창안해 종전보다 두 배 정도로 인쇄 능률을 올리게 되었다. 조선 성종 대를 대표하는 지식인 성현은 그의 저술 『용재총화』(권 7)에서 조선 전기 활자 인쇄술의 발달 경위와 구체적인 과정을 기록했다.

태종께서 영락永樂* 원년元年에 좌우에게 이르기를 "무릇 정치는 반드시 책을 널리 보아야 하거늘, 우리 동방이 해외에 있어 중국의 책이 드물게 오고 판각板刻은 또 쉽게 깎여져 없어질 뿐 아니라 천하의 책을 다 새기기 어려우므로, 내가 구리를 부어 글자를 만들어 임의로 서적을 찍어내고자 하니 그것을 널리 퍼뜨리면 진실로 무궁한 이익이 될 것이니라" 하시고, 드디어 고주古註, 『시경』, 『서경』, 『춘추좌씨전春秋左氏傳』의 글자를 써서 이를 주조하시니, 이것이 주자소를 만들게 된 연유며, 이를 정해자라 하였다. 또 세종께서 주조한 글자가 크고 바르지 못하므로 경자년에 다시 주조하니, 그 모양이 작고 바르게 되었다. 이로 말미암아 인쇄하지 않은 책이 없으니 이것을 경자자라 이름하였다. 또 위선爲善 음즐자陰騭字**를 써서 주조하니 경자자에 비하면 조금 크고 자체가 아주 좋았다.

太宗於永樂元年. 謂左右曰. 凡爲治. 必須博觀典籍. 吾東方在海外. 中國之書罕至. 板刻易以剜缺. 且難盡刻天下之書. 予欲範銅爲字. 隨所得而印之. 以廣其傳. 誠爲無窮之利. 遂用古註詩書左氏傳字鑄之. 此鑄字所由設也. 名曰丁亥字. 世宗又於庚子年. 以所鑄之字大而不整改鑄之. 其樣小而得正. 由是無書不印. 名曰庚子字. 甲寅年又用爲善陰騭字鑄之. 比庚子字. 差大而字體甚好.

『세종실록』에는 1434년 주조된 갑인자의 우수성에 대해 언급하는 내

---

* 중국 명나라 성조의 연호(1403~1424).

** 『위선음즐』이라는 책에 쓴 활자.

용과 함께 활자 주조의 구체적인 방법이 기록되어 있다.

태종께서 처음으로 주자소를 설치하시고 큰 글자를 주조할 때, 조정 신하들이 모두 이룩하기 어렵다고 하였으나 태종께서는 억지로 우겨서 만들게 하여 모든 책을 인쇄하여 중외에 널리 폈으니 또한 거룩하지 아니하냐. 다만 초창기이므로 제조가 정밀하지 못하여, 매양 인쇄할 때를 당하면 반드시 먼저 밀(蠟)을 판 밑에 펴고 그 위에 글자를 차례로 맞추어 꽂는다. 그러나 밀의 성질이 본디 유하므로, 식자한 것이 굳지 못하여 겨우 두어 장만 박으면 글자가 옮겨 쏠리고 많이 비뚤어져서 곧 따라 고르게 바로잡아야 하므로 인쇄하는 자가 괴롭게 여겼다. 내가 이 폐단을 생각하여 일찍이 경에게 고쳐 만들기를 명하였더니 경도 어렵게 여겼으나, 내가 강요하자 지혜를 써서 판을 만들고 주자鑄字를 부어 만들어서 모두 바르고 고르며 견고하여, 비록 밀을 쓰지 아니하고 많이 박아내어도 글자가 비뚤어지지 아니하니 내가 심히 아름답게 여긴다. (…) 경연에 간직한 『효순사실孝順事實』·『위선음즐』·『논어』 등 책의 자형字形을 자본으로 삼아 그 부족한 것을 진양대군晉陽大君 유瑈*에게 쓰게 하고 주자 20여만 자를 만들어, 이것으로 하루에 박은 바가 40여 장(紙)에 이르니, 자체字體가 깨끗하고 바르며 일하기의 쉬움이 예전에 비하여 갑절이나 되었다.

—『세종실록』, 세종 16년 7월 2일

* 뒤의 세조를 말한다.

세조 역시 수양대군 시절부터 왕명을 받들어 출판 사업에 종사했으며, 왕으로 즉위한 후에는 을해자乙亥字, 을유자乙酉字 등을 주조하여 쓰게 했다. 성종 대에도 신묘자辛卯字와 계축자癸丑字를 주조하는 등 활자에 대한 개선 작업은 조선 전기 내내 꾸준히 전개되었다.

또 세조에게 명하여 『강목』의 큰 글자를 쓰게 하시니, 세조는 당시 수양대군이었는데 드디어 구리를 부어 글자를 만들어 이로써 강목을 인쇄하니 곧 지금의 이른바 훈의訓義다. 임신년에 문종께서 안평대군에게 다시 경자자를 녹여서 쓰게 하시니, 이것이 임자자壬子字다. 을해년에 세조께서 강희안姜希顔에게 명하여 임신자壬申字를 고쳐 다시 주조하여 쓰게 하시니, 이것이 을해자인데 지금까지도 이를 쓰고 있다. 그 뒤 을유년에 원각경圓覺經을 인쇄하고자 하여 정난종鄭蘭宗에게 명하여 쓰게 하시었는데, 자체가 고르지 못하였으며 이를 을유자라 하였다. 성종께서 신묘년에 형공荊公 왕안석王安石의 『구양공집歐陽公集』의 글자를 사용하여 주조하니 그 체가 경자자보다 작되 더욱 정묘하여 신묘자라 이름하고, 또 중국의 신판 강목자綱目字를 얻어 글자를 주조하여 이를 계축자라 하였다.

又命世祖書綱目大字. 世祖時爲首陽大君. 遂範銅爲字. 以印綱目. 卽今所謂訓義也. 壬申年間文宗更鎔庚子字. 命安平書之. 名曰壬子字. 乙亥年世祖改鎔壬申字. 命姜希顔書之. 名曰乙亥字. 至今用之. 其後乙酉年. 欲印圓覺經命鄭蘭宗書之. 字體不整. 名曰乙酉字. 成宗於辛卯年. 用王荊公歐陽公集字鑄之. 其體小於庚子. 而尤精. 名曰辛卯字. 又得中朝新板綱目字鑄之. 名曰癸丑字.

성현은 태종 대에서 성종 대까지의 활자 변천사를 기록한 다음 글자를 주조하는 법, 업무 분담 등에 대해서도 자세히 기술했다.

대개 글자를 주조하는 법은 먼저 황양목黃楊木을 써서 글자를 새기고, 해포海蒲*의 부드러운 진흙을 평평하게 인쇄판에다 폈다가 목각자木刻字를 진흙 속에 찍으면 찍힌 곳이 패어 글자가 되니, 이때 두 인쇄판을 합하고 녹은 구리를 한 구멍으로 쏟아부어 흐르는 구리액이 파인 곳에 들어가서 하나하나 글자가 되면 이를 깎고 또 깎아서 정제한다. 나무에 새기는 사람을 각자刻字라 하고 주조하는 사람을 주장鑄匠이라 하고, 드디어 여러 글자를 나누어서 궤에 저장하는데 그 글자를 지키는 사람을 수장守藏이라 하여 나이 어린 공노公奴가 이 일을 하였다. 그 서초書草를 부르는 사람을 창준唱準이라 하였으며 모두 글을 아는 사람들이 이 일을 하였다. 수장이 글자를 서초 뒤에 벌여놓고 판에 옮기는 것을 상판上板이라 하고, 대나무 조각으로 빈 데를 메워 단단하게 하여 움직이지 않게 하는 사람을 균자장均字匠이라 하고, 주자를 받아서 이를 찍어내는 사람을 인출장印出匠이라 하였다. 그 감인관監印官은 교서관校書館 관원이 되었으며, 감교관監校官은 따로 문신에게 명하여 하게 하였는데, 처음에는 글자를 벌여놓는 법을 몰라서 납鑞을 판에 녹여서 글자를 붙였다. 이런 까닭으로 경자자는 끝이 모두 송곳 같았는데, 그 후에 비로소 대나무로 빈 곳을 메우는 기술을 써서 납을 녹이는 비용을 없앴으니, 비로소 사람

---

*   바다의 물가.

의 재주 부리는 것이 무궁함을 알았다.

大抵鑄字之法. 先用黃楊木刻諸字. 以海蒲軟泥. 平鋪印板. 印着木刻字於泥中. 則所印處. 凹而成字. 於是合兩印板. 鎔銅從一穴瀉下. 流液分入凹處. 一一成字. 遂刻剔重複而整之. 刻木者曰刻字. 鑄成者曰鑄匠. 遂分諸字. 貯於藏樻. 其守字者曰守藏. 年少公奴爲之. 其書草唱准者曰唱准. 皆解文者爲之. 守藏列字於書草上. 移之於板. 曰上板. 用竹木破紙塡空而堅緻之. 使不搖動者. 曰均字匠. 受而印之者. 曰印出匠. 其監印官則校書館員爲之. 監校官則別命文臣爲之. 始者不知列字之法. 融蠟於板. 以字着之. 以是庚子字. 尾皆如錐. 其後始用竹木塡空之術. 而無融蠟之費. 始知人之用巧無窮也.

이상으로 『용재총화』의 글을 통해 조선 전기 활자 변천사와 활자 주조, 업무 분담 등에 대해 살펴보았는데, 역대 왕들이 활자 개발에 상당한 공력을 기울였음을 알 수 있다. 조선 시대에는 오늘날의 인쇄소에 해당하는 교서관에 초기부터 140명의 인쇄공이 배치될 만큼 출판에 대한 투자에 적극적이었다. 조선 시대 높은 수준의 교육과 다수의 출판 서적 간행의 밑바탕에는 '활자 주조'라는 국가적 의지와 실천이 있었다.

5부

백성들의
괴로움이
내 아픔이고

조광조의 답안지는
어떻게 왕의 마음을 사로잡았을까?
○

우리 역사에서 가장 개혁적인 인물을 꼽으라면 누구를 들 수 있을까? 공민왕, 정도전, 광해군, 홍선대원군 등 여러 인물이 있지만 조광조趙光祖역시 이념적인 측면에서는 가장 개혁적인 인물로 꼽을 수 있다. 16세기 초반 조광조는 비범한 카리스마를 무기로 등장해, 성리학 이념을 바탕으로 도덕 정치가 구현되는 이상사회의 건설을 부르짖었다. 그러나 그의 정치 행적은 5년 만에 좌절되었고, 이는 보수와 현실 정치의 벽이 당시에도 얼마나 두꺼웠던가를 여실히 보여준다.

조광조의 화려한 등장에는 중종을 사로잡은 한 편의 답안지가 있었다. 1515년(중종 10) 성균관을 방문한 중종은 유생들에게 시험문제를 냈다. 왕이 성균관 문묘를 참배하고 유생들을 격려하기 위한 시험인 알성시謁聖試가 시작된 것이다. 1506년 반정으로 즉위했지만 그때까지 제 목소리를 내지 못하던 중종은 자신의 색깔을 나타낼 수 있는 정치를 계획하며 유생들에게서 아이디어를 얻으려 했다. 중종이 낸 문제의 요지는 '공자 시대의 이상 정치를 현재에도 구현하려면 어떻게 해야 할 것인가'였다. 『정암집靜菴集』 권 2 「알성시책謁聖試策」에 그 내용이 실려 있는데, 먼저 요즈음의 논술 시험 출제와도 유사한 중종의 책문을 보자.

임금께서 말씀하셨다. "공자께서 '만일 누가 나에게 나라를 맡아 다스리게 한다면, 1년이면 그런대로 실적을 낼 것이고 3년이면 정치적 이상을 성취할 것이다' 하셨다. 성인이 헛된 말씀을 하셨을 리 없으니, 아마도 공자께서는 정치를 하기 전에 반드시 정치의 규모와 시행하는 방법을 미리 정해놓으셨을 것이다. 그 방법을 하나하나 지적하여 말해보라. (…) 나는 덕이 부족한데도 조상들의 큰 기업을 이어받아 나라를 다스리게 되었다. 잘 다스리기를 원한 지 10년이 되었건만, 아직 기강이 서지 않고 법도도 정해지지 않았다. 이런 상황에서 공적을 이루려고 하니, 어찌 어렵지 않겠는가? 공자의 가르침을 배운 그대들은 모두 요순시대와 같은 이상적인 사회를 구현하려는 뜻을 품고 있을 테니, 뜻이 단지 정치적 목적을 성취하는 데 그치지는 않을 것이다. 만일 오늘과 같은 시대에 옛날의 이상적인 정치를 이룩하고자 한다면, 무엇을 급선무로 하겠는가? 모두 말해보라."

王若曰. 孔子曰. 如有用我者. 期月而已. 可也. 三年有成. 聖人豈徒言哉. 其規模設施之方. 必有先定於未行之前者. 其可指而歷言之歟. (…) 予以寡德. 承祖宗丕基. 臨政願治. 于今十年. 而紀綱有所未立. 法度有所未定. 如此而求有成之效. 豈不難哉. 諸生. 學孔子者. 皆有堯舜君民之

조광조(1482~1519)

조선 중종 때 사림의 지지를 받으며 도학 정치 실현을 위해 적극적으로 개혁 정책을 내세웠던 문신이다.

志. 不止於有成而已. 當今之時. 如欲致隆古之治. 何者爲先務. 其言之以悉.

중종이 낸 문제에 대해 조광조는 거침없이 답안을 써 내려갔다. 아래는 조광조가 쓴 대책對策, 즉 시험 답안지의 일부다.

저는 다음과 같이 대답합니다. 하늘과 사람은 근본이 같으므로, 하늘의 이치가 사람에게 유행하지 않은 적이 없습니다. 또한 임금과 백성은 근본이 같으므로, 임금의 도가 일찍이 백성에게 쓰이지 않은 적이 없습니다. 그러므로 옛날 성인들은 거대한 천지와 수많은 백성을 하나로 여겼습니다. 그 이치를 살펴서, 그 도를 처리한 것입니다. 이치를 가지고 살펴보았으므로 천지의 뜻을 지니고 신명한 덕에 통달하였습니다. 도를 가지고 처리하였으므로 정밀하고 세세한 일을 응집하고, 사람이 마땅히 할 떳떳한 도리를 다스렸습니다. 이러한 까닭으로 옳은 것을 옳다 하고 그른 것을 그르다 하며 좋은 것을 좋아하고 나쁜 것을 싫어하는 것과 같은 가치판단이 내 마음에서 벗어날 수가 없었습니다.

臣對. 天與人. 本乎一. 而天未嘗無其理於人. 君與民. 本乎一. 而君未嘗無其道於民. 故古之聖人. 以天地之大. 兆民之衆爲一已. 而觀其理而處其道. 觀之以理.故負天地之情. 達神明之德. 處之以道.故凝精粗之體. 領彛倫之節. 是以. 是是非非. 善善惡惡. 無所得逃於吾之心.

조광조는 이어서 중종이 낸 책문의 핵심인 공자의 도를 실천해야 함을 강조했다.

공자의 도는 천지의 도이고, 공자의 마음이 바로 천지의 마음입니다. 천
지의 도와 만물의 많음이 이 도에 따라 이루어지지 않음이 없습니다. 천
지의 마음과 음양의 감화 또한 이 마음에 말미암아 조화되지 않음이 없
습니다. 음양이 조화되어 만물이 이루어진 뒤로, 일물一物이라도 그 사
이에서 성취되지 않음이 없고, 반듯하게 구별되었습니다. 하물며 공자
께서는 본디 있는 도로써 이끌었기 때문에 쉽게 효과를 얻었고, 본디 가
지고 있는 마음으로써 감화시켰기 때문에 쉽게 효과를 얻은 것입니다.

夫子之道. 天地之道也. 夫子之心. 天地之心也. 天地之道. 萬物之多. 莫不從此道
而遂. 天地之心.陰陽之感. 亦莫不由此心而和. 陰陽和. 萬物遂而後. 無一物不成
就於其間. 而井井焉有別. 況夫子導之以本有之道. 而易得其效. 感之以本有之心.
而易得其驗歟.

조광조는 공자의 도가 천지의 도이며 공자의 마음이 천지의 마음이기
때문에 공자의 말대로만 한다면 다스림의 효과가 반드시 나타날 것이라
고 확신했다. 또한 그는 법도와 기강을 세울 것을 강조하는 한편, 원칙이
세워지면 대신들에게 정치 실무를 위임해야 한다는 점을 피력했다.

법도와 기강의 큰 줄기를 세웠다면, 이제는 대신에게 정권을 믿고 맡겨
야 합니다. 군주가 홀로 정치를 할 수는 없습니다. 반드시 대신에게 맡
겨야 정치의 법도가 확립됩니다. 군주는 하늘과 같으며, 신하는 사계절
과 같습니다. 하늘이 혼자 돌기만 하고 사계절의 운행이 없으면, 만물이
자라날 수 없습니다. 군주가 혼자 책임을 지고 대신의 도움을 받지 않는

다면, 온갖 교화가 흥기하지 않습니다. 흥기하지 않고 완수되지 않을 뿐
아니라, 하늘이 혼자 운행하고 군주가 혼자 책임을 진즉 하늘이 되고 군
주가 되는 도를 크게 잃을 것입니다. (…) 그래서 옛날에 성스러운 군주
와 현명한 재상은 반드시 성실한 뜻으로 서로 믿고 모두 그 도리를 다하
여 함께 정대正大하고 광명한 업적을 완성할 수 있었습니다. 원컨대 전
하께서는 우선 대신을 공경하고 정치를 맡겨 기강을 정립하고, 법도를
정립하신 다음 훗날 대본大本을 수립하고 큰 법을 행하시기 바랍니다.

若法度之所以粗定. 紀綱之所以粗立者. 未嘗不在乎敬大臣而任其政也. 君未嘗
獨治. 而必任大臣而後. 治道立焉. 君者如天. 而臣者四時也. 天而自行. 而無四時
之運. 則萬物不遂. 君而自任. (…) 故古之聖君賢相. 必誠意交孚. 兩盡其道. 而可
以共成正大光明之業矣. 伏願殿下. 姑以敬大臣而任其政. 粗立其紀綱. 粗定其法
度. 以其後日大本之立. 大法之行也.

마지막으로 조광조는 도를 밝히고 혼자 있을 때를 조심하는 것을 마음
의 요체로 삼아야 함을 거듭 강조하며 답안을 맺는다.

엎드려 바라건대 전하께서는 '도를 밝히는 것'과 '혼자 있을 때 조심하
는 것'을 마음 다스리는 요체로 삼고, 그 도를 조정에 세우셔야 합니다.
그런즉 기강이 어렵지 않게 설 것이며, 법도도 어렵지 않게 정해질 것입
니다. 공자가 "석 달이면 가하고, 3년이면 성취할 수 있다" 한 말이 바로
여기에 있습니다. 저는 임금님의 위엄을 무릅쓰고 감격의 지극함을 이
기지 못하며, 삼가 죽기를 각오하고 대답합니다.

伏願殿下. 誠以明道謹獨. 爲治心之要. 而立其道於朝廷之上. 則紀綱不難立而立.

法度不難定而定矣. 然則夫子三月之可. 三年之成. 亦無不在乎是矣. 臣干冒天威.

不勝激切之至. 謹昧死以對.

1515년 조광조의 답안에 매료된 중종은 조광조를 파격적으로 승진시키며 자신의 핵심 참모로 삼았다. 그러나 조광조는 신하란 왕에게 충성해야 마땅하지만, 왕보다 더 중요한 것은 그 시대가 추구하고 실천해야하는 성리학 이념이라고 판단했다. 성리학 이념의 '확신범'이었던 셈이다. 그리고 1519년의 기묘사화로 중종과 조광조의 동거는 불과 4년 만에끝이 났다. 11월 중종은 붕당을 형성했다는 죄목으로 조광조를 체포했고급기야 사약까지 내렸다.

중종이 조광조를 전격적으로 숙청한 것은 성리학을 무기로 왕권을 압박하는 도전을 더는 방관할 수 없었기 때문이다. 조광조는 성리학 이념의 실천을 앞세워 화려하게 등장했으나, 기묘사화로 말미암아 그가 구상한 도덕적·이상적 정치의 실천은 꿈으로만 끝났다. 그리고 중종을 사로잡은 화려한 답안지도 역사 속에 묻혀버렸다.

조선은 왜 헌법 제정에 공을 기울였을까?

○

조선의 건국은 정치, 사회, 경제, 문화의 여러 분야에 걸쳐 고려 시대와
는 다른 변화를 가져왔지만 그중에서도 특히 주목되는 것은 성문 법전의
편찬이었다. 조선을 건국한 태조는 즉위 후 내린 교서에서 "의장儀章과
법제는 고려의 것을 따르되, 법률을 정하여 모두 율문律文에 따라 처리
함으로써 고려의 폐단을 밟지 않을 것"을 천명했다. 이러한 방침은 역대
왕에게 그대로 계승되었고, 세조 대에는 국가적 사업으로 본격적인 편찬
사업에 들어가 성종 때 조선의 헌법인『경국대전』이 완성되었다.

1394년(태조 3) 정도전은『조선경국전』을 저술해 태조에게 올렸다.『조
선경국전』은 치전治典, 부전賦典, 예전禮典, 정전政典, 헌전憲典, 공전工典
의 6전 체제로 구성되었다. 태종 시대에는『원육전元六典』(『경제육전』) 3권
과『속육전續六典』(『경제속육전』) 3권을 만들었으며, 1433년(세종 15)에는
황희黃喜 등이 세종의 재가를 얻어『신찬경제속육전新撰經濟續六典』을 편
찬했다. 세조는 전대의 모든 법령을 전체적으로 조화시킨 통일적인 법전
의 필요성을 인식하고, 국가 역량을 총동원하는 법전 편찬에 착수했다.
1457년(세조 3) 육전상정소六典詳定所를 둔 것은 이러한 의지의 표현이었
다. 처음 육전 중 호전戶典과 형전刑典을 차례로 완성했으나, 세조의 죽음
으로『경국대전』의 시행은 잠시 중단되었다. 그러나 성종 역시 법전 편찬
에 주력해, 1482년(성종 13) 전체적인 수정 작업을 완료하고 1485년 1월

부터 시행에 들어갔다.

　서거정은 『경국대전』을 올리면서 쓴 서문에, "우리 조종祖宗의 심후하신 인덕仁德과 크고 아름다운 규범이 훌륭한 전장典章에 퍼져 있으니, 이는 『경제육전』 원전·속전의 등록謄錄이며 또 여러 번 내리신 교지가 있어 법이 아름답지 않은 것은 아니지만 (…) 이제 짐작손익斟酌損益하고 뺄 것을 정하고 모두 통하게 하여 만대의 성법을 만들고자 하셨다"라 하여 『경국대전』이 전대 법전의 성과를 이어 완성되었음을 강조했다. 『경국대전』이 완성되기까지 많은 시간이 걸린 것은 영구히 지킬 법전을 완벽하게 만들려는 의지가 컸기 때문이었다.

　『경국대전』에는 총 319개의 법조문이 이전吏典, 호전, 예전, 형전, 병전兵典, 공전의 6전 체제로 구성되어 있다. 이전은 내명부와 외명부, 중앙과 지방의 관제, 관리의 임명과 해임에 관한 규정 등을 기록하고 있다. 첫 부분에 빈(정일품) 이하 귀인, 소의, 숙의, 소용 등 후궁들의 품계와 상궁(정오품) 등 궁중 전문직 여성들의 품계가 기록된 점이 흥미롭다. 여성들의 품계가 첫 부분에 기록된 것은 이들이 왕과 가장 가까운 관계에 있기 때문이었을 것이다. 호전은 세금 제도와 관리들의 녹봉, 토지, 가옥, 노비 매매 등에 관한 사항으로 오늘날 경제 부처에서 관장하는 사항들을 주로 기록하고 있다. 예전은 과거제도, 외교, 제례, 상복, 혼인 등에 관한 사항으로 오늘날 문화체육관광부나 외교부의 추진 업무와 관련된다. 법무부의 소관 사항에 해당하는 형벌, 재판, 노비, 재산 상속법에 관한 규정은 형전에, 국방, 군사에 관한 사항은 병전에, 도로, 교통, 건축, 도량형 등 건축과 산업 전반에 관한 사항은 공전에 각각 순서대로 기록되었다.

『경국대전』이 육전 체제로 구성된 것은 조선이라는 국가의 중앙과 지방의 정치 구조와 행정조직이 모두 6조 체제로 구성되었기 때문이다. 조선 사회는 중앙의 6조를 비롯해 지방의 수령 산하에도 이방, 호방, 예방, 병방, 형방, 공방 등 6방을 두었는데, 법전 또한 이러한 행정 조직의 체계에 맞춰 규정함으로써 정치와 행정의 효율성을 꾀한 것이다.

『경국대전』에서 몇 가지 흥미로운 조항들을 살펴보자. 형전의 공노비에 관한 부분 중에는 노비의 출산휴가에 관한 내용이 눈에 띈다. "입역入役하고 있는 비婢가 산기産期에 당하여 한 달, 산후에 50일 휴가를 준다. 그 남편은 산후에 휴가 15일을 준다"라는 규정이 있다. 매매 대상인 노비에 대해서도 최소한의 인권은 보장한 것이다. 예전의 '제과諸科'에는 과거 응시를 원천적으로 금지한 사람들을 기록하고 있다. "죄를 범하여 영구히 임용할 수 없게 된 자, 장리贓吏의 아들, 재가하여 실행失行한 부녀

『경국대전』

조선 시대의 기본 법전으로 조선의 역사 내내 최고 법전으로서 역할을 했다. 법률이 끊임없이 변화될 상황에 놓이고, 이것을 반영한 법전이 계속 등장할 수밖에 없었지만 『경국대전』이 지닌 기본적인 체제와 이념은 변치 않았다.

의 아들 및 손자, 서얼 자손은 문과, 생원, 진사 시험에 응시하지 못한다"
라고 규정했다. 여기서 장리, 즉 뇌물을 받은 관리의 자손들이 포함된 것
이 주목된다. 부정부패를 저지른 사람은 후손도 과거에 응시하지 못하게
함으로써 부정부패에 엄격하게 대처한 의지가 엿보인다.

과거 응시의 초시 합격자의 경우 인구 비례로 지역별 합격자 수를 배
정한 지역별 할당 제도가 있었다. 예전의 문과 초시 규정에는 240인의
합격자 수에 대해, "관시館試* 50인, 한성시漢城試 40인 이외에 향시鄕市
로 경기 30인, 충청도와 전라도 각 25인, 경상도 30인, 강원도·평안도
각 15인, 황해도·영안도〔함경도〕 각 10인 등을 뽑을 것"을 규정했다. 초
시 240인을 선발하는 데 지역별 안배를 하고, 복시覆試 합격자 33인의 선
발은 능력에 의거함으로써 지역 안배와 능력의 조화를 꾀한 것이다. 생
원과 진사 시험에도 이 방침이 적용되어, 초시 합격자 700인에 대해서는
지역 안배를, 복시는 성적순으로 뽑았다. 『경국대전』 관리 선발 규정은
지역 차별 문제가 큰 이슈인 오늘날 상당히 음미할 만한 부분이다.

호전에는 세무 비리 공무원에 대한 재산 몰수 규정도 있다. 백성들이
세금으로 내는 쌀이나 곡식 등을 중간에 가로챈 자는 비록 본인이 죽어
도 그의 아내와 자식에게 재산이 있으면 강제로 받아낼 수 있게 했다. 예
전에는 정해진 복식을 어길 경우의 형벌을 규정하고 있는데, 특히 금과
은 같은 사치스러운 물품을 사용하거나 당상관 이하의 자녀가 혼인할 때
사라능단 같은 수입 비단을 사용하면 장杖 80대에 처한다고 명시했다.

---

*   성균관에서 학습하는 생원, 진사 중에서 뽑는 시험.

형전의 '분경금지법'도 주목할 만하다. 분경奔競이란 분추경리奔趨競利의 준말로 분주히 쫓아다니며 이익을 다툰다는 말로서, 형전의 '금제禁制' 조항에는 "분경하는 자는 장 100대, 유배 3000리에 처한다"라고 규정해 권문세가에 드나들면서 정치적 로비를 하는 것을 원천적으로 봉쇄했다. 국가 문서에 대한 철저한 보관을 규정한 내용도 있다. 예전의 '장문서臧文書' 항목에는, "춘추관의 시정기와 승정원 문서는 3년마다 인쇄하여 당해 관아와 의정부 및 사고史庫에 보관한다. 무릇 인쇄된 서책은 따로 융문루隆文樓와 융무루隆武樓에 보관하고 또 의정부·홍문관·성균관·춘추관과 여러 도의 으뜸이 되는 고을에 각 1건씩을 보관한다"라고 기록되어 있다. 국가 기록물 보존의 전통은 조선 시대 내내 이어졌으며, 결국 이것이 2014년 현재까지 『조선왕조실록』, 『승정원일기』, 『일성록』 등 세계기록유산 11건을 보유한 힘이 되었다고 볼 수 있다.

『경국대전』은 성리학을 이념으로 표방한 조선이라는 국가의 헌법으로서 오늘날의 관점에서 보면 많은 한계점도 있다. 과부의 재가를 금지한 것이나, 서얼 자손에 대한 영구한 과거 금지 조치, 노비를 형전에 포함시켜 처벌 규정에만 주력한 것 등 시대적 한계성을 보이는 내용들도 다수 있다. 그러나 요즈음의 관점에서 볼 때도 나름의 합리성을 보인 규정들이 상당히 존재했음에 주목할 필요가 있다.

예치를 지향한 조선의 국가 이념은 무엇이었나?

○

『국조오례의國朝五禮儀』는 세종의 명으로 편찬을 시작해 성종 5년(1474) 신숙주, 정척鄭陟, 강희맹 등이 완성한 책으로, 오례五禮의 예법과 절차 등이 그림과 함께 설명되어 있다. 국가의 기본 예식인 오례, 즉 길례吉禮 ·가례嘉禮·빈례賓禮·군례軍禮·흉례凶禮를 규정한 이 책은『경국대전』과 더불어 국가의 기본 예전禮典이 되었다. 구성은 예종별禮種別로 되어 있 는데, 흉례가 91개조로 가장 많은 부분을 차지한다. 다음으로는 길례가 56개조, 가례가 50개조이고 군례와 빈례는 각각 7개조와 6개조로 소략 하다. 길례에는 사직·종묘와 각 전殿 및 산천 등 국가에서 제사를 드리 는 의식 등을 기록했으며, 가례에는 조서詔書 및 칙서勅書를 받는 의식, 조참朝參*과 상참常參**, 납비納妃·책비冊妃 등 왕실의 혼례 절차, 세자의 관례冠禮, 왕조의 책봉 예식, 입학례, 양로연養老宴에 관한 내용 등을 기록 했다. 빈례에는 중국 사신 및 일본·유구流求 등 외국 사신을 접대하는 의 식 등을 실었고, 군례에는 친사親射***·열병閱兵·강무講武에 관한 군사 의 식을 실었다. 흉례에는 왕의 국장國葬을 비롯해 왕실의 상장례 의식과 절

---

* 한 달에 네 번 중앙에 있는 문무백관이 정전正殿에 모여 임금에게 문안을 드리고 정사를 아 뢰던 일.

** 중신重臣과 시종관이 매일 편전便殿에서 임금에게 정사를 아뢰던 일.

*** 임금이 몸소 활을 쏨.

차를 기록했다.

조선은 건국 후 유교 이념을 국시國是로 하고 이를 체계화한 예서 편찬에 주력했다. 1394년 정도전이 『조선경국전』을 지으면서 국가의 이념을 개설적으로 밝혔으나, 구체적인 내용에 부족한 점이 많아 새로운 예제禮制의 제정이 절실히 요구되었다. 이에 세종이 처음으로 허조許稠 등에게 오례에 관한 것을 저작하라 명했는데 완성되지 못했고, 다시 세조가 강희맹 등에게 명해 편찬하게 했으나 탈고하지 못하다가 성종 대인 1474년에 마침내 『국조오례의』가 완성된 것이다. 이 책을 기본으로 1744년(영조 20)에는 『국조속오례의國朝續五禮儀』가, 1751년(영조 27)에는 『국조속오례의보國朝續五禮儀補』 등이 편찬되었다.

『국조오례의』에 규정된 각종 의례는 대부분 궁중에서 사용하기 위한 것이어서 사대부나 서인庶人을 위한 규정이 많지 않으며, 내용도 형식적인 것이 많아서 민간에서는 널리 시행되지 못했다는 한계점도 지니고 있다. 그렇지만 『국조오례의』는 조선 시대에 유교적 정치 이념을 바탕으로 예교禮敎 질서가 정립되어갔음을 보여주는 자료로서 가치가 크다. 강희맹이 쓴 서문에는 『국조오례의』가 편찬된 과정과 함께 오례를 유교 이념의 중심으로 삼아 국가 체제를 정비하고자 한 조선 사회의 국정 방향이 잘 나타나 있다.

공손히 생각하여보건대, 우리 태조 강헌대왕께서는 큰 창업을 빛내어 여시고, 규범을 만세에 드리우셨다. 태종 공정대왕께서는 기업基業을 이어받아 더욱 전왕의 드높고 큰 공적을 빛내었으나, 때가 바야흐로 혼미한지라 규정이나 법식 등을 생각해 정할 겨를이 없었다. 우리 세종 장헌 대왕에 이르러서는 문치文治가 태평에 도달하여, 마침 천재일우의 기회를 맞이하였다. 이에 예조판서 신 허조에게 명하여 여러 제사의 차례 및 길례 의식을 상세히 정하게 하고, 또 집현전 유신들에게 명하여 오례 의식을 상세히 정하게 하셨다.

恭惟我太祖康獻大王 光啓鴻業 垂範萬世 太宗恭定大王 丕承基緒 益光前烈 而時方草昧 其於制作 謙讓未遑 及我世宗莊憲大王 文致太平 適當千一之期 乃命禮曹判書臣許稠 詳定諸祀序例 及吉禮儀 又命集賢殿儒臣 詳定五禮儀.

모두 두씨杜氏의『통전通典』* 을 모방하고, 두루 여러 서적에서 채집하였으며, 겸하여 중국 조정의『제사직장諸司職掌』·『홍무예제洪武禮制』** 와 우리나라의『고금상정례古今詳定禮』*** 등의 책을 사용하여 참작해서 빼고 더하였다. 임금의 마음으로부터 재가를 받았으나, 미처 시행하지 못하고 임금의 사망함이 이에 닥쳤으니, 아, 애통하도다. 생각건대, 우리 세조 혜장대왕께서는 집안을 나라로 일으켜 법을 세우고 기강을 펴서 빛나도록 새롭게 하셨는데, 오히려 조문條文이 크고 번거로워 앞뒤가 어그

---

* 당나라 두우杜佑가 지은 책으로 중국 고대부터 당 현종玄宗까지의 제도를 8부문으로 나누어 엮었다. 200권 중 절반이 예제에 관한 것이고 항목도 길례·가례·빈례·군례·흉례로 나누고 거기에 관련되는 세부 항목을 배열하고 있어『국조오례의』편찬 시에 크게 중시되었다.

** 명나라 개국 이래의 예제를 새롭게 하기 위해 각종 사전祀典을 상고해 제작한 책으로, 홍무 (명나라 태조 때의 연호) 연간에 간행·반포되었다.

*** 고려 인종 대 최윤의崔允儀가 지은 책으로, 이후『고려사』「예지禮志」편찬의 기초 자료가 되었다. 고려 시대에는 당에서 정리된 오례의 개념, 즉 왕실 중심의 정치적 질서를 중시하는 예제를 추구했다.

러질까 염려하여 감히 의거하여 법으로 삼지 못하셨다. 이에 조정의 신하들에게 명하여 『경국대전』을 나누어 편찬하게 하시고 또 세종조에 제정한 오례의에 의거하여 옛것을 상고하고 지금의 것을 실증하게 하셨다. 일에 시행하여 무방할 만하기를 기약하며 이름하여 말하기를 '오례의'라 하고 「예전」의 끝에 붙이셨다.

悉倣杜氏通典 旁采羣書 兼用中朝諸司職掌 洪武禮制 東國今古詳定禮等書 叅酌損益 裁自聖心 未及施用 而賓天斯迫 嗚呼痛哉 惟我世祖惠莊大王 化家爲國立經陳紀 煥然一新 猶慮條章浩繁 前後乖舛 未敢據以爲法 爰命朝臣 分撰經國大典 且依世宗朝所定五禮儀 考古證今 期可以施於事而無妨 名曰五禮儀 附于禮典之末.

신 희맹과 이조판서 신 성임이 실제로 이 명령을 받아서, 글을 아직 탈고하지 못했는데 문득 승하하셨다. 그 뒤 예종 양도대왕 및 우리 주상 전하께서 선왕의 뜻을 추념하여 이 사업을 더하여 완수하셨다. (…) 갑오년[1474] 여름이 지나 비로소 능히 책이 완성되어 본뜨고 인쇄하여 장차 발행하였다. 신이 가만히 살펴보건대, 예를 기술한 것이 3,300가지의 글이 있기는 하나 요점은 길·흉·군·빈·가吉凶軍賓嘉라고 말하는 다섯 가지에 불과할 뿐이다. 제사로 말미암아 길례가 있고, 사상死喪으로 말미암아 흉례가 있으며, 대비와 방어로 말미암아 군례가 있고, 교제와 관혼의 중요함으로 말미암아 빈례와 가례가 있다. 예는 다섯 가지에 갖춰져서 사람 도리의 처음과 끝이 구비되었으니, 천하 국가를 다스리고자 하는 자는 이를 버리면 할 수가 없다.

臣希孟與吏曹判書臣成任 實膺是命 書未脫稿 奄爾禮陟 厥後睿宗襄悼大王 及
我主上殿下 追念先志 俾完斯事 (…) 越甲午夏 始克成書 摸印將行 臣竊觀 記禮
者有三千三百之文 然其要則不過曰吉凶軍賓嘉五者而已 由祭祀 有吉之禮 由死
喪 有凶之禮 由備禦 有軍之禮 由交際冠婚之重 有賓與嘉之禮 禮備乎五者 而人
道之始終具焉 欲爲天下國家者 舍是無以爲也.

지금 이 책은 다시 역대 성인의 췌마揣摩*의 공을 거쳐 그 정밀함이 지극
하다. 위로는 조정에서 아래로는 사대부와 서인에 이르기까지 각각 정
해진 예가 있어 서로 넘지 않으며, 천경지위天經地緯**와 곡례曲禮***의 소
소한 예절이 찬란하고 문란하지 않으니, 실로 우리 동방 만세의 훌륭한
책이다. 아, 예법과 음악은 반드시 100년을 기다린 뒤에야 흥한다. 그러
므로 주나라는 후직后稷이 기업基業을 창시한 것으로부터 문·무왕을 거
쳐 수백 년이 지나 성왕에 이르러서야 크게 갖추어졌다. 우리 조정은 태
조께서 개창하신 이래로부터 대대의 임금들이 서로 받들어서 깊은 인정
仁政과 두터운 은택을 쌓은 지가 이미 오래니, 어찌 형통亨通****하고 아름

* 남의 마음을 미루어 헤아림.
** 영원히 변하지 않을 떳떳한 이치.
*** 의식이나 행사에서의 자세한 예절.
**** 중국 송나라의 유자징劉子澄이 주희의 가르침으로 지은 초학자들의 수양서인『소학小學』
「소학제사小學題辭」에 "원元은 시절에 있어서는 봄이 되고 사람에 있어서는 인仁이 되며,
형亨은 시절에 있어서는 여름이 되고 사람에 있어서는 예禮가 되며, 이利는 시절에 있어서
는 가을이 되고 사람에 있어서는 의義가 되며, 정貞은 시절에 있어서는 겨울이 되고 사람에
있어서는 지智가 된다元於時爲春 於人爲仁 亨於時爲夏 於人爲禮 利於時爲秋 於人爲義 貞於時爲
冬 於人爲智"라는 구절이 나온다.

다운 모임이 바로 오늘에 있지 아니하겠으며 세상을 다스리는 제작制作의 성함이 성상聖上을 기다림이 있지 아니하였겠는가. 그러한즉 이 책의 시행이 마땅히 주나라의 『의례』한 책과 더불어서 불후不朽로 전해질 것은 의심할 바 없을 것이다. 성화 10년〔1474〕 여름, 5월 10일 추충정난 익대순성 명량좌리공신 숭정대부 행行* 병조판서 겸 지경연 춘추관사 진산군 신 강희맹은 삼가 서문을 쓴다.

今是書更歷數聖人揣摩之功 極其精密上自朝廷 下至士庶 各有定禮 不相踰越 天經地緯 曲禮小節 粲然不紊 實吾東方萬世之令典也 嗚呼禮樂必待百年而後興 故周自后稷肇基 歷文武數百年 迄于成王而大備 則我朝自太祖開創以來 列聖相承深仁厚澤 積累也旣久 豈非亨嘉之會 正在今日 而經世制作之盛 有待於聖上 歟 然則是書之行當與周家儀禮一書 並傳不朽也 無疑矣 成化十年夏 五月上澣 推忠定難翊戴純誠明亮佐理功臣崇政大夫 行兵曹判書 兼知經筵 春秋館事 晉山君 臣姜希孟謹序.

---

* 벼슬의 등급은 높고 관직이 낮을 때 붙이던 말.

이지함이 백성 속으로 들어간 까닭은 무엇일까?

○

우리에게는 이미 익숙한 문화 코드가 되어버린 『토정비결土亭秘訣』은 16세기를 살아간 기인 학자 이지함李之菡의 저작물로 알려져 있다. 그러나 최근 들어 『토정비결』이 이지함의 이름에 가탁한 것이라는 주장이 좀 더 설득력 있게 제시되고 있다.

그런데 우리는 이지함에 대해 얼마만큼 알고 있을까? 토정이 이지함의 호라는 사실조차 처음 접하는 사람이 있을 것이다. 그만큼 『토정비결』의 명성에 비하면 이지함의 이름은 초라하다. 그러나 실상 이지함은 서경덕徐敬德, 조식 등과 함께 16세기를 대표하는 처사형處士型 학자였다. 이지함은 한산 이씨 명문가의 후손으로 태어났지만 신분에 구속받지 않고 백성들의 삶의 문제를 해결하려고 노력했다. "외출할 때 철관을 쓰고 다니다가 밥을 지어 먹었다"라는 기록에서 보듯 기인적인 풍모도 분명 있었지만 구체적으로 사회경제 정책을 제시한 경제학자이기도 했다. 특히 적극적으로 민생 안정과 국부國富 증진 정책을 제시한 점은 역사적으로 큰 의미가 있다.

이지함의 이러한 사상은 사방을 유람하다가 만난 백성들이 자신의 도움을 필요로 하는 상황이 되면 적극적으로 응한 경험에서 나온 것으로, 일상생활을 통해 체득되었다는 점에서 더욱 의미가 깊다. 이지함은 1573년 포천 현감에, 1578년 아산 현감에 부임하여 자신의 정치 이상을 실현

할 기회를 잡았다. 특히 포천 현감으로 있으면서 올린 상소문인 「이포천

시상소莅抱川時上疏」에는 그가 지향한 사회경제 사상이 집약되어 있다.

그는 "포천현의 상황은 이를테면 어미 없는 고아 비렁뱅이가 오장이

병들어서 온몸이 초췌하고 고혈膏血이 다하였으며 피부가 말랐으니 죽게

되는 것은 아침 아니면 저녁입니다抱川之爲縣者.如無母寒乞兒.五臟病而一身

瘁.膏血盡而皮膚枯.其爲死也.非早卽夕"라고 하여 당시 포천현이 경제적으

로 매우 곤궁한 처지에 있음을 지적한 뒤, 이러한 현실을 타개할 수 있는

방책으로 크게 세 가지 대책을 제시했다. 먼저 제왕帝王의 창고는 세 가

지가 있음을 전제하고, 도덕을 간직하는 창고인 인심을 바르게 하는 것

이 상책이며, 인재를 뽑는 창고인 이조吏曹와 병조兵曹의 관리를 적절히

하는 것이 중책이며, 백 가지 사물을 간직한 창고인 육지와 해양 개발을

적극적으로 하는 것이 하책이라고 정의했다. 이중에서도 이지함이 특히

중점을 둔 것은 하책이었다. 당면한 현실에서 상책과 중책은 기대하기

어려우므로 하책을 적극적으로 실시할 것을 강조한 것이다.

이는 결국 자원의 적극적인 개발과 연결되며, 당시로서는 혁신적인 상

업관과도 연결된다. 아래 글에 나타난 땅과 바다에 대한 인식은 그의 사

회경제 사상의 단면을 보여준다.

땅과 바다는 백 가지 재용을 보관한 창고입니다. 이는 형이하形以下의

것이긴 하지만 여기에 의존하지 않고서 능히 국가를 다스린 사람은 없

습니다. 진실로 이것을 개발한다면 그 이익이 백성들에게 베풀어짐이

어찌 끝이 있겠습니까? 씨를 뿌리고 나무 심는 일은 진실로 백성을 살리

는 근본입니다. 그런데 은을 주조하고 옥을 채굴하고 물고기를 잡고 소금을 굽는 일처럼 사적인 경영으로 이익을 추구하고 남는 것을 탐내며 후하게 할 것에 인색하게 하는 일은 비록 소인배들이 밝히는 일이요 군자는 가까이 하지 않는 일이지만, 마땅히 취할 것은 취하여 백성들의 생명을 구제하는 일 또한 성인의 권도權道입니다.

陸海者. 藏百用之府庫也. 此則形以下者也. 然不資乎此. 而能爲國家者. 未知有也. 苟能發此. 則其利澤之施于人者. 曷其有極 若稼穡種樹之事. 固爲生民之根本. 至於銀可鑄也. 玉可採也. 鱗可網也. 鹹可煮也. 營私而好利. 貪贏而嗇厚者. 雖是小人之所喩. 而君子所不屑. 當取而取之. 救元元之命者. 亦是聖人之權也.

— 『토정유고土亭遺稿』 권 상上, 「이포천시상소」

백성의 이익을 위해서라면 성인도 권도(임시로 펼치는 도리)를 펼 수 있다는 이지함의 사회경제 사상은 당시로서는 상당히 진보적인 것이었다. 전통적으로 농업이 중시되고 상업이나 수공업이 천시된 당시 사회에서 백성들의 생활 향상을 위한 방안으로 이지함만큼 적극적으로 말업의 가치를 인정한 학자는 흔치 않았다.

이지함은 처사處士로 있으면서도 끊임없이 현실 정치에 관심을 보였다. 그리고 선조 대에 마침내 자신의 학문과 사상을 정치에 구현할 수 있는 기회를 맞았으나 결국은 현실 정치의 높은 벽만을 느끼고 사직했다. 그러나 그의 사회경제 사상은 민간의 실상을 직접 목격한 바탕 위에서 끌어냈다는 점에서 의미가 크며, 18세기 북학파로 지칭되는 후대 학자들의 이념과 합치되는 부분이 있다.

이지함과 『토정비결』

『토정비결』의 명성에 비해 이 책의 저자인 이지함은 우리에게 덜 알려져 있다.
그는 백성들의 삶의 문제를 해결하려고 노력했던 조선의 대표적인 경제학자였다.
전통적으로 농업이 중시되고 상업, 수공업이 천시되는 당시 사회에서
백성의 이익을 위해서라면 성인도 권도를 펼 수 있다고 주장하며
진보적인 입장을 밝히기도 했다.

18세기의 실학자 박제가朴齊家는 자신의 저술 『북학의北學議』에서 두 차례나 이지함을 언급하면서 16세기에 이지함이 주장한 해외통상론을 적극적으로 평가했다. 「선船」이라는 항목에서 그는 다음과 같이 말한다.

> 만약 표류인들이 와서 연해의 제읍諸邑에 정박하면, 반드시 선박 제조 및 다른 기술을 상세히 묻고 재주가 있는 장인에게 그 방식에 의거하여 배를 만들게 한다. 혹은 표류한 선박을 모방하여 배우고, 혹은 표류한 사람을 머무르게 하여 접하면서 그 기술을 배운 후에 돌려보내는 것도 무방하다. 토정이 일찍이 외국의 상선 수 척과 통상하여 전라도의 가난 을 구제하려 했는데, 그 견해가 탁월하면서도 원대하다.
>
> 若有漂人來泊沿海諸邑. 必須詳問船制及他技藝. 令巧工依方造成. 或從漂船倣 學. 或留接漂人盡其術. 而後還送不妨. 土亭嘗欲通外國商船數隻. 以救全羅之貧. 其見卓乎遠矣.

박제가는 이렇게 이지함의 탁견을 높이 평가했는데, 이를 통해서 이지 함의 사상이 200년을 뛰어넘어 북학파의 중심 인물 박제가에게 계승된 상황을 살펴볼 수 있다.

이지함은 생애의 대부분을 처사로 살면서 전국 각지를 돌아다녔다. 그 리고 이러한 유랑 생활을 통해 생활고에 시달리는 많은 백성을 접했다. 걸인청乞人廳을 설치한 일에서 보듯, 그의 사회경제 사상의 핵심이 민생 문제 해결에 있었던 것도 그런 경험을 바탕으로 했기 때문이었다. 특히 신분을 떠나 누구든 능력이 있으면 문인으로 받아들이는 그의 개방성은 미천하고 가난한 사람들과도 격의 없이 접할 수 있는 계기가 되었다. 아울러 이지함은 점술에 능통해, 불안에 시달리는 많은 사람에게 미래에 대한 이야기를 들려주었던 것으로 추측된다. 『토정비결』이 이지함의 호에 그 이름을 빌려서 오늘날에 이르기까지 대중에게 친숙한 책의 하나가 된 것에는 그만큼 많은 백성들에게 이지함이 의지의 대상이었기 때문이다. 이처럼 『토정비결』에는 이지함의 개방적이고 대중 친화적인 사상이 잘 녹아 있다.

조식이 백성을 두려워하라고 한 이유는?

○

16세기를 살다 간 처사 조식은 백성들이 처한 삶에 대해 누구보다 깊이 고민했다. 그의 문집인 『남명집』 곳곳에는 백성의 어려운 현실에 대해 근심하는 모습이 나타나 있다. 제자인 정인홍鄭仁弘은 스승의 행장에 이렇게 기록했다.

백성들의 괴로움을 염려하여 마치 자기 몸이 아픈 듯이 하였고 회포가 이어져 이를 말함에 이르러서는 혹 목이 메어 눈물을 흘렸다. 관리들과 더불어 이야기할 때는 일분이라도 백성을 이롭게 할 수 있는 일이 있으면 힘을 다해서 말했으니 혹 베풀어지기를 바라서였다.

念生民困悴 若恫懻在身 懷抱委褻 言之或至鳴噫 繼以涕下 與當官者言 有一分可以利民者 極力告語 覬其或施.

또 조선 후기의 학자 이긍익李肯翊이 펴낸 역사책 『연려실기술燃藜室記述』에는 "일찍이 선비들과 말을 하다가 당시 정치의 득실과 민생의 곤궁한 데 말이 미치면 팔을 걷어붙이고 목이 메어 눈물까지 흘렸다嘗與士子語及時政闕失 生靈困悴 未嘗不扼腕哽咽 至於流涕"라는 기록이 있어, 조식이 백성들의 어려운 삶에 울분을 터뜨리는 모습을 짐작하게 한다. 무엇보다 조식의 적극적인 대민 인식이 구체화된 글은 『남명집』 권 1에 실린 「민암부民嚴賦」다. 이 글에서 그는 백성의 존재를 다음과 같이 피력하고 있다.

백성이 물과 같다 함은 예로부터 있는 말이다. 백성이 임금을 추대하지만 나라를 뒤엎기도 한다. 내 진실로 알거니와, 눈으로 볼 수 있는 것은 물이니 험함이 밖에 드러난 것은 만만히 대하기 어렵지만, 눈으로 볼 수 없는 것은 마음이니 험함이 안에 있는 것은 쉽게 대한다. 걷기에 평지보다 편안한 곳이 없지만 맨발로 다니면서 살피지 않으면 발을 다치고, 거처하기에 이부자리보다 편안한 것이 없지만 모서리를 조심하지 않으면 눈을 다친다. 화는 실로 소홀함에서 연유하니, 바위는 계곡에서 생기는 것이 아니다. 원독怨毒이 마음속에 있으면 한 사람의 생각이라 몹시 미세하고, 필부匹夫가 하늘에 호소해도 한 사람일 적에는 매우 보잘것이 없다. 그러나 저 밝은 감응은 다른 것에 있지 않고 하늘이 보고 듣는 것은 이 백성이라. 백성이 원하는 바를 반드시 따르니 진실로 부모가 자식에게 하는 것과 같다.

民猶水也. 古有說也. 民則戴君. 民則覆國. 吾固知可見者水也. 險在外者難狎. 所不可見者心也. 險在內者易褻. 履莫夷於平地. 跣不視而傷足. 處莫安於衽席. 尖不畏而觸目. 禍實由於所忽. 巖不作於溪谷. 怨毒在中. 一念銳. 匹夫呼天. 一人甚細. 然昭格之無他. 天視聽之在此. 民所欲而必從. 寔父母之於子.

조식은 먼저 백성을 물에 비유하고 임금을 배에 비유하여 물이 배를 순항하게 할 수도 전복시킬 수도 있다는 점을 강조했다. 임금을 추대하고 갈아치우는 힘을 백성에게서 찾은 것은 적극적인 대민 인식으로, 이를 표현하기 위해 각종 경전을 인용했다. 원래 '민암'이라는 말은 『서경』의 "백성이 바위임을 돌아보고 두려워하십시오顧畏于民巖"라는 말에서 비롯된 용어며, '임금을 추대戴君'하고 '나라를 뒤엎는다覆國'의 논리는 『순자荀子』「왕제王制」에 나오는 "임금은 배이고 서민은 물과 같은데 물은 배를 띄우기도 하고 배를 엎기도 한다君者舟也 庶人者水也 水則戴舟 水則覆舟"라는 표현과도 흡사하다. '하늘이 보고 듣는 것은 백성天視聽之在此'이라는 표현은 『맹자孟子』「만장장萬章章」에 나오는 "하늘의 보심은 우리 백성이 보는 것을 따르고 하늘의 들으심은 우리 백성이 듣는 것을 따른다天視自我民視 天聽自我民聽"라는 내용과 유사하다. 결국 조식은 백성들의 힘을 중시한 각종 경전을 광범하게 인용하여 백성이 우선이라는 자신의 견해를 강조한 것이다. 이어 조식은 배를 뒤엎을 수 있는 백성의 바위가 생기는 원인을 당시의 현실에서 찾는다.

궁실宮室의 넓고 큼은 바위의 시작이요, 여알女謁*이 성행함은 바위의 계단이요, 세금을 기준 없이 거두어들임은 바위의 쌓음이요, 도에 넘치는 사치는 바위의 세움이요, 부극掊克**이 자리를 차지함은 바위의 길이요, 형벌의 자행은 바위를 굳게 함이다. 비록 그 바위가 백성에게 있지만, 어찌 임금의 덕에서 말미암지 않겠는가? 물은 하해河海보다 더 큰 것이 없지만 큰 바람이 아니면 고요하고, 바위의 험함이 민심보다 더 위

---

*   대궐 안에서 정사政事를 어지럽히는 여자. 여기서는 문정왕후를 가리킴.

**   권세를 믿고 함부로 금품을 징수함.

태로운 것이 없지만 포악한 임금이 아니면 다 같은 동포다. 동포를 원수로 생각하니, 누가 그렇게 하게 하였는가? 남산이 저렇듯 우뚝하지만 오직 돌이 바위가 된 것이고, 태산이 저렇듯 험준하지만 노魯나라 사람들이 우러러보는 바다. 그 바위는 마찬가지로되, 안위安危는 다름이 있다. 나로 말미암아 편안하기도 하고 나로 말미암아 위태롭기도 하니, 백성을 바위라 말하지 말라. 백성은 바위가 아니니라.

宮室廣大. 巖之興也. 女謁盛行. 巖之階也. 稅斂無藝. 巖之積也. 奢侈無度. 巖之立也. 掊克在位. 巖之道也. 刑戮恣行. 巖之固也. 縱厥巖之在民. 何莫由於君德. 水莫險於河海. 非大風則妥帖. 險莫危於民心. 非暴君則同胞. 以同胞爲敵讎. 庸誰使而然乎. 南山節節. 唯石巖巖. 泰山巖巖. 魯邦所詹. 其巖一也. 安危則異. 自我安之. 自我危爾. 莫曰民巖. 民不巖矣.

위에서 보듯 조식은 궁실의 광대함, 여알의 성행, 세금의 과중, 사치의 지나침, 가렴주구의 성행, 형벌의 자행 등 여섯 가지를 중요한 현실 정치의 문제점으로 지적하고, 바위가 험해지는 요인이 백성에 있으며 민심은 임금의 덕에서 연유함을 거듭 강조했다. 여기서 '여알'이라는 표현은 당시 문정왕후의 비호 아래 파생된 척신 정치의 문제점을 지적하고, 이것이 관리의 부패와 세금의 과중으로 나타나 궁극에는 백성에게 미친다는 점을 우회적으로 나타낸 것이다. 조식은 이러한 현실 정치의 잘못이야말로 '민암'을 더욱 공고히 하여 결국에는 나라 전복의 원인이 됨을 경고했다.

「민암부」는 백성을 기반으로 척신 세력이나 부패 관리를 추방하고 공도론公道論을 무기로 등장한 16세기 사림파 세력의 입지점을 넓혔다. 특히 임진왜란 당시 조식의 문하에서 최대의 의병이 배출된 것을 보면 그의 민본 사상은 실천성까지 수반했다고 볼 수 있다. 오늘날의 정치인들에게 조식의 「민암부」를 정독할 것을 권하고 싶다. 백성들을 두려워해야 하는 위정자의 마음가짐이 더욱 절실한 시대다.

이산해는 왜 자꾸 소금을 굽자고 했던 것일까?

○

이산해, 김신국金藎國, 이덕형李德馨, 유몽인柳夢寅……. 역사를 전공하는 사람조차도 이름을 들어본 것 같기는 하지만 그들의 행적에 대해서는 모르는 경우가 많다. 그러나 이들은 실제 조선 사회에서 국정을 이끌어간 주요한 인물들로, 우리가 흔히 아는 성리학자들보다 당대에 차지한 비중은 훨씬 높았다. 이산해는 조선 중기 선조 시대에 대사헌, 대사간, 이조판서, 우의정, 좌의정, 영의정 등 핵심 요직을 두로 거쳤으며, 정치적으로 북인의 영수로서 활약했다. 관료학자로서 정책 입안에 기여했을 뿐 아니라 임진왜란 극복과 향후 조선 사회의 재건에 힘을 기울인 인물이다. 그러나 학파와 학맥이 중시되던 시절, 관료학자라는 이유로 역사의 무대에서 그 이름은 소홀히 취급되었다. 이산해의 상소문을 통해 그가 지향한 조선의 모습을 찾아가보자.

이산해는 이지함의 조카로 이지함의 학문에서 많은 영향을 받았다. 이지함은 최근 기인奇人적인 측면 이외에 민생 안정과 국부에 힘쓴 사회경제 사상가로서의 면모가 밝혀지고 있다. 그런 숙부의 영향을 받은 이산해는 당시의 사회·경제적 문제점을 극복하는 방안으로 자염煮鹽의 활용을 강조했다. 그는 상소문을 통해 우리나라의 바다에서 가까운 지역이 모두 염전인데도 그 이익을 활용하지 못한 현실의 문제점을 지적했다.

신이 청컨대, 소금을 굽는 대책을 진달하겠습니다. 소금 굽는 일은 공력이 그다지 많이 들지 않으나 효과는 가장 많이 볼 수 있습니다. 천 이랑의 둔전屯田*이 수백 개의 소금을 만드는 솥만 못합니다. 남월南越**이 비옥하고 풍요로운 것은 어염魚鹽이 근본이 되고 (…) 이것이 진실로 재물을 모으는 상책上策입니다. 우리나라 해변이 모두 소금 굽는 장소였는데 태평한 시절 곡식이 남아 썩어나던 시절을 살아온 나머지 다시는 이런 이점이 있다는 것을 알지 못한 지가 오래되었습니다. 지금 바닥이 나버린 나머지 조그만 재리를 추구하려 해도 이렇다 할 대책이 없는데 유독 이 일만을 그냥 두고 거행하지 않은 채 간혹 관원을 보내 일을 감독하게 하나 얻는 바는 으레 사소한 정도니, 소신이 이 점에 대하여 삼가 의혹을 갖지 않을 수 없습니다. 일반적인 사물은 가격이 비싸더라도 판매하기가 어려우면 이익이 될 수 없습니다. 그렇지만 소금은 산만큼 쌓여 있더라도 팔지 못할까 걱정할 일이 없습니다. (…) 호서湖西나 황해도의 도서와 정록汀麓 사이에 소금기가 많아 경작하기 적합하지 않은 곳으로 땔감이 무성한 곳을 찾아서 곳곳에다 염정鹽井***과 염조를 설치해두고 또 떠돌면서 빌어먹는 백성들을 모집해 둔전을 경작하게 하고 대오隊伍를 지어 일시에 일을 추진하게 한다면, 처음 역사를 시작한 날에 식량이 그 가운데 있을 것이니 어느 누가 기꺼이 따르면서 참여하기를 바라지

---

* 변경이나 군사 요지에 주둔한 군대의 군량을 마련하기 위해 설치한 토지.

** 중국 한漢나라 때, 지금의 광둥 성, 광시 성과 베트남 북부 지역에 걸쳐 있던 나라. 기원전 203년 한나라의 관료였던 조타趙佗가 독립해 세웠고 기원전 111년 한무제에게 멸망했다.

*** 소금을 얻기 위해 바닷물을 모아두는 웅덩이.

않겠습니까. 2월에 시작하여 흙비가 내릴 때 잠시 중지하였다가 8월에
다시 작업을 계속하여 얼음이 얼거든 작업을 마친다면, 5, 6개월 사이에
염조의 많고 적은 것을 계산할 수 있고 곡식의 넉넉하고 부족한 것을 알
수 있을 것입니다.

臣請陳煮鹽之策. 可乎. 煮鹽一事. 爲功不夥. 而爲效最著. 屯田千頃. 不如鹽竈數
百. 故南越之沃饒. 而魚鹽爲本. (…) 斯固聚財之上策也. 我國濱海. 盡是鹽場. 而
昇平紅腐之餘. 不復知有此利者久矣. 及今板蕩之餘. 錐毛射利. 講無餘算. 而獨
於此事. 實而不擧. 間或差官幹事. 而所得例歸些少. 臣竊惑焉. 凡物雖或價高. 難
販則不足以爲利. 惟鹽則雖積若丘山. 無患不賣. (…) 若於湖西海西島嶼汀麓之
間. 逐其斥鹵之曠沃. 薪柴之茂盛. 而處處曲曲. 設爲鹽井鹽竈. 又募其流離丐食
之民. 使之作屯作隊. 一時趨事. 則始役之日. 糧在其中. 疇不樂從而願赴哉. 起於
二月. 而停於霾雨. 作於八月. 而止於氷凍. 則五六朔之間. 自可計鹽竈之多少. 知
得粟之優歉矣.

— 『아계유고鵝溪遺稿』 권5, 「진폐차陳弊此」

어염에 대한 이산해의 관심과 이를 활용하기 위한 대책은, 숙부이자
스승인 이지함의 어염과 광산 개발 등 국가 자원 활용에 대한 주장과 거
의 일치한다.

1592년부터 7년간 지속된 임진왜란은 국가적으로 큰 충격이었을 뿐
아니라 이산해의 삶과 사상에도 많은 영향을 미쳤다. 최고 관직인 영의
정 시절 임진왜란이 발발하자 이산해는 선조의 파천을 주장했고, 선조의
어가가 개성에 머물렀을 때 국왕의 파천에 대한 책임을 지고 관직에서

물러났다. 이산해는 중도부처의 길에 올라 강원도 평해에서 3년간 유배 생활을 했다. 선조 시절 그는 국가 원로로서 전쟁을 대비하는 군국軍國의 방책을 여러 차례 개진했다. 임진왜란을 경험하면서는 조선의 주력 함대인 판옥선板屋船이 전쟁의 승리에 결정적인 요인이었음을 지적하는 한편, 주사의 양성을 강조했다.

대체로 판옥으로 된 거함이 바다를 가로질러 있으면 출렁이는 파도를 육지처럼 여기고 요동하기 어려운 것이 마치 산과 같아서 적의 뾰족한 배나 작은 배로는 대적하지 못합니다. 신포神砲와 비포飛礮는 소리가 천둥을 치는 것 같아서 한 발에 적의 배를 파손시키고 바다를 피로 물들게 하니, 적의 단총短銃과 편환片丸으로는 대항할 수가 없습니다. 적이 믿는 것은 칼이나 서슬이 퍼런 칼날로도 파도를 따라 출몰하는 즈음에는 쓸모가 없으며, 아군의 우려되는 점은 무너져서 흩어지는 것이나 일단 배에 오르면 겁쟁이나 나약한 병졸도 전부 필사적으로 용기를 냅니다. 이런 것이 모두 배에서는 유리하지만 진마陣馬에서는 불리합니다. 우리 나라가 수전에서 장점이 있다는 것은 바로 이런 이유 때문입니다.

夫板屋巨艦. 橫截海面. 視波若地. 難撼如山. 則賊之尖舸小船. 不能當也. 神砲飛礮. 聲震雷霆. 一發破船. 腥血漲海. 則賊之短銃片丸. 不能格也. 賊之所恃者刀劍. 而雪鍔霜刃. 無用於隨波出沒之際. 我軍之所患者潰散. 而一登船上. 則怯夫懦卒. 皆奮必死之勇. 是皆利於舟楫. 而不利於陣馬. 所謂我國之長於水戰者. 此也.

이른바 전선戰船이란, 오늘날의 판옥선을 지칭하는 것으로 제도가 정교하여 더위잡고 오를 수 없을 만큼 높고 깨뜨릴 수 없을 만큼 견고하며 대중을 수용할 만큼 넓고 적을 방어할 만큼 많은 인원이 탈 수 있으니, 참으로 수전하기에는 좋은 기구입니다. 그러나 공력이 가장 많이 들어서 배 하나를 만들자면 큰 집 한 채를 만드는 것과 동등합니다. 그래서 가까운 시일 내에 비록 마련하기가 어려울 듯하지만, 선재船材와 선판船板을 다른 지역에서 먼 곳까지 싣고 올 것은 없습니다. 남쪽 지역 섬들에는 대부분 소나무가 무성합니다. 비록 아침마다 베어내더라도 다 베어낼 수 없을 만큼 많으니, 허다한 배 목수로 열 사람씩 대오를 편성하여 기간을 정해놓고 그 공역의 과제를 준다면, 신속하게 만들어내지 못할까 하는 걱정을 할 필요가 없을 것입니다. 다만 형체가 너무 크고 격군이 너무 많기 때문에 쉽사리 충당할 수 없는 것이 문제입니다. 평상시에도 액수가 많지 않았는데 더구나 난리를 겪고 나서는 배가 100척이 되지 않고 군사도 배에 차지 않으니, 이런 정도로 적을 방어하려 들면 서로 잘 들어맞지 않는 것이 심하지 않겠습니까. 신의 견해로는 좌우의 양영兩營에서 각각 수백 척의 배를 만들어서 그것을 삼등분하여 둘은 판옥선으로 사용하고 하나는 중선中船으로 사용하되, 중선도 전구戰具를 갖추어 후원이 되어 신속히 진퇴하게 하면서 돌격을 대비하게 하는 한편, 일이 없으면 식량을 운송하는 데 이용하고 일이 있으면 전투에 협조하게 한다면, 어찌 한 번의 거사로 두 가지를 얻는 결과가 되지 않겠습니까.

所謂戰船者. 今之板屋. 制度精巧. 高不可攀. 堅不可破. 廣可容衆. 衆可禦賊. 誠水戰之良具也. 第以功力最鉅. 造一船與造一大家等. 旬月之間. 雖若難辦. 而船材船板. 不必遠輸他境. 南中諸島松木之茂密者. 處處皆然. 雖朝朝而伐之. 罔有

窮極. 以許多船匠. 什什成伍. 立其程限. 課其功役. 則無患其不速就矣. 但其形體
過大. 格軍過多. 未易充定. 故平時亦數額不多. 而況經亂之後. 船不滿百. 軍不滿
船. 以此禦賊. 不亦齟齬之甚乎. 臣意左右兩營. 各造數百船. 而三分其數. 二爲板
屋. 一爲中船. 中船亦備戰具. 以爲後援. 或進退如飛. 以備突擊. 無事則用以運糧.
有事則用以助戰. 豈不一擧而兩得乎.

— 『아계유고』권 5, 「진폐차」

이산해는 이어 수전의 승리를 계속 이어가고 왜적에 대비하려면 주사
가 급선무임을 강조했다. 그리고 이에 대한 구체적인 대책을 개진했다.

주사는 진실로 우리나라의 장점이므로 예비를 하는 것이 바로 오늘날
서둘러야 할 급선무입니다. 장기라는 것은 명분이며, 예비를 함은 실상
인 것입니다. 만약 명분만 믿고 실상을 버린 채로 일찍이 판옥선 한 척
만들지 않고 수졸水卒 한 명 더하지 않고 장수 한 사람 선발하지 않고 수
전 한 번 연습하지 않은 채 그럭저럭 세월만 보내며 앉아서 패배하기를
기다리며 "우리는 장기를 가지고 있다"라 한다면, 어찌 그것을 장기라
할 수 있겠습니까. 더구나 원균元均이 처음 명을 받았을 때 선척의 수가
비록 100여 척이라 하였지만, 그중에서 이용하여 적을 제어할 만한 배
는 6, 70척에 차지 않았습니다. 원균이 패배한 후 이순신이 흩어지거나
불에 타버리고 난 나머지를 수습하고 보철補綴하여 겨우 30여 척의 배를
얻었습니다. 이 밖에는 모두 쓸모가 없었습니다. 오늘날의 주사가 실상
이 있다고 할 수 있겠습니까. 신의 의견으로 예비책을 총괄적으로 말씀

드리면, 영남과 호남 사이에다 주사를 담당할 두 개의 영을 별도로 설치하고 군병, 주즙, 궤향, 기계 등에 관한 일을 두 도가 나누어 관장하게 하되, 영남의 물력이 부족하면 영동에 있는 것으로 보충하고 호남의 재정이 부족하면 호서에 있는 것으로 협조하게 해서, 관방의 형세를 장엄하게 하는 것이 가합니다. 그 대책을 나누어서 조목별로 말씀드리면, 전선과 수졸과 군량과 장수·병졸을 들 수 있습니다.

舟師. 固我國之長技. 而有備. 乃今日之急務也. 長技者. 其名也. 有備者. 其實也. 若恃其名而遺其實. 未嘗造一板屋. 添一水卒. 選一良將. 習一水戰. 而荏苒歲月. 坐待成敗. 曰我有長技云爾. 則烏在其爲長技也. 況元均之初受命也. 船之見數. 雖曰百餘. 而其中可用以制敵者. 不滿六七十. 元均之敗也. 李舜臣收拾補綴於散亡灰燼之餘. 僅得三十餘船. 外此者. 皆無用矣. 今之舟師. 可謂有其實乎. 臣意統言有備之策. 則別設舟師二營於湖. 嶺之間. 軍兵舟楫. 餽餉器械等事. 令兩道分掌之. 嶺南物力之不足者. 以嶺東補之. 湖南財用之不足者. 以湖西助之. 以壯關防形勢. 可也. 分言其目. 則曰戰船也. 曰水卒也. 曰糧餉也. 曰將士也.

—『아계유고』 권 5, 「진폐차」

위 자료에서는 이산해가 명분보다 실질을 중시한 면모가 잘 드러난다. 즉 "명분만 믿고 실상을 버린 채로 일찍이 판옥선 한 척 만들지 않고" 등과 같은 발언에서는 실용의 중요성을 부각하고 구체적인 대책 수립을 강조하는 모습이 나타난다. 이산해의 경제사상과 현실대응론은 상당히 구체적인 것으로, 전란 직후의 민생 피폐와 재정 궁핍을 타개하기 위해 나온 측면이 많다. 학문의 연원을 살펴보면 서경덕에게서 시작해 이지함에게서 두드러진 실용적인 학풍과 맥을 같이한다. 이러한 면모는 이산해를 비롯해 김신국, 유몽인 등 조선 중기 관료 학자들에게서 공통적으로 나타나고 있는데, 관료적 기반을 지닌 학자들에 대한 체계적인 연구가 조선 사회를 좀 더 폭넓게 볼 수 있는 단서를 제공해줄 것으로 기대한다.

후계자 계승을 둘러싼 당파 분열의 결말은?

○

대선과 총선의 해가 되면 정당 내에서는 파벌에 따른 이합집산이 이어진다. 조선 시대에도 예외가 아니었다. 1575년(선조 8) 동인과 서인의 분당으로 붕당정치가 처음 시작된 이래 당파 간의 경쟁과 분열이 끊이지 않았다. 선조 후반 서인과 동인에서 나누어진 남인과 북인 간에는 치열한 정치적 대립이 있었으며, 북인이 집권 세력이 된 후에는 북인 간에 다양한 분열이 일어났다. 특히 선조의 적장자 영창대군이 태어나 후계자 계승 구도가 복잡하게 전개되면서 북인의 분열은 가속화되었다. 조선 시대 당쟁의 역사를 가장 객관적이고 체계적으로 정리했다고 평가받는 이건창李建昌의 『당의통략黨議通略』에는 당시의 당파 분열과 인물 간의 갈등 요인 등이 자세히 기록되어 있다.

이에 이산해와 홍여순을 우두머리로 하는 자들은 대북이라 하고 남이공南以恭과 김신국을 우두머리로 하는 자들은 소북이라 하였다. 소북이 왕의 꾸짖음을 받음에 미쳐 이산해와 홍여순이 또 서로 더불어 권력을 다투어 이산해의 당은 육북肉北이 되었고, 홍여순의 당은 골북骨北이 되었다. 이이첨李爾瞻이 상소하여 홍여순을 탄핵하자 임금은 둘을 내쫓고 다시 서인을 참여시켜 나아갔다. 얼마 되지 않아 체찰사인 이귀李貴가 스스로 영남에서 돌아와 정인홍이 고향에 거주할 적의 불법적인 일을 논하자 정인홍이 뒤에 상소하여 "신은 성혼成渾, 정철鄭澈과 더불어 서로 화목하지 못하고 또 유성룡과도 유쾌하지 못하였는데 지금 그 무리가 신을 미워함이 이와 같습니다" 하였다. 인하여 성혼이 최영경崔永慶을 얽어 죽이고 나라가 어려울 때 〔왕의 피난처에〕 이르지 않고 화의를 주장한 모든 일을 심하게 꾸짖었다. 아울러 정경세鄭經世가 상중에 술을 마신 것을 탄핵하였다. 대사헌 황신黃愼이 뒤에 성혼의 무고함을 상소하였는데 왕이 황신을 교체하고 조정에 있는 모든 서인을 내쫓고 간사한 성혼, 독한 정철이라는 교서를 내렸다. 유영경柳永慶을 이조판서로 하고 정인홍을 대사헌으로 삼았다. 이항복은 평생에 당이 없었지만 이때에 이르러 유영경이 이조판서가 되는 것을 막고자 하였다. 그러므로 당에서 탄핵당하는 바가 되었고 정철의 심복으로 지적되어 이로써 정승 직을 면하게 하였다. 정인홍은 왕의 부름을 받자 먼저 최영경을 국문하였을 때 대간으로 있었던 구성具宬의 죄를 논하여 유배시켰다. 얼마 되지 않아 유영경이 정승이 되어 정치를 전임하자 정인홍의 무리를 많이 파면하고 교체하였으며 오로지 소북만을 등용하였다.

於是 主山海汝諄者 爲大北 主以恭謹國者 爲小北 及小北被譴 而山海汝諄 又相與爭權 山海黨爲之肉北 汝諄黨謂之骨北 李爾瞻疏 劾洪汝諄 上兩黜之 復柔進西人 未幾 體察李貴 自嶺南還 論鄭仁弘 居鄕不法事 仁弘疏卞曰 臣與成渾鄭澈 不相能 又不快於柳成龍 今其徒嫉臣如此 因極詆渾搆殺崔永慶 不赴國難 主和議諸事 幷劾鄭經世 居喪飮酒 大憲黃愼 疏卞渾誣 上遞愼 悉逐西人在朝者 有奸渾毒澈之敎 以柳永慶爲吏判 鄭仁弘爲大憲 李恒福 平生無黨 至是欲沮永慶吏判 故爲其黨所劾 指爲鄭澈腹心 以此免相 仁弘赴召 首論崔永慶再鞫時臺諫具

成之罪 竄之 未幾 柳永慶 爲相專政 仁弘等多罷遞 專用小北.

위의 기록에는 북인 내의 소북과 대북, 육북과 골북의 분열상과 기축옥사, 성혼과 정철에 대한 탄핵 등을 빌미로 북인이 서인을 탄핵하고 권력을 잡아가는 모습이 그려져 있다. 이항복처럼 평생 당을 하지 않아도 정치적 상황으로 말미암아 불가피하게 당인이 되는 사례도 있었다.

소북의 영수 유영경은 선조 후반 후계자로 영창대군을 지지하면서 선조의 깊은 신임을 받았으며, 광해군을 후계자로 지지한 정인홍과 치열하게 대립했다. 다음의 기록은 후계자 지명 문제가 당파 분열에 결정적인 요소가 되었음을 보여준다.

처음에 광해군을 세자로 봉한 지 20년이 되었다. 누차 사신을 보내어 책봉을 청했지만, 중국 조정에서는 임해군이 장자라는 이유로 끝내 허락하지 않았다. 임해군과 광해군은 모두 공빈 김씨*에게서 태어났는데, 임해군은 광폭하여 많은 덕을 잃었고, 광해군은 살피고 어루만진 공로가 있어 의인왕후가 일찍이 취하여 아들로 삼아서 궁중 안이나 밖에서나 모두 마음으로 복종하여 다른 말이 없었다. 의인왕후가 죽자, 예관이 다시 사신을 보내어 책봉을 청하고자 하니 왕이 말하기를 "왕비 책봉은 청하지 않으면서 [세자의] 책봉만 청하는 것은 어째서인가" 하였다. 마침

---

*   원문에는 박씨로 기록되어 있으나 광해군의 생모는 공빈 김씨다. 아마도 선조의 정비인 의인왕후가 박씨이므로 이를 착각한 오기로 보인다.

내 인목왕후를 책봉하였는데, 그 뒤에 왕후가 영창대군을 낳았다. 영상 유영경이 세종 때의 광평대군과 임영대군, 두 대군의 예를 취하여 백관을 거느리고 하례를 베푸니, 좌상 허욱許頊과 우상 한응인韓應寅이 말하길, "대군 한 명이 태어났다고 어찌 반드시 하례를 베풀겠소" 하니, 유영경이 이에 그쳤다. 그러나 사람들은 모두 유영경이 왕의 뜻을 받들어 대군의 입지를 만들려는 것이라고 의심하였다. 왕에게 병이 있어 은밀하게 세자에게 전위하는 전교를 내려 모든 정승을 불렀는데, 유영경이 말하길 "지금은 시상時相*을 부르는 것이니, 다른 정승들은 함께할 수 없습니다"라 하니 다른 정승들이 모두 물러갔다. 유영경이 홀로 계를 올려 〔전위 교서를〕 거두어줄 것을 청하며 말하길, "오늘의 전교는 여러 사람들의 뜻 밖에서 나온 것이니 신은 감히 명을 받지 못하겠습니다"라 하였다. 병조판서 박승종朴承宗이 유영경과 더불어 꾀하여 군사를 동원하고 궁궐을 호위하며 비상사태에 대비하니, 인심이 흉흉해져 모두가 말하기를 "유영경이 세자를 세우지 못하게 하고자 한다" 하였다.

初光海君冊儲二十年. 累遣使請封 中朝以臨海君居長 持之不許. 臨海光海皆恭嬪朴氏出 臨海狂暴多失德 光海有監撫功 懿仁后嘗取而子之 中外皆屬心無異辭 及懿仁后薨 禮官復欲遣使請封 上曰 不請冊妃而請封何也. 遂冊仁穆后 後后生永昌大君. 領相柳永慶 援世宗時廣平臨瀛二大君例 率百官陳賀 左相許頊右相韓應寅 曰一大君生 何必陳賀 永慶乃止. 然人皆永慶疑迎上意 爲大君地也 上有疾 密敎傳位于世子 招諸相 永慶曰 今召時相 他相不得與 他相皆退. 永慶獨啓請

* 현재의 재상.

5부 백성들의 괴로움이 내 아픔이고

收曰 今日之敎出於羣情之外 臣不敢承命. 兵判朴承宗 與永慶謀 勒兵屢宮 以備
非常 人心洶洶 皆言永慶 不欲立世子.

1592년 임진왜란은 왕실과 정치 세력의 세력 판도에 엄청난 변화를 가져왔다. 임진왜란 초기 관군의 방어선이 뚫리면서 위기를 맞은 국왕 선조는 서둘러 피난길을 재촉하는 한편, 광해군을 왕세자로 삼고 따로 조정을 이끌면서 혼란한 정국을 수습하게 했다. 18세의 나이에 왕세자로서 독립된 조정을 이끌며 대왜 항쟁에 나선 광해군은 강력한 주전론主戰論* 을 전개한 정인홍 등의 북인과 호흡이 잘 맞았다. 의주로 피난해 백성의 원성을 산 선조와는 대조적인 모습이었다.

임진왜란이 끝난 후 조정과 민간의 명망은 광해군에게 쏠렸고 광해군의 왕위 계승은 무난한 듯 보였다. 그러나 1602년 정비 의인왕후가 사망한 후 인목왕후가 계비로 들어오면서 왕실에는 미묘한 긴장감이 조성되었다. 선조의 정비 의인왕후 박씨는 왕자를 생산하지 못했고, 후궁인 공빈 김씨와의 사이에서 태어난 두 왕자인 임해군과 광해군이 있었다. 임해군은 이미 자질에서 문제가 드러났으므로 선조는 왜란이라는 국난의 시기를 맞아 광해군의 세자 책봉에 망설임이 없었다. 그러나 후궁 출신의 아들이라는 점은 마음에 걸리는 부분이었다.

이런 상황에서 선조의 마음을 파고든 것은 어린 계비 인목왕후가 낳은 영창대군이었다. 1606년 55세라는 늦은 나이에 적장자를 본 선조의 기

---

*   전쟁하기를 주장하는 의견이나 태도를 말한다.

뽐은 누구보다 컸다. 이런 분위기는 조정에도 감지되어 선조의 환심을 사고자 영창대군의 세자 책봉을 은근히 청하는 세력들도 생겨났다. 정치판의 줄서기는 과거나 현대나 마찬가지다. 영창대군의 탄생을 계기로 북인은 광해군을 지지하는 대북과 영창대군을 지지하는 소북으로 분립되었다. 대북의 중심에는 정인홍이, 소북의 중심에는 유영경이 자리를 잡았다. 정인홍은 광해군의 후계자 지명을 저지하려는 유영경을 강력히 탄핵했다.

정인홍이 개연히 고향에서 상소를 올려 말하기를 "유영경은 성지를 비밀로 하고 여러 재상을 쫓았으니 이른바 여러 사람의 뜻이라는 것이 나라 사람들이 원하지 않은 것입니까? 그렇지 않으면 사사로운 당들이 하고자 하지 않는 바입니까?" (…) 왕이 심히 노하여 말하기를 "인홍이 세자로 하여금 속히 왕위를 전해 받게 하려 하니 신하 된 자가 차마 옛날 왕을 물러나게 하는 것을 능사로 삼는가?" 하였다. 이로부터 광해군이 매일 문안을 하면 왕은 번번이 꾸짖으며 말하기를 "명나라의 책봉도 받지 못하였는데 어찌 세자라 하겠는가? 문안을 다시는 오지 말라" 하니, 광해군은 땅에 엎드려 피를 토하였다. 대간 이효원李效元 등은 정인홍이 군부를 동요시키고 골육간의 사이를 멀어지게 한다 탄핵하고, 아울러 이산해를 거론하고 이경전李慶全과 이이첨 등을 아울러 논하여 다 귀양을 보냈다. 진사 정온鄭蘊이 상소하여 정인홍을 구하려 했으나 대답이 없었다. 이때 허욱, 성영成泳, 최천건崔天健, 홍식洪湜, 성준구成俊耉, 이효원, 이유홍李惟弘, 김대래金大來, 송응순宋應洵, 이덕온李德溫, 송전 송준宋駿, 송일宋馹, 남복규南復圭, 유성柳惺, 박승종, 유영근柳永謹, 유영순柳永詢, 이정, 이경기李慶禥, 박이장朴而章, 황섬黃暹, 황하, 황근중黃謹中, 조명욱曹明勗, 성이문成以文, 민경기閔慶基, 박안현朴顔賢, 신광립申光立, 신요申橈는 모두 유영경을 지지하였는데, 이들을 유당柳黨이라 이른다. 김신국 또한 유당에 들어갔고 남이공, 김시국金蓍國, 남이신南以信, 박이서朴彝叙, 임연任兗, 임장任章은 유영경에게 붙지 아니하여 남당南黨이라 불렀다. 유희분柳希奮은 비록 광해군과의 연고 때문에 대북과 더불어 일을 계획하였으나 본래 소북이었다. 더욱이 남이공과 더불어 친한 까닭으로 또한 남당이라 칭하였다. 이는 모두 소북 중에서 또 갈라져 둘이 된 것이다. 상이 승하하자 광해군이 당일 즉위하였다. 이산해를 원상院相*으로 삼고 정인홍과 이이첨을 석방하여 뽑아 썼다. 유영경과 김대래를 죽였다.

仁弘慨然 自鄕呈疏曰 柳永慶秘聖旨 而逐諸相 所謂羣情者 國人之不願歟 抑私黨之所不欲歟 (…) 上怒甚曰 仁弘欲令世子 速受傳位 爲人臣者 忍以退舊君 爲能事哉 自此光海 每問安 上輒責之曰 未受冊命 何以稱世子 問安其勿更來 光海伏地嘔血 臺諫李效元等 劾仁弘 動搖君父 離間骨肉 幷論山海 幷論慶全及爾瞻等 悉竄之 進士鄭蘊 疏救仁弘 不報 時許頊 成泳 崔天健 洪湜 成俊耆 李效元 李惟弘 金大來 宋應洵 李德溫 宋驔 宋駿 宋馹 南復圭 柳惺 朴承宗 柳永謹 柳永詢 李潚 李慶禥 朴而章 黃暹 黃昰 黃謹中 曹明勗 成以文 閔慶基 朴顔賢 申光立 申橈 皆右永慶 謂之柳黨 金蓍國 亦入柳黨 南以恭 金蓍國 南以信 朴彝叙 任兗 任

---

* 왕이 죽은 뒤 어린 임금을 보좌해 정무를 맡아보던 임시 벼슬.

章 不附永慶 謂之南黨 柳希奮 雖以光海故 與大北計事 然本小北 尤與以恭善故 亦稱南黨 此皆於小北中 又歧爲二者也 上昇遐 光海卽日卽位 以李山海爲院相 釋仁弘爾瞻擢用之 戮柳永慶金大來.

위의 기록에서 유당, 남당이라 하는 것은 오늘날 '친이계', '친박계' 등이라 하는 상황과도 유사하다. 유영경의 영의정 임명과 소북 정권의 수립은 선조의 마음을 표현한 것이었고, 영창대군의 왕위 계승은 상당한 가능성을 보였다. 그러나 1608년 선조의 갑작스러운 죽음으로 정국은 일변했다. 아직 어린 영창대군을 왕위에 올리는 것을 불안해한 선조는 유언으로 이미 왕세자에 책봉된 광해군을 국왕의 자리에 올릴 것을 명했다. 16년간의 세자 생활을 어렵게 청산하고 광해군이 왕위에 오르면서 정국은 일순간에 대북 정권 중심으로 짜여졌다. 광해군이 불안한 위치에 있을 때 '정권의 실세' 유영경을 탄핵하다가 귀양길에 오른 정인홍은 곧바로 석방된 후 정권을 뒷받침하는 산림山林의 영수로 떠오르면서 정권의 든든한 버팀목이 되었다.

선조 사후 후계자 계승을 둘러싼 뜨거운 정쟁 속에서 영창대군을 지지한 유영경은 처형으로 생을 마감했고, 광해군을 지지한 정인홍은 광해군 정권 수립 후 '왕의 남자'가 되어 정치와 사상계의 일선에 서서 핵심적인 역할을 수행했다. 선조 후반 북인과 서인의 대립, 북인 내의 자체 분열이 과거의 옛이야기로만 들리지 않는 것이 오늘의 정치 현실이다.

조선의 내시들은 어떤 일을 했는가?

○

조선 시대 내시는 궁녀와 함께 궁중 업무를 담당한 주요 인물이었지만, 우리는 드라마나 코미디 프로그램 등을 통해 내시에 대해 뭔가 정상인과는 다르고 행동거지나 목소리가 이상한 사람이라는 잘못된 선입견을 갖고 있다. 그러나 조선 시대의 내시도 엄연히 품계와 관직이 있는 전문직 공무원이었다. 내시의 품계는 종이품인 상선尙膳, 정삼품인 상온尙醞·상다尙茶·상약尙藥에서, 종구품인 상원尙苑까지 다양하게 구분되어 있었다. 최고직인 상선 내시의 경우는 종이품이었으니 오늘날 차관급에 해당하는 고위직이었다. 왕의 행차에서도 말을 타고 왕을 수행하는 내시의 모습을 어렵지 않게 찾아볼 수 있다.

　궁궐 안에는 내시들이 업무를 보는 관청인 내반원內班院이 있었다. 내반원은 임금을 가장 가까이에서 모시는 내시의 업무 성격상 왕의 처소 근처에 있었다. 『궁궐지宮闕志』에 의거하면 그 위치는 경복궁에서는 경회문慶會門 서쪽, 경희궁에서는 흥정당興政堂 남쪽이었다. 내시의 숫자는 『경국대전』에 140명으로 규정되어 있었으나, 『대전통편大典通編』에 가서는 그때그때 왕의 뜻에 따라 정하도록 변동되었다. 내시의 근무 형식은 비교적 장기간 궁궐에 머물면서 근무하는 '장번내시長番內侍'와 교대로 궁궐을 출입하면서 근무하는 '출입번내시出入番內侍'가 있었다.

　15세기의 학자 김종직은 성종의 전교를 받아 내반원의 연혁과 기능을 기록한 「내반원기內班院記」를 남겼다. 『성종실록』에 "승정원에 전교하여, 내가 일찍이 「대루원기待漏院記」와 「내반원기」로써 여러 신하와 내관을 경계시키려 하였다"라는 기록이 있는 것을 보면, 성종이 내시들의 기강을 잡기 위해 이 글을 짓게 했음을 알 수 있다. 그러면 「내반원기」를 자세히 살펴보자.

궁신宮臣의 국局을 둔 것은 유래가 오래되었다. 대체로 천문 상象을 본 떠 임금의 곁에서 시중을 들면서 궁문의 출입을 금하는 일을 맡고, 내외의 말을 상통시키며, 임금의 음식을 요리하고, 궁궐의 뜰과 출입구를 청소하는 일들을 맡았다. 그러니 그 소임은 비록 낮을지라도 관계된 바는 매우 중대하지 않겠는가. 그래서 궁정宮正, 궁백宮伯이란 칭호는 주나라에서 시작되었고, 황문黃門, 상시常侍란 칭호는 한나라에서 비롯되었으며, 내시, 급사給事란 칭호는 당나라에서 나왔고, 내반, 전두殿頭란 칭호는 송나라에서 부르던 것이다. 그런데 관호官號는 시대마다 변경이 있어 일정하지 않으나, 거처하는 곳이 지극히 엄밀하고 직분이 전일專一함은 역대로 다 같았던 것이다. 『서경』에 이르기를 "복신僕臣이 바르면 다른 신하는 감히 바르지 않을 수가 없다" 하였으니, 설어褻御*의 신하도 오히려 그러한데 더구나 중관中官이야 말할 나위가 있겠는가. 예로부터 충성하고 삼가서 스스로 자신을 바르게 가진 자는 모두 복을 받았고, 은총을 믿고 교만한 자는 모두 앙화를 입었다. 나라도 여기에 따라서 융성하

* 가까이 모시어 지나치게 친한 신하.

거나 교체되었으니, 심히 두려운 일이다.

宮臣之有局. 其來尙矣. 蓋取象於天文. 而傍侍乎宸極. 于以掌閨闥之禁. 通內外
之言. 調劑膳羞. 掃除庭戶. 其爲任雖藝. 而其所關不旣重矣乎. 宮正宮伯. 始於周.
黃門常侍. 昉於漢. 內侍給事. 見於唐. 內班殿頭. 稱於宋. 雖官號之因革不一. 然
其居之密而職之專. 則歷代皆同. 書曰. 僕臣正. 罔敢不正. 其在褻御之臣. 猶然.
況中官乎. 自昔. 忠謹自持者. 未嘗不獲福. 驕傲怙寵者. 未嘗不罹禍. 國亦隨之以
隆替焉. 深可畏也已.

김종직은 이렇게 내시의 임무에 대해 기록한 후 중국 주나라에서 비롯
되어 한·당·송나라에 이르기까지 그 제도가 이어져왔음을 기술했다. 그
리고 이어서 조선 시대 내시의 연혁에 대해 기술한다.

본조에서는 처음 국도國都를 정한 이후로 내시부를 영추문迎秋門 밖에
두고, 또 액정서掖庭署*의 궁중의 긴 복도 곁에 내소방內小房을 만들어
서 심부름하는 내시들이 밤낮으로 임금의 명을 받드는 곳으로 삼았었
다. 그런데 성종 때에 이르러 비로소 거기에 내반원이라고 이름을 내렸
으니, 이는 송나라의 옛 제도를 따른 것이고 또 한편으로는 외정반外庭班
과 구별하기 위한 것이다. 그런데 외정반에는 삼공육경三公六卿부터 일
반 관원에 이르기까지 모두 속해 있다. 그러나 공경公卿과 백집사 들은
대궐 뜰에 모여 알현하는 것이 때가 있고 일을 아뢰는 것도 정해진 날이

---

*   내시부에 속해 왕명의 전달 및 안내, 궁궐 관리 따위를 맡아보던 관아.

있으므로, 특별히 면대하라는 명을 내려 계책을 논의하는 기회가 아니면 청규靑規*에 엎드려서 임금의 안색을 바라보는 일이 그다지 많지 않다. 그래서 내반원의 중관들이 조석으로 임금을 대하여 전후좌우에서 빙 둘러 모시고 있으면서 임금의 일동일정一動一靜을 낱낱이 친숙하게 받들 수 있는 것과는 아주 다르다. 대체로 이처럼 미천한 자격으로 대궐 안의 깊고 엄숙한 곳에 있으니, 마음가짐과 몸가짐을 의당 어떻게 하여야겠는가. 충성되고 정직한 이와 아첨하고 간사한 자가 시대마다 각각 있었으니, 그중에서 착한 사람을 가려 본받고, 착하지 못한 자를 경계로 삼는 것이 가하다.

本朝自建都以來. 置內侍府于迎秋門外. 又於掖庭永巷之側. 闢內小房. 爲承侍給事者夙夜趨蹌之所. 逮我聖上. 肇錫名以內班院. 所以復宋氏之舊也. 所以別外庭之班也. 外庭之班. 則三公六卿. 下至百執事. 皆在焉. 公卿百執事. 廷見有時. 奏事有日. 自非賜對陳謨. 則伏靑規而望淸光. 爲日不多矣. 非如內班朝夕謙閑. 環侍於前後左右. 君上之一動一靜. 罔不親慣焉. 夫以側微之資. 處深嚴之地. 其秉心持身. 宜何如也. 忠佞邪正. 代各有人. 擇其善者而體之. 其不善者而戒之. 可矣.

이어서 김종직은 중국 역대의 내시로서 모범적으로 활동한 인물들로 한나라의 사유史游, 후한의 양하良賀와 여강呂强, 당나라의 구문진俱文珍과 마존량馬存亮, 송나라의 장무칙張茂則과 풍세녕馮世寧 등을 소개했다. 그런 다음 내시의 부정적인 측면에 대해서도 조목조목 언급했는데, 특히

---

* 어전에 청포석을 깔아놓은 자리.

내시의 권력화는 국가를 위기에 빠뜨린다는 점과 이에 대한 경계를 잊지 말 것을 강조한다.

만약 참소하고 아첨하여 임금을 유혹하고, 비위를 맞추고 간사함으로써 은총을 받아서 자기 당류黨類를 끌어들이고 충성스럽고 선량한 사람들을 시기하여 해치며, 성색과 기교를 베풀고 재리를 긁어모으는 등 무릇 임금의 욕심을 맞추는 데 못 할 짓이 없는 경우에 있어서는, 임금이 불행하여 한번 그 마수에 빠져들기만 하면 환관의 지위를 빌려서 막강한 권력을 손에 쥐고서 방자하고 거만하여도 감히 막을 자가 없게 되어, 눈 한 번 흘긴 혐의도 반드시 갚으려 하고 자기 본가의 족속들까지도 영화롭고 귀한 지위를 도모하게 된다. 그리하여 출척黜陟*과 형상刑賞의 권한이 남몰래 그들에게로 옮겨져서, 끝내는 국가가 위란하게 되고 자신의 몸이 칼날에 잘리게 되는 것이니, 제나라의 수초豎貂부터 한·당·송의 여러 환관에 이르기까지 모두가 같은 법칙인 것이다. 아, 엎어진 전철의 감계鑑戒가 바로 여기에 있지 않겠는가.

至若讒諂媚主. 佞邪徼寵. 援引黨類. 妬害忠良. 聲色技巧. 辜榷財利. 凡所以中人主之欲者. 無所不至. 人主不幸. 而一爲所中. 則假貂璫之飾. 握樞機之重. 放溢偃蹇. 莫能禁禦. 眄眥之嫌. 必期報復. 蜾蛉之族. 亦圖華貴. 於是. 黜陟刑賞之柄. 潛移於下. 卒之國家危亂. 而身伏歐刀. 自齊之豎貂. 以至于漢唐宋之諸. 皆一律也. 嗚呼. 覆轍之鑑. 其不在玆乎.

* 못된 사람을 내쫓고 착한 사람을 올려 씀.

마지막으로 김종직은 내관들이 마음가짐을 더욱 확고하게 다질 것과 역대 내관의 전례를 교훈으로 삼아야 함을 거듭 강조한다.

지금은 임금의 성명聖明함이 중천에 뜬 해와 달과 같아 아무리 그윽한 곳도 비추지 못하는 데가 없으므로, 중외의 신하들에 대한 착하고 착하지 못함을 반드시 다 알 것이니, 더구나 내반의 친근한 신하에 대해서야 말할 것이 있겠는가. 처소는 비록 대궐 안의 금밀禁密한 데라 할지라도 실로 열 손가락이 가리키고 열 눈이 지켜보는 곳이니, 진실로 털끝만큼이나마 태만하고 소홀한 마음이 있으면 앙화가 미치지 않음이 거의 없을 것이다. 그러니 비와 이슬처럼 적셔주는 임금의 은택을 어찌 구차하게 바랄 수 있으며, 천둥 벼락 같은 임금의 위엄을 어찌 구차하게 면할 수 있겠는가. 대체로 이와 같은 것이니, 지금 이 내반원에 있는 사람들 중에 옛날의 어진 환관을 본받아 복 받는 것을 어길 자가 누가 있겠으며, 나쁜 환관을 본받아 엎어진 전철의 위험을 탐할 자가 누가 있겠는가. 그러나 옛사람의 좌우명은 참으로 헛되이 만들어놓은 것이 아니므로, 삼가 윤지綸旨*를 받들어서 기記를 쓰는 바다.

厥今日月中天. 靡幽不燭. 中外之臣. 臧否必聞. 況內班之近且習者乎. 居雖禁密. 實十手十目所指視之地. 苟一毫有怠忽之心. 鮮不及矣. 雨露之澤. 烏可以苟冀. 而雷霆之威. 烏可以苟免矣. 夫如是. 則今之居是院者. 孰有違伐柯之福. 而貪覆轍之患者哉. 然而古人座右之銘. 誠非虛設. 故謹承綸旨. 而爲之記云.

* 임금이 신하나 백성에서 내리는 말로 윤음綸音이라고도 한다.

5부 백성들의 괴로움이 내 아픔이고

내시는 임금의 최측근에서 온갖 업무를 수행했다는 점에서 오늘날로 치면 청와대 직원과 가장 가깝다. 『경국대전』에서는 내시의 임무를 궁궐 안의 음식물 감독, 왕명 전달, 궐문 수비, 청소 등 크게 네 가지로 설명했다. 법으로 규정된 내시의 이러한 업무는 정치에 관계되는 측면이 적으나, 「내반원기」에서 언급한 대로 왕의 측근임을 빙자해 자기 세력을 끌어들이거나 재물을 긁어모으고 막강한 권력을 손에 쥐고서 방자하고 거만하게 굴면 감히 막을 자가 없게 되었다. 내시의 권력화를 경계한 이 글이 결코 낯설지만은 않은 이유는, 현대사에서도 역대 정권마다 대통령 측근들의 부정과 비리가 끊이지 않기 때문은 아닐까?

조선이 지진에 대처했던 방법은?

○

2011년 3월 11일 일본을 강타한 규모 9의 강진과 쓰나미는 일본뿐 아니라 전 세계를 충격으로 몰아넣었다. 과학과 문명이 최첨단으로 발전한 21세기에도 거대한 자연재해 앞에서 인간의 대응은 무기력하게 느껴진다. 다행히 한반도 지역은 지진의 피해에서 조금은 벗어나 있지만, 그렇다고 완전히 안전지대인 것은 아니다. 이는 역사 기록에서도 증명되고 있다. 현존하는 우리나라 최초의 역사서인 『삼국사기』는 물론이고 『조선왕조실록』에 1,900건이나 등장하는 지진 관련 기록은 한반도 역시 지진에서 전적으로 자유로울 수 없는 곳임을 입증하고 있다.

『조선왕조실록』에 의하면 중종 대인 16세기 초반 큰 지진이 일어났다. 조광조가 신진 사림파의 핵심으로 등장해 개혁 정치가 적극적으로 추진되던 1518년(중종 13) 5월 15일의 일이었다. 실록을 보면 당시 상황이 매우 심각했음을 알 수 있다.

오후 여섯 시경에 세 차례 크게 지진이 있었다. 그 소리가 마치 성난 우레 소리처럼 커서 인마人馬가 모두 피하고, 담장과 집이 무너지고 성첩城堞이 떨어져서, 도성 안 사람들이 모두 놀라 당황하여 안색을 잃고 어찌할 바를 몰랐다. 밤새도록 노숙하며 제집으로 들어가지 못하니, 고로故老들이 모두 옛날에는 없던 일이라 하였다. 팔도가 다 마찬가지였다.

酉時 地大震凡三度 其聲殷殷如怒雷 人馬辟易 墻屋壓頹 城堞墜落 都中之人 皆
驚惶失色 罔知攸爲 終夜露宿 不敢入處其家 故老皆以爲古所無也 八道皆同.

조정에서는 급히 대책 회의가 열렸다. 중종은 즉각 대신들을 소집했고, 예조판서 남곤南袞 등이 입시하자 지진 발생의 원인을 물었다. 당시 중종과 신하들이 주고받은 대화를 보자.

상이 이르기를 "요즈음 한재가 심한데 이제 또 지진이 있으니 매우 놀라운 일이다. 재앙은 헛되이 일어나는 것이 아니요 반드시 연유가 있는데, 내가 어둡고 미련해서 그 연유를 알지 못하겠노라" 하니, 남곤이 아뢰기를 "신이 처음 들을 때 심신이 놀랐다가 한참만에 가라앉았으니, 상의 뜻에 놀랍고 두려우실 것은 더구나 말할 것이 없습니다. 요즈음 경상·충청 두 도의 서장書狀*을 보니 모두 지진이 있었다고 보고하였는데, 서울의 지진이 이렇게 심한 것은 생각하지 못했습니다. 옛날 사서史書를 보면 한나라 때 농서隴西에 지진이 일어나 1만여 인이 깔려 죽은 일이 있었습니다. 이것이 늘 큰 변괴라고 생각하였는데, 이번 지진도 가옥을 무너뜨린 일이 있지 않습니까? 땅은 고요한 물건인데 그 고요함을 지키지 못하고 진동하니 이보다 큰 변괴가 없습니다. 상께서 즉위하신 뒤로 사냥이나 토목공사나 음악과 여색에 빠진 일이 없고, 아랫사람이 또한 성의聖意를 받들고 모두 국사에 마음과 힘을 다하여 '태평 시대'라고

* 안부, 소식, 용무 따위를 적어 보내는 글을 말한다.

는 할 수 없어도 '소강小康'이라 할 수는 있습니다. 그런데 재변이 하루하루 더 심각하니, 신은 고금과 학문에 널리 통하지 못하여 재변이 일어나는 원인을 알 수 없습니다" 하니, 상이 이르기를 "오늘의 변괴는 더욱 놀랍고 두렵다. 항상 사람을 쓰는 데 잘못이 있을까 두려워하고 있는데, 임금이 직접 나라의 정사를 돌보는 것이 겨우 끝나자 곧 큰 변이 일어났고 또 오늘의 친정은 보통 때의 친정과는 다른데도 재변이 이와 같으니 이 때문에 더욱 두려운 것이다"라 하였다.

上曰 近者旱災已甚 今又地震, 甚可驚焉 災不虛生 必有所召. 予之暗昧 罔知厥由 南袞曰 臣初聞之 心神飛越 久之乃定 況上意驚懼 固不可言 近見慶尙忠淸二道書狀 皆報以地震 不意京師地震 若此之甚. 竊觀古史 漢時隴西地震 萬餘人壓死 常以爲大變. 今日之地震 無奈亦有傾毁家舍乎? 夫地 靜物 不能守靜而震動 爲變莫大焉. 自上卽位之後 無遊佃土木聲色之失 在下之承奉聖意 亦皆盡心國事 雖不可謂太平 亦可謂少康 而災變之來 日深一日 臣非博通 未知致災之根本也 上曰 今日之變 尤爲惕懼 常恐用人失當 而親政纔畢 仍致大變 且今日之親政 又非如尋常之親政 而致變如此 尤爲惕懼者此也.

위의 기록에서 중국 역대의 대지진을 언급한 것과, 지진 발생의 원인을 정치에서 찾으려 한 점이 주목된다. 훗날 임진왜란 중인 1594년 서울에 지진이 일어나자 당시 임금인 선조도 왕세자인 광해군에게 왕위를 물려줄 뜻을 비친 적이 있었다. 지진의 원인을 자신의 부덕의 소치라 생각하고 하늘의 꾸짖음으로 받아들이려 한 것이다. 지진을 과학적인 기준보다 도덕적인 기준으로 평가하는 것이 조선 시대의 지진에 대한 일반적인 인식이었다.

중종 대에 발생한 지진의 규모가 매우 컸다는 사실은 중종과 신하들이 회의하는 전각 곳곳의 건물이 흔들렸다는 기록에서도 확인할 수 있다.

얼마 있다가 또 처음과 같이 지진이 크게 일어나 전우殿宇*가 흔들렸다. 상이 앉아 있는 용상은 마치 사람의 손으로 밀고 당기는 것처럼 흔들렸다. 첫 번부터 이때까지 무릇 세 차례 지진이 있었는데 그 여세가 그대로 남아 있다가 한참만에야 가라앉았다. 이때 부름을 받은 대신들은 집이 먼 사람도 있고 가까운 사람도 있어, 도착하는 시각이 각각 선후先後가 있었으나 오는 대로 곧 입시하였다. 영의정 정광필鄭光弼이 아뢰기를 "지진은 전에도 있었지마는 오늘처럼 심한 적은 없었습니다. 이것은 신 등이 재직하여 해야 할 일을 모르기 때문에 이와 같은 것입니다" 하였다. 未幾 地又大震如初 殿宇掀振 上之所御龍床 如人以手 或引或推而掀撼 自初至此 凡三震 而其餘氣未絶 俄而復定 時承召大臣等 以家遠近 來有先後 而來即入侍 領議政鄭光弼曰 地震前亦有之 然未有如今日之甚者 此臣輩在職 未知所爲而若是也.

실록뿐 아니라 조광조의 문집인 『정암집』에도 "(1513년) 5월 16일에 상이 친히 정사를 보는데 지진이 세 번 일어났다. 전각 지붕이 요동을 쳤다"라고 하여 이날의 지진 상황을 기록하고 있다. 조광조라는 개인의 문

---

* 　전당殿堂. 신불神佛을 모셔 놓은 집.

집에까지 기록되었다는 것은 그만큼 당시의 지진이 사회적으로 심각했다는 뜻이다.

1392년(태조 1)부터 1863년(철종15)까지 472년간 『조선왕조실록』에 기록된 지진 건수는 무려 1,880여 건에 이른다. 대략 1년에 4회 꼴로 삼국 시대나 고려 시대보다 빈도가 훨씬 높다. 이는 조선 시대에 지진 발생이 비약적으로 증가했다기보다는 지진에 대한 관측이 정밀해지고 보고 체계가 전국적으로 확대되었기 때문이다. 조선 시대에는 중앙에 천문 현상과 지변을 관측하는 관상감觀象監이라는 관청을 두었고, 관상감에서는 천재지변에 관한 사항을 정리해 『관상감일기觀象監日記』를 남겼다. 실록을 편찬할 때는 사관들이 쓴 사초와 함께 각 관청의 업무 일지인 시정기를 참고했는데, 시정기인 『관상감일기』에 기록된 지진 관련 내용이 실록에 포함되어 지금까지 전해지고 있다.

조선왕조 계보

묘호	대수	재위기간
태조(이성계)	1	1392.7~1398.9
정종(이방과)	2	1398.9~1400.11
태종(이방원)	3	1400.11~1418.8
세종(이도)	4	1418.8~1450.2
문종(이향)	5	1450.2~1452.5
단종(이홍위)	6	1452.5~1455.6
세조(이유)	7	1455.6~1468.9
예종(이황)	8	1468.9~1469.11
성종(이혈)	9	1469.11~1494.12
연산군(이융)	10	1494.12~1506.9
중종(이역)	11	1509.9~1544.11
인종(이호)	12	1544.11~1545.7
명종(이환)	13	1545.7~1567.6
선조(이균)	14	1567.6~1608.2
광해군(이혼)	15	1608.2~1623.3
인조(이종)	16	1623.3~1649.5
효종(이호)	17	1649.5~1659.5
현종(이연)	18	1659.5~1674.8
숙종(이순)	19	1674.8~1720.6
경종(이윤)	20	1720.6~1724.8
영조(이금)	21	1724.8~1776.3
정조(이산)	22	1776.3~1800.6
순조(이공)	23	1800.7~1834.11
헌종(이환)	24	1834.11~1849.6
철종(이변)	25	1849.6~1863.12
흥선대원군	26	1863.12~1873 (집권)
고종(이명복)	27	1863.12~1907.7
순종(이척)	28	1907.7~1910.8

○ 인물

찾아보기

○ 책